변호사들이 알려주는

NFT 법률 가이드

법무법인(유한) 신원

김진욱, 백경태, 우홍균 지음

CONTENTS

들어가며   006

CHAPTER 01 NFT 바로알기

NFT의 정의
Q1. NFT의 뜻은 무엇일까?   010
Q2. NFT를 소유할 수 있을까?   014
Q3. NFT는 재산일까?   017
Q4. NFT는 가상자산일까?   021
Q5. NFT는 증권일까?   025
Q6. NFT는 저작물일까?   031

NFT의 영향력
Q7. NFT의 시작은 언제부터일까?   035
Q8. NFT가 미술시장에 미치는 영향력은 무엇일까?   038
Q9. NFT는 저작권 분쟁에서 어떤 역할을 하게 될까?   044
Q10. 게임 아이템 거래 시 NFT를 활용할 수 있을까?   047

NFT와 준거법
Q11. NFT는 어느 나라의 법률이 적용될까?   050

CHAPTER 02 NFT 발행의 모든 것

NFT의 발행 대상
Q12. NFT로 발행할 수 있는 것은 무엇일까?   054
Q13. NFT에는 어떤 유형이 있을까?   059
Q14. 스포츠 선수 사진을 NFT로 발행해도 될까?   062
Q15. 밈(Meme)도 NFT로 발행할 수 있을까?   065
Q16. 신분증을 NFT로 만들면 문제 될까?   066
Q17. 음란물을 NFT로 발행하면 처벌받을까?   069
Q18. 가상부동산도 NFT로 발행할 수 있을까?   073
Q19. 게임NFT를 등급분류하는 것이 가능할까?   076

NFT의 발행 주체

Q20. 창작자가 NFT를 발행할 수 있을까? 082
Q21. 작품의 저작권자와 소유자가 달라도 발행 가능할까? 085
Q22. 원작자가 NFT 아트를 판매하면 저작권도 이전될까? 087
Q23. 라이선스 방식이란 무엇일까? 091
Q24. 퍼블릭 도메인이면 누구나 NFT로 발행할 수 있을까? 096
Q25. 업무상저작물을 NFT로 발행할 수 있을까? 099
Q26. 공동저작물을 NFT로 발행할 수 있는 사람은 누구일까? 101
Q27. 여러 명이 소유한 공유물을 NFT로 발행할 수 있을까? 103
Q28. 작곡·작사가로부터 허락받은 음악저작물도 NFT로 발행할 수 있을까? 105
Q29. 저작권자가 아닌 사람이 NFT를 발행하면 권리침해일까? 107
Q30. NFT가 위작인 경우 발행자에게 어떤 책임이 있을까? 111

NFT의 발행 방법

Q31. 스마트 계약이란 무엇일까? 117
Q32. 스마트 계약도 계약으로 인정될까? 122
Q33. NFT 거래에서 스마트 계약은 어떻게 사용될까? 128

NFT 유형별 활용

Q34. 실물 작품과 NFT는 한 세트일까? 130
Q35. NFT로 결제를 할 수 있을까? 134
Q36. NFT 아트를 향유하는 방법이 무엇일까? 139
Q37. 증권형 NFT로 조각투자를 할 수 있을까? 141

NFT 발행 시 유의점

Q38. 저작자를 따로 표시해야 할까? 150
Q39. 저작권자의 사전 이용허락을 받아야 할까? 153
Q40. 초상권과 퍼블리시티권도 문제가 될 수 있을까? 156
Q41. 상표권 침해가 문제 될 수 있을까? 158
Q42. 오라클(Oracle) 문제란 무엇일까? 162
Q43. 개인정보와 사생활 침해가 문제 될 수 있을까? 163
Q44. NFT 발행 후, 내용 변경이나 발행 취소는 가능할까? 164

CHAPTER 03 NFT 판매와 책임

발행인 또는 매도인의 책임

Q45. 발행인 또는 매도인이 유의할 점은 무엇일까? 172
Q46. NFT가 판매 중단된 경우 매도인의 책임은 무엇일까? 174
Q47. NFT 매수인은 매매계약을 취소할 수 있을까? 178
Q48. NFT 내용을 허위로 작성하면 형사적 책임이 있을까? 181

플랫폼의 책임

Q49. NFT 마켓플레이스의 책임은 무엇일까? 183
Q50. NFT 마켓플레이스의 약관은 유효할까? 190
Q51. NFT 마켓플레이스 거래 중단에 어떻게 대비할까? 193
Q52. NFT 마켓플레이스 이용에 어떤 제한이 있을까? 196
Q53. NFT 마켓플레이스가 준수해야 할 사항이 무엇일까? 198

네트워크 운영주체의 책임

Q54. 코인 거래가 중단되어도 NFT 양도·판매가 가능할까? 200
Q55. 네트워크 운영자의 책임은 어디까지일까? 202

권리침해자의 책임

Q56. 유사한 홈페이지를 만들면 무엇이 문제일까? 204
Q57. NFT를 피싱하거나 해킹할 수 있을까? 207
Q58. NFT를 이용한 투자사기는 무엇일까? 211

CHAPTER 04 NFT 권리와 보호

NFT 보유자의 권리

Q59. NFT 보유자는 어떤 권리를 가질까? 216
Q60. NFT를 통해 받는 혜택은 무엇일까? 219
Q61. 보유자의 NFT 재판매는 가능할까? 225
Q62. NFT 권리침해행위의 중단을 요청할 수 있을까? 229
Q63. NFT 매수자는 NFT 원작자의 권리를 대신 행사할 수 있을까? 237
Q64. 2D로 발행한 NFT, 3D 콘텐츠에 대한 권리증명도 가능할까? 240

원작자의 권리

Q65. 원작자에게 어떤 권리의무가 있을까? 243
Q66. NFT에 대하여 재판매 수익이 인정될까? 247

NFT의 변경 또는 재발행 가능성

Q67. NFT의 내용을 변경할 수 있을까? ... 252
Q68. NFT의 '뽑기', 리빌(Reveal)은 무엇일까? ... 255

매수 후 사고가 발생한 경우

Q69. 원본이 훼손될 경우 NFT 매수인은 구제받을 수 있을까? ... 259
Q70. 특정한 NFT 프로젝트나 생태계가 사라지면 어떻게 될까? ... 265

NFT와 범죄

Q71. NFT를 통한 자금세탁은 어떻게 규제될까? ... 269
Q72. NFT 자전거래는 범죄일까? ... 274
Q73. NFT 구매를 위한 해외 송금도 가능할까? ... 279
Q74. 정치인 후원 목적으로 NFT를 판매해도 될까? ... 283

NFT와 세금

Q75. NFT를 거래하면 세금을 내야 할까? ... 285
Q76. 세금 문제 없는 NFT 거래 방법이 무엇일까? ... 294

민사상 강제집행 대상 해당 여부

Q77. NFT를 강제집행할 수 있을까? ... 297
Q78. NFT를 몰수할 수 있을까? ... 302

CHAPTER 05 NFT의 남은 과제

입법론적 과제

Q79. NFT에도 권리소진의 원칙을 적용할 수 있을까? ... 306
Q80. 추급권 도입이 가능할까? ... 310
Q81. NFT에 저작권 인증제도가 필요할까? ... 312
Q82. 앞으로 남은 입법적 과제는 무엇일까? ... 316

들어가며

;

 NFT란 단어는 불과 2년 전만 해도 저자들에게도 생소하였다. 2021년부터 NFT 시장이 폭발적으로 성장하면서, 뉴스를 통해 하루가 멀다 하고 어떤 NFT가 수십억 원에 낙찰되어 판매 최고가가 경신되었다는 소식이 보도되기 시작하였고, NFT는 어느새 블록체인, 암호화폐처럼 변호사들에게도 익숙한 법률 자문의 소재가 되었다.

 NFT 시장이 급격히 성장하면서 수익률이 높은 투자상품이라고 보는 데서 더 나아가 일확천금을 노릴 수 있는 투기상품처럼 인식되기도 하였고, 다른 투기적인 상품과 마찬가지로 언젠가는 거품이 꺼질 수밖에 없는 위험성을 갖고 있다는 경고음도 끊이지 않고 있다.

 그럼에도 국내외 다수의 기업들은 기존 비즈니스 모델에 NFT를 활용하려는 시도를 하면서, NFT 시장에 적극적으로 진출하는 움직임을 보이고 있다. NFT를 둘러싼 시장의 분위기가 변화한 이유 중에는 최근 가상자산 가격이 상대적으로 하락하면서 NFT의 가격이 안정화되어진 점도 있겠으나,

근본적으로는 기업들이 NFT가 디지털 자산과 데이터를 산업 전반에서 유용하게 사용할 수 있는 '도구'라는 점을 인지하기 시작하였기 때문인 것으로 보인다.

한편, 메타버스라고도 불리는 디지털 세상은 모든 산업(특히 엔터테인먼트 산업)과 떼려야 뗄 수 없고, 현실 세계 못지않은 영향력을 지니고 있는 공간이다. 게임산업은 애초부터 디지털 세상에서 탄생하였다고 보아도 과언이 아닐 것이며, 코로나19로 인해 비대면 문화가 정착된 이래 많은 문화예술 공연, 전시 역시 온라인에서 이루어지고 있다. 또한 대중들에게 많은 영향을 미치는 영화, 드라마 등 영상물도 디지털 방식으로 제작되어, 온라인 스트리밍으로 공급되는 것이 보편화되었다. 이에 더하여, 가상현실(VR), 증강현실(AR)을 넘어 혼합현실(MR), 확장현실(XR), 대체현실(SR)이라는 용어가 나올 만큼 영상 제작 및 프로그래밍 기술이 급격히 발전하고 있다. 이렇게 변화하는 사회 및 기술을 바탕으로, 영화 속 주인공이 아닌 일반 인터넷 이용자들이 디지털 자산을 직접 소유하고 거래하면서 통제하는 '웹(WEB) 3.0' 시대가 곧 도래할 것으로 보인다. '웹(WEB) 3.0' 시대에는 디지털 세상은 현실과의 간극이 더욱 좁아질 것이며, 이처럼 디지털과 현실의 경계가 흐릿해져가는 상황 속에서 디지털 자산 또는 데이터의 보호 방법, 활용 방법은 그 어느 때보다 중요한 어젠다가 될 것이다. 이러한 과정에서 디지털 자산에 일종의 표식을 부여하고, 원본과 자산 소유자를 증명할 수 있도록 기능하는 것이 바로 NFT 기술이다.

NFT 기술은 블록체인 기술을 기반으로 하는 만큼 초창기에는 가상자산과 동일한 것으로 취급되어 오다가, '수집품'의 개념을 적용하기 시작하면서 이제는 가상자산과 구분 가능한 기술로 인정받고 있다. 한편, 디지털 세상에서 자산의 소유권을 규제하는 법률이 전무하고, 이에 관하여 논의된 적도 없다 보니 '디지털 자산을 소유한다'는 슬로건을 내세운 NFT의 법적 성질을 규명하는 것도 큰 문제였다. 특히 데이터 관련 제도 정비 및 입법 시기와 맞물려, 데이터의 소유 가능성을 탐구하는 치열한 법리 연구가 이루어지고 있다. 그런데 이러한 '법률의 부재', '제도의 미비' 상태에서 새롭게 NFT 관련 사업을 시작하려는 개인이나 기업은 큰 어려움을 겪을 수밖에 없었으며, 제도의 허점을 이용하려는 사람들의 일부는 많은 이득을 취했을 것이고, 제도의 허점이 파놓은 함정에 빠진 사람들은 손해를 입은 경우도 많았다. 변호사들로서는 직접적으로 NFT를 규율하는 법률이 없다 보니 장님이 코끼리를 만지는 심정으로 NFT와 조금이라도 유사한 영역, NFT와 맞닿아 있는 영역들을 찾아, 거기에 적용되는 법률들을 유추하여, 마치 퍼즐을 맞추는 방식으로 법률 자문을 제공할 수밖에 없었다. 이 책은 위와 같은 고민 속에서 탄생하였다.

이 책이 NFT와 관련한 기술, 규제, 법률해석, 입법에 대해서 완벽하게 다루고 있다고 자부하기는 어렵다. 하지만 NFT와 관련한 법적인 쟁점들을 한 권에 망라적으로 담은 책은 찾아보기 어려웠기 때문에, 이 책을 통하여 독자들이 당면한 문제를 어떤 방향으로 접근하여야 해결하는지를 조금이라도 알려줄 수 있기를 바라며, 용기를 내어 출간하게 되었다.

아직까지는 앞이 잘 보이지 않고 험난한 NFT라는 산을 오르는 독자들에게, 이 책이 '셰르파'와 같은 역할을 하였으면 하는 희망을 가져본다.

김진욱, 백경태, 우홍균

CHAPTER

01

NFT 바로알기

NFT를 가지고 있다는 것만으로 어떤 디지털 자산의 소유권이나,
그 자산의 복제, 침해를 방지할 수 있는 권능이 곧바로 인정되는 것은 아니다.
NFT의 진정한 활용가치는 다수의 불특정한 네트워크 참여자에게
디지털 자산을 표상하는 토큰의 생성, 보관, 거래 기록을 공개함으로써
그러한 토큰 및 이에 연동된 디지털 자산의 보유자가
누구인지 누구나 검증할 수 있도록 한다는 데 있다.
이 챕터에서는 NFT의 기본적인 법적 성질을
살펴보기로 한다.

NFT의 정의

Q1 NFT의 뜻은 무엇일까?

　NFT는 'Non-Fungible Token'의 약어이며, 통상 '블록체인 기술을 활용한 디지털 자산의 일종으로서 대체 불가능한 것'을 지칭한다. 우리나라에서 'NFT'를 직접적으로 정의하고 있는 법률이나 판례는 아직 없다. 따라서 NFT의 성질을 통해 그 실체를 파악하고 정의를 내릴 수밖에 없을 것이다.

　NFT 중 'NF'는 'Non-Fungible'을 의미한다. 이를 직역하면 '대체 불가능한'이라는 뜻이다. NFT는 저마다 고유한 인식값(식별코드 또는 ID라고도 한다)을 가지고 있어 다른 NFT와 구별된다. 이는 동종의 물건에 저마다 다른 이름표를 붙이는 것을 상상하면 이해하기 쉽다. 즉, 똑같은 물건이라도 이름표에 따라 구분될 수 있고, 그 물건 하나하나는 유일무이하게 된다.

　NFT 중 'T'는 블록체인에서 통용되는 가상자산인 'Token(토큰)'을 의미한다. 아래에서 자세히 살펴보겠지만 NFT는 특히 '스마트 계약(Smart

Contract)'과 스마트 계약이 실현되는 '블록체인(Blockchain)'을 기초로 개발된 기술이다. 블록체인의 특징 중 하나인 분산원장기술(Distributed Ledger Technology, DLT)을 활용하면, 거래에 참여하는 주체들이 거래 장부를 각자 보관하게 되어 이를 동시에 해킹하지 않는 한 거래 내역의 위변조가 매우 어렵다는 장점이 있다(Q31 참조). 즉, NFT 거래 시 세계 각지의 수많은 컴퓨터에 동시에 그 내용이 기록되므로 위·변조가 어렵게 된다.

NFT는 개념상 3개의 부분으로 나뉜다. ① 스마트 계약의 NFT 식별자{ID, ERC-721 프로토콜에서는 OwnerOf(Uint256 Token ID)함수를 통한 식별}, ② 원작(디지털화된 이미지, 텍스트, 영상물 등 원저작물을 포함하여 NFT로 발행할 수 있는 것을 의미한다)의 제목, 창작자, 작품정보 등을 데이터화하여 검색 등에 활용할 수 있도록 하는 메타데이터(Metadata, 단, ERC-721 프로토콜에서는 선택 사항이다), ③ 디지털화된 원작 파일 자체 또는 원작 파일이 업로드된 외부 저장소(클라우드 서버)로 연결할 수 있는 링크가 바로 그것이다. 즉, NFT의 실체는 복잡한 문자와 숫자로 조합된 프로그램 덩어리이다(스마트 계약 표준의 기술적인 사항에 대하여는 Q31 참조).

한편, 일반적으로 알려진 것과 달리, NFT를 가지고 있다는 것만으로 어떤 디지털 자산의 소유권을 증명할 수 있다거나, 디지털 자산의 복제나 침해를 방지할 수 있는 권능이 곧바로 인정되는 것은 아니다. 다만, NFT를 활용하면 디지털 자산 원본 파일의 '희소성(Rarity)'을 유지할 수 있다. 이전까지는 디지털화된 그림 등 디지털 자산을 무단으로 복제하더라도 진품과 복제품을 구별할 수 있는 방법이 마땅치 않았고, 디지털 자산에 DRM(Digital Rights Management) 등 복제 방지 기술을 적용하는 경우 이를 관리하기 위해 많은 비용이 발생했다. 또한 디지털 자산은 쉽게 복제가 가능하다는 점에서 디지털화된 '파일' 자체의 경제적 가치가 높지는 않았다. 그러나 앞서 살펴본 '대체 불가능성'과 '거래 내역 증명'이 결합된 NFT 기술을 통해 사람들은 특정한 디지털 파일을 표상하는 NFT가 언제 발행되어, 누구에게 이전되었고, 현재 누가 NFT를 보유하고 있는지에 대해서도 알 수 있게 되었다. 결국 NFT를 보유한 자는 해당 '디지털 파일 원본을 표상하는 토큰을 보유한 사람이라는 점'을 인정받을 수 있게 되는 것이다. 이것이 NFT의 활용 방법 중 가장 주목을 받는 '디지털 자산의 원본 증명' 기능이다. NFT의 원본 증명 기능에 주목하는 사람들은 NFT가 디지털 자산에 대한 '증명서', '영수증', '등기부'와 같다고 표현하기도 한다.

이상에서 살펴본 것처럼, NFT 기술과 해당 NFT가 표상하는 디지털 자산 원본은 구분되는 개념이라는 점을 우선 이해해 둘 필요가 있다.

한편, 한국인터넷진흥원은 NFT를 "이더리움(ERC-721) 기반의 블록체인을 적용한 스마트 컨트랙트 기술을 이용해 디지털 자산에 대체 불가하며 여러 차례의 거래 이후에도 고유 식별 코드가 변하지 않고, 식별할 수 있도록 콘텐츠에 고유 아이디와 메타데이터 정보를 할당하는 기술"로 정의하고 있다(김시호, "NFT와 스마트 컨트랙트-디지털 자산 거래와 메타버스 생태계", KISA Report, 2021). 이에 대해서는 대다수의 NFT가 이더리움 네트워크를 이용하고 있는 것은 사실이지만 현재는 솔라나, 코스모스, 클레이튼, 폴리곤, 폴카닷 등 다른 블록체인 프로토콜을 통해 NFT가 발행되기도 하므로, 위와 같은 정의는 수정할 필요가 있다는 지적도 있다.

그리고 금융위원회는 2021년 10월 26일 FATF(국제자금세탁방지기구, Financial Action Task Force)의 제5차 총회 참석 결과에 대한 보도자료에서, NFT란 "블록체인 기술을 통해 고유 인식값을 부여하여 상호교환이 불가능한 토큰"이라고 정의하였다. 금융위원회의 정의는 추상적이고, NFT의 활용가치가 무엇인지 직관적으로 알기 어렵다.

이상의 내용을 고려하여, 이 책에서는 NFT를 다음과 같이 정의하고자 한다.

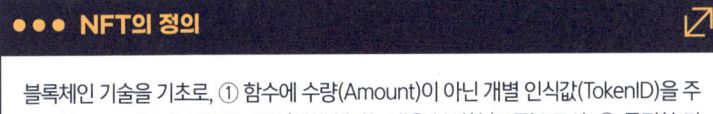

블록체인 기술을 기초로, ① 함수에 수량(Amount)이 아닌 개별 인식값(TokenID)을 주요 변수로 표시할 수 있도록 하여 '대체 불가능성'을 부여한 '토큰'으로서, ② 특정 디지털 자산을 표상하는 토큰을 특정인이 보유할 수 있도록 하고, ③ 다수의 불특정 네트워크 참여자에게 해당 토큰의 생성, 보관, 거래 기록을 공개하여, ④ 해당 토큰 및 이에 연동된 디지털 자산의 보유자를 검증할 수 있도록 하는 컴퓨터 프로그래밍 기술 또는 그 기술을 활용한 결과물.

ERC-721 프로토콜 함수를 사용한 NFT의 기술적 실체

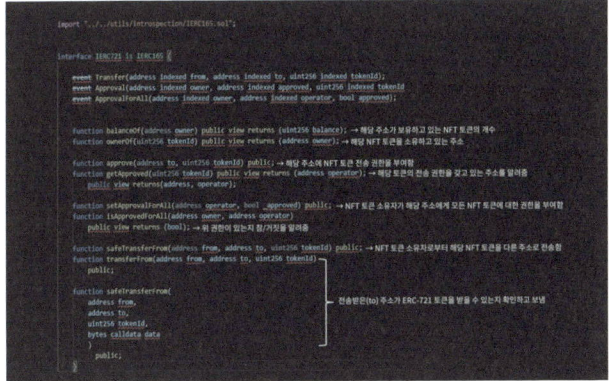

출처 : 업비트투자자보호센터

Q2. NFT를 소유할 수 있을까?

 NFT는 블록체인 위에 기록된 암호화 코드이며, '데이터'로만 존재한다. 그렇다면 NFT에 기록된 원작 파일 또는 링크가 누구 소유인지에 앞서, 다음과 같은 질문이 떠오른다. 어떤 사람에게 NFT와 같은 디지털 데이터 자체를 '소유'할 권한이 있는가?

 그동안 공공 부문의 데이터를 규율하는 「공공데이터의 제공 및 이용 활성화에 관한 법률」 및 「데이터기반행정 활성화에 관한 법률」 등 공공데이터와 관련된 법적 근거는 일부 마련되어 있었으나, 민간 데이터의 경제·사회적 생산, 거래 및 활용 등을 위한 기본 법제는 부재했다.

 제21대 국회는 '데이터 경제 시대의 도래'를 맞이하여 데이터의 생산, 거래 및 활용 촉진에 관하여 필요한 사항을 정함으로써 데이터로부터 다양한 경제적 가치를 창출하고 데이터산업 발전의 기반을 조성하여 국민 생활의 향상과 국민 경제의 발전에 이바지할 목적으로, 2021년 9월 24일 「데이터 산업진흥 및 이용촉진에 관한 기본법」(이하 '데이터산업법'이라 한다)을 제정하였다. 데이터산업법은 2022년 4월 20일부터 시행되었다.

 데이터산업법 제2조 제1호는 '데이터'를 "다양한 부가가치 창출을 위하여 관찰, 실험, 조사, 수집 등으로 취득하거나 정보시스템 및 「소프트웨어 진흥법」 제2조 제1호에 따른 소프트웨어 등을 통하여 생성된 것으로서 광(光) 또는 전자적 방식으로 처리될 수 있는 자료 또는 정보"라고 정의한다.

그러나 데이터산업법이 데이터의 소유권을 명시적으로 규정하고 있지는 않다.

한편, 데이터산업법 시행에 맞추어 「부정경쟁방지 및 영업비밀보호에 관한 법률」(이하 '부정경쟁방지법'이라 한다) 또한 데이터에 관한 부정경쟁행위 조항을 새롭게 신설하였고, 2022년 4월 20일부터 시행 중이다. 그러나 부정경쟁방지법에도 역시 '데이터 보유자'라는 표현만 있을 뿐, 데이터의 소유권에 관한 명시적인 규정은 없다.

즉, 현행 법제하에서는 데이터의 소유권이라는 개념은 인정되지 않으며, 데이터의 귀속·보호·거래의 법리가 아직 확립되지 않았고, 기존 법리체계인 도산, 담보, 집행, 불법행위, 부당이득, 계약, 점유, 소유, 대리, 신탁, 라이선스, 임치 등 다양한 국면에서 개별 법리들을 발전시켜나가는 것에 관심을 가질 필요가 있다(권영준, "데이터 귀속·보호·거래에 관한 법리체계와 방향", 비교사법 제28권 1호, 2021, 제35면).

결국 시장에서 NFT가 '완전한 소유권'을 표방하고 있는 것과 달리 법적으로 명확하게 NFT의 '소유권'을 인정하는 근거는 아직 없다고 할 수 있다. 따라서 이하에서는 'NFT 소유권자'와는 구별되는 개념으로 NFT를 사실상 지배하며 보유하는 사람을 일컬어 'NFT 보유자'라고 정의하여 논의를 진행하고자 한다.

●●● 데이터 산업진흥 및 이용촉진에 관한 기본법

제12조(데이터자산의 보호)
① 데이터생산자가 인적 또는 물적으로 상당한 투자와 노력으로 생성한 경제적 가치를 가지는 데이터(이하 "데이터자산"이라 한다)는 보호되어야 한다.
② 누구든지 제1항에 따른 데이터자산을 공정한 상거래 관행이나 경쟁질서에 반하는 방법으로 무단 취득·사용·공개하거나 이를 타인에게 제공하는 행위, 정당한 권한 없이 데이터자산에 적용한 기술적 보호조치를 회피·제거 또는 변경하는 행위 등 데이터자산을 부정하게 사용하여 데이터생산자의 경제적 이익을 침해하여서는 아니 된다.
③ 제2항에 따른 데이터자산의 부정사용 등 행위에 관한 사항은 「부정경쟁방지 및 영업비밀보호에 관한 법률」에서 정한 바에 따른다.

제42조(손해배상청구 등)
① 이 법을 위반하는 행위로 인하여 자신의 영업에 관한 이익이 침해되어 손해를 입은 자는 그 위반행위를 한 자에 대하여 위반행위로 인한 손해의 배상을 청구할 수 있다. 이 경우 그 위반행위를 한 자는 고의 또는 과실이 없음을 입증하지 아니하면 책임을 면할 수 없다.
② 법원은 이 법을 위반한 행위에 관한 소송에서 손해의 발생은 인정되나 손해액을 산정하기 곤란한 경우에는 변론의 취지 및 증거조사 결과를 고려하여 상당한 손해액을 인정할 수 있다.

●●● 부정경쟁방지 및 영업비밀보호에 관한 법률

제2조(정의) 이 법에서 사용하는 용어의 뜻은 다음과 같다.
1. "부정경쟁행위"란 다음 각 목의 어느 하나에 해당하는 행위를 말한다.
카. 데이터(「데이터 산업진흥 및 이용촉진에 관한 기본법」 제2조 제1호에 따른 데이터 중 업(業)으로서 특정인 또는 특정 다수에게 제공되는 것으로, 전자적 방법으로 상당량 축적·관리되고 있으며, 비밀로서 관리되고 있지 아니한 기술상 또는 영업상의 정보를 말한다. 이하 같다)를 부정하게 사용하는 행위로서 다음의 어느 하나에 해당하는 행위
1) 접근권한이 없는 자가 절취·기망·부정접속 또는 그 밖의 부정한 수단으로 데이터를 취득하거나 그 취득한 데이터를 사용·공개하는 행위
2) 데이터 보유자와의 계약관계 등에 따라 데이터에 접근권한이 있는 자가 부정한 이익을 얻거나 데이터 보유자에게 손해를 입힐 목적으로 그 데이터를 사용·공개하거나 제3자에게 제공하는 행위
3) 1) 또는 2)가 개입된 사실을 알고 데이터를 취득하거나 그 취득한 데이터를 사용·공개하는 행위
4) 정당한 권한 없이 데이터의 보호를 위하여 적용한 기술적 보호조치를 회피·제거 또는 변경(이하 "무력화"라 한다)하는 것을 주된 목적으로 하는 기술·서비스·장치 또는 그 장치의 부품을 제공·수입·수출·제조·양도·대여 또는 전송하거나 이를 양도·대여하기 위하여 전시하는 행위. 다만, 기술적 보호조치의 연구·개발을 위하여 기술적 보호조치를 무력화하는 장치 또는 그 부품을 제조하는 경우에는 그러하지 아니하다.

NFT는 재산일까?

대한민국 헌법에 따라 모든 국민의 재산권은 보장된다(헌법 제23조). 헌법재판소는 '국민의 재산권'에 대하여 다음과 같이 설시한 바 있다.

> ••• **헌법재판소 1993. 7. 29 자 92헌바20 결정**
>
> 우리 헌법상(憲法上)의 재산권(財産權)에 관한 규정(規定)은 다른 기본권규정(基本權規定)과는 달리 그 내용(內容)과 한계(限界)가 법률(法律)에 의해 구체적(具體的)으로 형성(形成)되는 기본권(基本權) 형성적(形成的) 법률유보(法律留保)의 형태를 띠고 있으므로, 재산권(財産權)의 구체적 모습은 재산권(財産權)의 내용(內容)과 한계(限界)를 정하는 법률(法律)에 의하여 형성(形成)되고, 그 법률(法律)은 재산권(財産權)을 제한(制限)한다는 의미가 아니라 재산권(財産權)을 형성(形成)한다는 의미를 갖는다.

쉽게 말하면, 무엇이 재산인지는 '개별 법률에 따라서 달라질 수 있다'. 첫째, 공법(公法)과 사법(私法)의 구분에 따라서 국 공유재산과 사유재산으로 구분될 수 있다. 둘째, 민사법적 개념에 따라 '물건(민법 제98조에 따르면 유체물 및 전기, 관리 가능한 자연력을 의미한다)'과 '물건이 아닌 것'으로 구분될 수도 있다. 한편 우리 민법 체계는 특정한 물건을 직접 지배해서 이익을 얻는 배타적 권리를 '물권'이라고 하고, 특정인에게 행위를 요구할 수 있는 권리를 '채권'으로 구분하여 왔다. 셋째, 형사상 '재물'에 해당하거나 '재산상 이익'에 해당하면 형사법적으로는 일응 재산이라고 볼 수 있다.

NFT의 법적 성질은 명확하게 규명된 바 없는데, NFT가 법적인 보호가치가 있는지, 해킹 등 침해 시 구제수단이 무엇인지, 강제집행 내지 몰수가 가능한지 여부 등을 파악하기 위해 'NFT가 재산인지' 여부를 논해 볼 실익이 있다. NFT가 재산이라면, 예를 들어 '금전적 피해'를 입었음을 근거로 제3자에게 손해배상을 주장할 수도 있고, 재산권을 침해하는 범죄행위에 대하여 제3자를 고소할 수도 있을 것이기 때문이다.

먼저, NFT와 유사한 개념인 '가상자산'을 NFT와 비교해 볼 수 있다. 대법원은, 비트코인은 경제적인 가치를 디지털로 표상하여 전자적으로 이전, 저장 및 거래가 가능하도록 한, 이른바 '가상화폐'의 일종으로 재산적 가치가 있는 무형의 재산이라고 보아야 하며, 가상자산이 몰수의 대상이 된다고 판시한 바 있다(대법원 2018. 5. 30. 선고 2018도3619 판결 참조). 즉, 우리 법원은 '가상자산'은 법적인 보호가치가 있다는 점을 인정하고 있다(서울남부지방법원 2020. 9. 3. 선고 2019가합112183 판결, NFT가 가상자산인지 여부에 대해서는 다음 Q4에서 보다 자세히 설명하기로 한다).

한편, 국회 입법조사처는 2021년 12월 20일 자 〈NFT·블록체인을 활용한 디지털 자산(지식재산)의 가치창출〉 연구보고서를 통해 "NFT는 희소한 재화를 소유(수집)했다는 데서 오는 효용, 즉 만족감이 절대적이지만 NFT가 해당 재화의 고유한 가치를 인증함으로써 거래와 투자를 일으킨다면 '자산(Asset)'으로서의 가치를 충분히 얻을 수 있을 것"이라고 분석하였다. 위 연구보고서는 '자산으로서의 가치'가 법적으로 어떤 의미인지는 구체적으로 밝히지 않고 있고, 현실적으로 다양한 NFT가 고유한 가치를 가지고 있는 것으로 인정되어 이미 거래나 투자가 활발히 이루어지고 있다는 것을 간과했다는 점에서는 다소 한계가 있는 것으로 보인다. 그러나 위 연구보고서가 지적한 대로, NFT를 활용하여 디지털 자산의 권리 증명이 가능하다면, NFT는 디지털 자산의 유동화(Securitization)[1]에 필요한 기술적 기반이 될 수도 있을 것으로 기대된다. 이러한 점에서 NFT는 「자산유동화에 관한 법률」 제2조 제3호에서 말하는 유동화 대상이 되는 '그 밖의 재산권'으로 포섭될 여지도 있다 할 것이다.

한편, NFT를 물건처럼 소유할 수 있는지 여부에 대해 논란이 있다. 우선 NFT를 민법상 '물건'이라고 인정할 법률적 근거는 없는 상태이며, 기술상 또는 거래의 현실상 NFT 보유자가 NFT를 배타적으로 지배하면서 사용할 권리를 가지고 있는지 불분명한 것으로 보인다. 예를 들어 NFT를 해킹 당한 경우 해킹범을 상대로 NFT 자체를 자신에게 반환하도록 요구하거나(이를 '인도청구권'이라 한다), 제3자가 자신의 NFT를 이용하지 못하도록 강제할 수 있는 권리(이를 '방해배제청구권'이라 한다)가 인정될 수 있는지 여부가 문제되는데, NFT를 물건이라고 정의하는 민법 또는 특별법의 제정이 없는 한 위 청구권이 인정된다고 볼 근거가 부족하다(저작권법 등에서 침해금지청구가 가능하다고 규정하고 있으나, 이는 해당 법률의 요건을 충족함으로써 생기는 권리이지 NFT의 보유만으로 발생하는 권리는 아니다).

게다가 현실적으로 NFT를 이용하는 일반 이용자의 절대 다수는 NFT를 직접 통제하는 것이 아니고 마켓플레이스 또는 플랫폼, 거래소 등(이하 'NFT 마켓플레이스'라 한다)을 통하여 '간접적으로' 취득하고 있다. 이에 NFT 보유자가 NFT를 보유하고 있는지 아니면 마켓플레이스 등에 대한 이용권만 가지고 있는 것인지 여부에 대해서도 논란이 있다. 이상의 내용을 고려하여, 최

1.
처분이 어려운 특정한 자산의 가치를 평가하여 이를 기초로 한 증권을 발행하는 등 행위를 통해 현금 유동성을 확보하는 것을 의미한다(「자산유동화에 관한 법률」 참조).

근에는 NFT의 발행이나 거래 단계에서 '계약법' 내지 '라이선스 법리'를 적용하여 NFT 보유자의 권리를 보호하고자 하는 논의가 이루어지고 있다.

정리하자면, 법률에 명확히 규정된 바는 없으나, NFT는 특정한 인터넷 네트워크 및 프로토콜에서 통용될 수 있는 무형의 데이터 정보라는 점, 디지털 자산의 원본을 1:1로 표상하는 것으로 취급되고 있는 점, 거래가 활발히 이루어지고 있어 이에 관계된 저작권자, 판매자, 보유자, 마켓플레이스 등을 보호할 필요가 있다는 점 등에서 보호가치 있는 재산의 일종이라는 점에는 큰 의문이 없을 것으로 본다. 다만, 권리 구제를 위한 구체적인 법적 근거가 문제 될 뿐이다.

이하에서는 NFT의 발행 단계, 거래 단계 등에서 NFT 보유자, 원저작권자 내지 원본 디지털 자산의 보유자, 마켓플레이스, 권리침해자들의 관계를 나누어 각 행위자들이 어떤 권리를 가지는지 알아보기로 한다.

> ••• 요약
>
> '국민의 재산권'은 개별 법률 규정에 따라 재산권으로 보호될 수 있다.
> NFT를 규정한 법률은 없으나, NFT도 자산가치가 있다는 점은 분명하므로 일반법인 민법, 형법 등을 통해 보호받을 수 있다.
> 그러나 NFT가 '물건'인지는 분명하지 않다. 현행 법제 하에서는, NFT 보유자가 NFT를 탈취당하거나 해킹당하더라도, 권리침해자를 상대로 직접 반환을 청구하거나 사용을 중지해 달라고 청구할 권리가 없다.
>
> 한편, 저작권법이나 부정경쟁방지법은 저작권의 침해, 그리고 부정경쟁행위의 금지 또는 예방을 청구할 수 있는 규정들을 마련하고 있다. 그러나 NFT 보유자들이 원작의 저작권 또는 소유권을 가지고 있지 않는 한 위와 같은 규정을 근거로 권리를 행사하는 것이 어렵다.
> 결국, NFT를 규율하고 보호할 수 있는 법률이 존재하지 않기 때문에, 최근에는 NFT의 발행과 거래 과정을 '계약법' 또는 '라이선스 법리'로 접근하고 규제하기 위한 연구들이 활발히 진행되고 있다.

Q4 NFT는 가상자산일까?

　NFT에 대한 관련 법령이나 유권해석이 아직 부족한 반면, '가상자산'에 대한 법제연구는 상당한 수준으로 진행되었다. NFT는 블록체인 기술에 기반하고 있다는 특징이 있고, 만약 NFT가 가상자산에 포함된다면 가상자산에 대한 법제연구가 그대로 적용될 수 있으므로 NFT가 가상자산에 해당하는지 여부를 살펴보기로 한다.

　「특정 금융거래정보의 보고 및 이용 등에 관한 법률」(이하 '특정금융정보법'이라고 한다) 제2조 제3호는 '가상자산'의 정의를 "경제적 가치를 지닌 것으로서 전자적으로 거래 또는 이전될 수 있는 전자적 증표(그에 관한 일체의 권리를 포함한다)"라고 규정하고 있다.

　특정금융정보법은 '금융거래등을 이용한 자금세탁행위와 공중협박자금조달행위'를 규제하기 위한 법이고, 처음부터 가상자산을 규제하기 위하여 제정된 것은 아니다. 그런데 현재 가상자산을 정의한 다른 법령이 없고 소득세법 등 다른 법령에서 특정금융정보법상 정의 규정을 그대로 준용하기도 하여, 특정금융정보법은 현시점에서 가상자산을 정의한 유일한 법령이라 할 수 있다. 특정금융정보법은 가상자산을 일반적, 포괄적으로 규정하고 있어 '경제적 가치가 무엇인지', '전자적 증표'가 무엇인지 해석상 의문이 남는다는 한계가 있다.

　NFT는 앞서 살펴본 것과 같이 ① 경제적 가치를 지니고 있으며, ② 전자적으로 거래 또는 이전될 수 있는, ③ 전자적 증표 또는 이에 관한 일체의 권리라는 가상자산의 정의에는 그대로 부합하는 것으로 보인다. 따라서 문언을 그대로 해석하면 NFT 또한 '가상자산'에 포함될 것처럼 보인다. 그러나 NFT는 대체 불가능성으로 인하여 특정 재화 또는 서비스를 결제(교환)하는 수단이 될 수 있음은 별론으로, 일반적인 '화폐'로서의 기능은 할 수 없다는 특징이 있다. 이를 근거로, NFT는 가상자산과 성질이 다른 것으로 보아야 한다는 유력한 반대 견해가 제시되고 있다.

예를 들어 국제자금세탁방지기구(Financial Action Task Force, FATF)는 2021년 10월 28일 〈가상자산과 가상자산사업자에 대한 업데이트된 지침(Updated Guidance for a Risk-Based Approach to Virtual Assets and Virtual Asset Service Providers)〉을 발행하여 "NFT는 투자 또는 결제 수단으로 볼 수 없고, 수집용에 가까우므로 가상자산에 해당하지 않는다"는 입장을 밝혔다. 국제자금세탁방지기구는 불법적인 자금이동에 관한 국제적 기준을 제공하는 권위 있는 기관이고, 우리나라 특정금융정보법의 소관부처인 금융위원회도 국제자금세탁방지기구의 해석 내지 권고안을 법령개정에 반영하기도 하므로, 위 입장은 NFT를 해석할 때 참고할 수 있다.

그런데 국제자금세탁방지기구의 지침에 따르더라도, NFT가 단순 수집품에 해당하지 아니하는 경우에는 가상자산에 포함될 수 있다는 해석이 가능해진다. 예를 들어 NFT 발행자 등은 '에어드롭', '스테이킹', '회원권' 등 다양한 혜택을 NFT 보유자에게 지급하기도 하는데, NFT 거래와 특정 혜택이 결합되는 경우에는 투자상품으로 해석될 가능성이 있다. 이처럼 NFT가 특정 디지털 자산 또는 서비스를 거래에 제공하는 투자 또는 결제 수단으로 사용된다면, NFT를 단순한 수집품으로 보기는 어려울 것이다. 또한 FATF는 자금세탁방지 및 테러자금방지를 목적으로 하고 있는데, NFT 시장에 많은 자금이 유입되고 있다는 점까지 더하여 보면, FATF도 종국적으로는 NFT를 가상자산으로 관리하게 될 가능성이 상당하다.

결론적으로, NFT는 ① 법 문언을 그대로 해석하면 가상자산에 해당한다고 보아야 한다. 그러나 ② 국제권고 기준에 따라 수집품의 성질을 가지는 경우 가상자산 규제를 받지 아니할 수 있다. 그럼에도 ③ NFT의 거래 유형이 다양화되고 있다는 점, 경제적 가치가 있다는 점, 많은 자금이 유입되고 있다는 점을 고려하면 머지않은 시일 내에 가상자산의 개념에 포함되게 될 것으로 보인다.

금융위원회는 2021년 11월 23일 NFT를 원칙적으로 가상자산으로 규정할 것이라는 계획을 발표하기도 하였다. 한편, 금융연구원의 2021년 12월 자 보고서를 살펴보면 '무엇을 NFT로 발행하는가'에 따라 가상자산 해당 여부가 달라질 수 있다. 세부적으로는, Chapter 02 이하에서 NFT의 유형을 나누어 더욱 자세히 살펴보기로 한다.

> **••• 가상자산에 해당하는 NFT 매매 시 어떠한 점을 유의하여야 하는가?**
>
> - NFT 매매는 일반적인 매매와 마찬가지로 세금이 문제 될 수 있다. 우리나라의 경우 개인에 대한 가상자산 양도소득세는 2023년 1월 1일까지 유예되어 있지만, 법인은 여전히 과세대상이다.
> - 한편, 고가의 NFT를 보유하는 경우에는 그 합계액이 현시점 기준 5억 원을 넘는다면 매년 6월 30일까지 국세청에 해외금융계좌신고를 마쳐야 한다(「국제조세조정에 관한 법률」 제53조 제1항).
> - 또한 거래소 외에서 영업목적으로 NFT를 P2P 거래하는 경우 별도의 가상자산사업자 신고를 마쳐야 한다. 단, 개인은 ISMS(Information Security Management System, 정보보호관리체계인증) 취득이 불가능하므로, 결국 마켓플레이스 등을 이용하지 아니하면 개인은 NFT 판매를 업으로 할 수 없게 된다.
> - 가상자산사업자는 트래블 룰(Travel Rule)에 따라 가상자산을 거래하는 가상자산 송수신자의 개인정보와 거래내역을 금융정보분석원장에게 보고하여야 한다.

••• 일반적인 가상자산의 회계기준은 어떻게 되는가?

한국회계기준원의 <한국채택국제회계기준(K-IFRS)에서 가상통화의 분류>(2019)에 따르면, 가상자산(2019년 당시에는 '가상자산'이라는 용어와 함께 가상통화, 암호화폐 등 다양한 용어가 통용되고 있었다. 이 책에서는 '가상자산'이라는 용어로 통일하여 사용하기로 한다)은 통상적인 영업과정에서 판매 목적으로 보유한다면 '재고자산'으로 분류하고, 그렇지 않다면 '무형자산'으로 분류하고 있다. 금융위원회 또한 2021년 11월 19일 "가상자산을 금융자산[2]으로 보아야 한다는 견해를 지지한 바 없고, 암호자산(부채)에 부여된 권리와 의무 등 그 경제적 실질을 고려하여 국제회계기준(IFRS)을 명확히 하는 방향으로 개발이 필요하다"는 입장을 밝힌 바 있다.

나아가 한국회계기준원은 '① 보안을 위해 암호화 되어 분산원장에 기록되고, ② 관할 기관이나 다른 당사자에 의해 발행되지 않았으며, ③ 보유자와 다른 당사자 간의 계약을 발생시키지 않는 가상통화'를 대상으로 한다는 것을 전제로, "가상통화는 현재 일반적인 교환의 수단으로 사용되지 않고 가치변동의 위험이 크며, 거래 상대방에게서 현금 등 금융자산을 수취할 계약상 권리에도 해당하지 않으므로 현금, 현금성자산, 금융자산의 정의를 충족하지 않는다"고 판단하였다.

한편, 판매 목적이 아닌 가상자산을 '무형자산'으로 분류하여야 한다고 본 근거는, "가상통화는 물리적 실체가 없지만 식별 가능한 비화폐성 자산이며, 기업이 통제하고 미래 경제적 효익이 그 기업에 유입될 것으로 기대되는 자산에 해당하므로 무형자산의 정의를 충족한다"는 것이었다.

이상과 같이 '가상자산'은 회계상 '자산'의 일종으로 취급된다는 견해가 유력하고, 코인 등을 보유한 법인은 통상적으로 가상자산을 재고자산이나 무형자산으로 계상하고 있다.

2.
화폐, 예금, 유가 증권 등을 의미한다.

Q5 NFT는 증권일까?

NFT는 디지털 자산의 인증서로 기능하고 있다. 즉, NFT는 디지털 자산에 대한 고윳값을 지니고 있어 '대체가 불가능'하기 때문에 해당 자산의 원본성에 대한 인증 기능을 수행할 수 있다. 이처럼 '대체 불가능성'에 따른 인증 기능 외에도, 최근 등장하고 있는 NFT 중에서는 투자 목적으로 제작되어 해당 NFT를 보유하고 있으면 투자에 상응하는 수익을 창출할 수 있는, 이른바 증권과도 같은 NFT들이 존재한다.

만약 이러한 NFT가 증권에 해당하는 경우에는 「자본시장과 금융투자업에 관한 법률」(이하 '자본시장법'이라 한다)의 적용 대상이 되어 규제의 대상이 된다. 그러므로 NFT를 제작, 유통하는 당사자 입장에서는 NFT가 증권에 해당하는지 여부가 중요한 문제가 될 수 있다.

이와 같은 NFT가 증권인지 여부를 판단하기 위해서는 NFT보다 앞서 세상에 등장한 가상자산(암호화폐)에 대해서 살펴볼 필요가 있다. 우리나라를 비롯하여 전 세계적으로 ICO(Initial Coin Offering)의 인기가 대단했던 2017년경부터 비트코인, 이더리움과 같은 유명한 가상자산 외에도 수많은 가상자산들이 등장했다. 이러한 가상자산들을 '알트 코인(Alternative Coin, 줄여서 'Alt Coin'으로 표기하는 경우들이 많다)'으로 부르곤 했는데, 이러한 알트 코인 중에서는 새로운 기술력을 바탕으로 한 것들도 있었지만, 그럴듯한 백서의 내용들을 바탕으로 투자자들을 현

혹시키는 것들도 적지 않았다. 이로 인해 많은 투자자들의 손해가 발생하자, 우리나라는 전면적으로 ICO를 금지하기도 하였다. 한편, 미국증권거래위원회(U. S. Securities and Exchange Commission, 약칭 SEC)는 가상자산이 증권에 해당하여 미국의 〈1933년 증권법〉을 준수해야 하는지 여부를 검토하기도 하였다.

한편, 미국은 Howey Test를 통해 증권성 여부를 판단하고 있다. 'Howey Test'란 미국 연방대법원의 판례에 의하여 도출된 증권성 판별 기준으로, Howey Test의 판별 기준[3]은 다음과 같다.

> ••• 요약
> 1. Investment of Money(금전의 투자)
> 2. Reasonable expectation of profits from the investment(투자로부터 합리적 이익 기대)
> 3. Investment of money in a common enterprise(공동의 사업에 대한 투자)
> 4. Profits to be derived from the efforts of the others(제3자의 경영상 노력으로 인한 수익 발생)

미국증권거래위원회는 Howey Test 기준 등을 바탕으로 검토를 진행하였고, 2017년 7월 25일 특정 가상자산이 증권에 해당한다는 내용의 〈1934년 증권거래법 섹션 21(a)에 따른 조사 보고서(Report of Investigation Pursuant to Section 21(a) of the Securities Exchange Act of 1934 : The DAO)〉를 발표했다. 미국증권거래위원회는 해당 보고서에서 특정 가상자산이 증권법(Securities Act of 1933)과 증권거래법(Securities Exchange Act of 1934)의 규제를 받는 증권임을 인정하였다.[4]

가상자산에 대한 입장은 우리나라 또한 그 차이가 없다고 볼 수 있다. 우리나라 역시 전면적으로 ICO를 금지하고 있으며(이에 대해 명확한 법적 근거가 있는지는 별론으로 한다), 가상자산이 증권에 해당한다면 현행법령상 규제의 대상이 된다고 보고 있다.

우리나라의 경우 '증권'에 대한 법적 정의는 자본시장법에 규정되어 있다. 자본시장법은 제4조 제1항에서 '증권'을 "내국인 또는 외국인이 발행한 금융투자상품으로서 투자자가 취득함과 동시에 지급한 금전 등 외에 어떠한 명목으로든지 추가로 지급의무(투자자가 기초자산에 대한 매매를 성립시킬 수 있는 권리를 행사하게 됨으로써 부담하게 되는 지급의무를 제외한다)를 부담하지 아니하는 것"으로 규정하고 있고, 같은 조 제2항에서 '증권'의 종류를 채무증권, 지분증권, 수익증권, 투자계약증권, 파생결합증권, 증권예탁증권으로 구분하고 있다.

만약 어떠한 가상자산이 자본시장법상 증권으로 인정될 경우에는 증권 발행과정에서 증권신고서와 투자설명서를 작성하여 금융위원회에 제출해야 하고, 금융위원회의 신고 수리에 따라 증권의 효력이 발생한 뒤에 해당 증권의 거래가 가능해진다. 증권 발행에 따른 실적보고서의 작성 및 제출 또한 이루어져야 하며, 만약 이러한 신고 내지 서류의 작성이 제대로 이루어지지 않거나 거짓 기재가 있는 경우에는 해당 증권의 발행, 모집, 매출, 그 밖의 거래가 정지되거나 금지될 수 있다.

3.
참고 : Framework for "Investment Contract" Analysis of Digital Assets
https://www.sec.gov/corpfin/framework-investment-contract-analysis-digital-asset

4.
"Based on the investigation, and under the facts presented, the Commission has determined that DAO Tokens are securities under the Securities Act of 1933 and the Securities Exchange Act of 1934."

••• 자본시장과 금융투자업에 관한 법률

제4조(증권)
① 이 법에서 "증권"이란 내국인 또는 외국인이 발행한 금융투자상품으로서 투자자가 취득과 동시에 지급한 금전 등 외에 어떠한 명목으로든지 추가로 지급의무(투자자가 기초자산에 대한 매매를 성립시킬 수 있는 권리를 행사하게 됨으로써 부담하게 되는 지급의무를 제외한다)를 부담하지 아니하는 것을 말한다. 다만, 다음 각 호의 어느 하나에 해당하는 증권은 제2편제5장, 제3편제1장(제8편부터 제10편까지의 규정 중 제2편제5장, 제3편제1장의 규정에 따른 의무 위반행위에 대한 부분을 포함한다) 및 제178조·제179조를 적용하는 경우에만 증권으로 본다.
1. 투자계약증권
2. 지분증권, 수익증권 또는 증권예탁증권 중 해당 증권의 유통 가능성, 이 법 또는 금융 관련 법령에서의 규제 여부 등을 종합적으로 고려하여 대통령령으로 정하는 증권
② 제1항의 증권은 다음 각 호와 같이 구분한다.
1. 채무증권
2. 지분증권
3. 수익증권
4. 투자계약증권
5. 파생결합증권
6. 증권예탁증권

이처럼 가상자산에 대해서도 증권성 여부를 바탕으로 자본시장법 등 현행 법령상 규제 대상이 되는지 여부가 논의된 만큼, 가상자산과 유사한 NFT 역시 증권성 여부에 대한 이슈를 피해갈 수는 없을 것이다.

이와 관련하여 자본시장연구원이 2022년 1월 25일 진행한 〈2022년 자본시장 전망과 주요 이슈〉 토론회에 참석한 이윤수 금융위원회 자본시장 정책관은 "증권성검토위원회를 구성해 NFT, 증권형 토큰, 조각투자에 대해 증권성이 있는지를 판단하고 그에 따라 자본시장법 적용 여부를 결정할 것"이라고 밝혔다.

증권성검토위원회는 신종 투자자산이 자본시장법 적용 대상인지 여부

를 판단하여 금융투자업자의 가상자산 투자 기준을 제시하고자 하는 것으로 보인다. 이윤수 정책관은 "최근 기술혁신에 따라 여러 디지털 투자 수단이 나타나서 증권성 여부를 두고 논란이 벌어졌지만 발행, 유통업자들이 증권이 아니라고 판단하고 정부 인허가 없이 투자를 하고 있다"고 지적하였다.

NFT에 대해서 직접적인 검토 내지 조사가 진행되고 있는 것은 아니지만, 이윤수 정책관은 "전형적인 NFT는 투자자와 투자 대상이 1:1 관계라서 일반적으로 증권이라 볼 수 없다"고 밝히면서도 "그러나 NFT를 분할해서 발행하거나 복수 발행하는 사례가 늘고 있어서 NFT의 특수성이 투자 결정에 중요하지 않다면 증권이라 할 수 있다"고 하였다.

나아가 '증권형 토큰'에 대해서는 "투자계약증권이라면 공동사업에 투자하고 주로 타인이 수행한 사업 결과에 따라 손익을 귀속받는 계약상 권리가 표시된 것이라 증권에 해당한다"며, "투자계약증권은 자본시장법이 분류한 6가지 증권 분류 가운데 하나라서 발행, 공시 규제와 불공정거래 규제를 받게 된다"고 덧붙였다.

또한 증권성 검토 기준과 관련하여, 미국은 Howey Test를 기준으로 증권성을 판단하고 있으나, 한국의 경우 적용 사례가 없고, 증권성검토위원회를 통해 처음 진행될 예정이므로 신중한 검토가 필요할 것이라고 덧붙였다.[5]

최근 들어 NFT 가운데 보유자들에게 판매 수익을 NFT 보유 비율에 따라 배분하기로 하는 형태의 계약 내용을 포함하고 있거나, 단일한 NFT

5.
URL : https://www.coindeskkorea.com/news/articleView.html?idxno=77339

가 아닌 수천 개의 NFT를 제작, 발행하여 마치 사실상 대체 가능한 일반적인 가상자산에 유사할 정도의 성질을 지닌 NFT들 또한 등장하고 있다. 특히 전자의 경우에는 NFT 구매를 위하여 투자금을 지불하고, 다른 NFT의 판매 혹은 재판매에 따른 수익을 지급받는다는 측면에서 우리나라 자본시장법에 의하더라도 '투자계약증권'으로 해석될 여지를 배제할 수 없을 것이다.

NFT 가운데 그 구매를 통해 일정한 이익 획득을 목적으로 하는 것이 있다면, 향후 유관 기관의 판단에 따라 증권으로 인정되어 자본시장법상 규정을 준수해야 하는 의무를 부담할 것으로 예상된다.

요약하면, NFT는 성질에 따라서 증권으로 판단될 여지가 있고 이 경우 자본시장법의 규제가 적용될 수 있다. 따라서 NFT 사업을 시작하려는 경우에는 법률전문가에게 해당 NFT의 증권성 여부에 대한 자문을 구하거나, 적어도 증권성검토위원회에 유권해석을 요청해 볼 필요가 있을 것이다(증권형 NFT의 법적 성질과 이에 대한 규제 내용, 사례에 대해서는 다음 챕터에서 자세히 살펴보기로 한다).

Q6 NFT는 저작물일까?

상당수의 NFT가 미술품 등을 원작으로 하여 제작되고 있다. 이에 NFT 역시 그것이 표상하고 있는 미술품이나 작품처럼 저작권법상 저작물이 아닐까 하고 생각할 수 있지만, 실은 그렇지 않다.

저작권법상 저작물로 인정받아 저작권법의 보호를 받기 위해서는 '인간의 사상 또는 감정을 표현한 창작물'이어야 한다(저작권법 제2조 제1호). 그래서 사람이 그린 그림, 작성한 시, 촬영한 영상물 등은 그 사람의 사상 또는 감정이 그림, 글, 영상의 형태로 표현되었기 때문에 그 결과물인 각각의 그림, 시, 영상물이 저작물로 보호를 받을 수 있다.

그렇다면 NFT는 어떨까. NFT를 제작하는 경우에는 NFT로 제작될 원작품이 필요하다. 원작품은 블록체인 네트워크에(온체인) 대기 상태로 또는 외부 저장장치에(오프체인) 저장되어 있을 것이다. 그 후 NFT가 발행(민팅)되면, 디지털 복제본이 생성되거나 디지털 복제본에 저장소에 대한 링크가 생성된다. 즉, NFT 자체는 복제된 사본을 표상하는 프로그램이거나 링크데이터를 담은 프로그램 코드에 불과하다.

보다 구체적으로, 블록체인은 일종의 조건부 프로그램인 '스마트 계약(Smart Contract)'을 통해 거래가 체결되는데(스마트 계약의 자세한 사항은 Q31 이하 참조), 스마트 계약을 호출할 수 있는 다양한 표준들이 블록체인 네트워크 상에 마련되어 있다. 이러한 호출 표준을 '프로토콜'이라고

하며, 쉽게 말해 NFT를 구성하는 소스 코드의 내용을 미리 정해두어 서로 교환이나 거래에 이용할 수 있도록 하는 기준이다. 예를 들어, 가장 유명한 NFT 마켓플레이스인 오픈씨(OpenSea)를 포함하여 대부분의 NFT 마켓플레이스는 이더리움 블록체인 기반인 ERC-721 프로토콜을 이용하여 NFT를 발행하고 있다.

ERC-721 프로토콜의 표준은 ① 발행상품에 관한 함수(Name, Symbol), ② 거래관련 함수 (BalanceOf, TotalSupply, Transfer, Approve), ③ 소유자 정보관련 함수(OwnerOf, TokenOfOwnerByIndex), ④ 메타데이터 관련 함수 (tokenMetadata) 등으로 이루어져 있다(호출 순서는 무시하고, 성질에 따라 분류하였다).

한편, 최근에는 솔라나 체인의 NFT 제작용 디앱(Dapp)인 Metaplex 등이 스마트 계약을 미리 탑재하여 두는 등으로 인해 스마트 계약에 관한 코딩 지식 없이도 손쉽게 NFT 민팅이 가능해지기도 하였다.

어떠한 네트워크에서 NFT를 발행하든, NFT는 일종의 프로그램 내지 데이터의 덩어리로 볼 수 있으므로, 저작권법의 시각에서는 인간의 사상 또는 감정이 표현된 창작물이라고 보기 어렵다.

한편, 저작권법은 제2조 제19호를 통해 '데이터베이스'의 개념을 "소재를 체계적으로 배열 또는 구성한 편집물로서 개별적으로 그 소재에 접근하거나 그 소재를 검색할 수 있도록 한 것"이라고 정의하고 있다.

그리고 저작권법은 '편집물'은 저작물이나 부호·문자·음·영상 그 밖의 형태의 자료(이하 '소재'라 한다)의 집합물을 말하며, 데이터베이스를 포함하고 있다고 규정하고 있는데(제2조 제17호), 살펴본 바와 같이 NFT가 담고 있는 NFT 콘텐츠의 저장 링크 정보와 NFT 콘텐츠의 정보가 어떠한 소재를 체계적으로 배열 또는 구성한 편집물로서 저작권법상 데이터베이스로 볼 수 있을지는 의문이다. NFT가 담고 있는 그러한 정보들은 저작물이나 부호, 문자, 음, 영상 등을 체계적으로 배열 또는 구성했다고 보기는 어렵고, 단순히 NFT 콘텐츠에 대한 정보를 디지털화한 것에 불과하다는 것이 현행 저작권법의 규정에 따른 해석일 것이다.

또한 NFT 제작 시 원작품을 디지털 정보 형태의 NFT 콘텐츠로 변환한다는 점에서 저작권법상 '복제' 및 '전송' 행위를 수반한다고는 볼 수 있을 것이다. 저작권법 제2조 제22호는 '복제'를 "인쇄, 사진 촬영, 복사, 녹음, 녹화 그 밖의 방법으로 일시적 또는 영구적으로 유형물에 고정하거나 다시 제작하는 것을 말한다"고 규정하고 있는데, NFT 제작은 원작품을 디지털화하여 영구적으로 블록체인 혹은 별도의 저장 공간에 고정한다는 점에서 복제에 해당할 뿐, 새로운 창작행위는 아니다. 마찬가지로, 저작권법 제2조 제10호에 따르면 '전송'은 저작물을 이용에 제공하는 행위를 의미할 뿐, 새로운 저작물을 창작하는 행위는 아니다. 따라서 NFT가 독립적인 저작물로 인정될 가능성은 높지 않을 것이다.

이처럼 NFT를 하나의 저작물로 보기 어려운 이상, NFT를 제작함에 있어 원작품을 활용하였다고 하여 NFT를 저작권법상 2차적저작물로 인정하는 것 또한 어려울 것이다. 저작권법상 '2차적저작물'은 원저작물을 번역, 편곡, 변형, 각색, 영상 제작 그 밖의 방법으로 작성한 창작물을 말하는데(저작권법 제5조), NFT를 제작할 때 원작품의 번역, 편곡, 변형, 각색, 그리고 영상 제작과 같은 방법을 거친다고 생각하지는 않기 때문이다.

이와 별개로 NFT를 제작한 뒤, 이를 거래하기 위해서 제작한 스마트 계약의 경우 일종의 컴퓨터 프로그램으로 볼 수 있을 것인데, 컴퓨터 프로그램은 저작권법상 컴퓨터프로그램저작물에 해당한다(저작권법 제2조 제16호). 그러므로 NFT의 유통을 위해 제작한 스마트 계약을 함부로 도용하는 경우에는 저작권자의 허락 없이 컴퓨터프로그램저작물을 이용한 것으로서 저작권 침해행위에 해당할 여지가 있음을 유의해야 한다.

NFT의 영향력

Q7. NFT의 시작은 언제부터일까?

NFT는 비탈릭 부테린(Vitalik Buterin)이 2015년경 이더리움을 개발하면서 본격적으로 활성화되었다고 할 수 있다. 크립토펑크(CryptoPunks)나 크립토키티(Crypto Kitties) 등은 이더리움을 기반으로 2017년경 시작된 프로젝트이다.

출처 : 크립토펑크 홈페이지

출처 : 크립토키티 트위터

한편, 이더리움 개발 이전에도 블록체인 기술을 현물자산과 결부시키려는 시도는 있었다. 비트코인에 색깔을 부여해서 특정성을 확보하려고 한 컬러드코인(Colored Coins, 2012년 출시)이 그중 하나이다.

그런데 2012년경 존재하던 블록체인인 '비트코인'은 종전 금융 시스템을 탈중앙화 방식으로 구현하기 위하여 일종의 'P2P 화폐'로서 개발된 시스템이었으므로, 자산을 표상하는 기능은 탑재되어 있지 않았다. 즉, 블록체인 외에서 어떤 자산을 개별 코인과 연결시키기 위해서는 다시금 자산과 코인을 연결해주는 '중앙기관'이 필요하다는 한계가 있었다. 즉, 현재의 통용되는 NFT의 개념과는 차이가 있었다.

아담 캘렌스타인이 설립한 개발자 모임인 카운터파티(Counterparty, 2014년)는 블록체인 기술에 인터넷 프로토콜을 결합하였다. 이는 블록체인 거래 원장(Ledger)과 외부의 실물자산을 연동하는 기술로서, NFT와 유사한 개념을 최초로 개발해 낸 것이었다. 이를 통해 북미에서 유명한 트레이딩 카드 게임들(Spells of Genesis, Force of Will)이 블록체인을 통해 발행되었고, 희귀한 페페(Rare Pepes) 같은 '밈'들을 블록체인에 기록하려는 프로젝트들이 이어졌다.

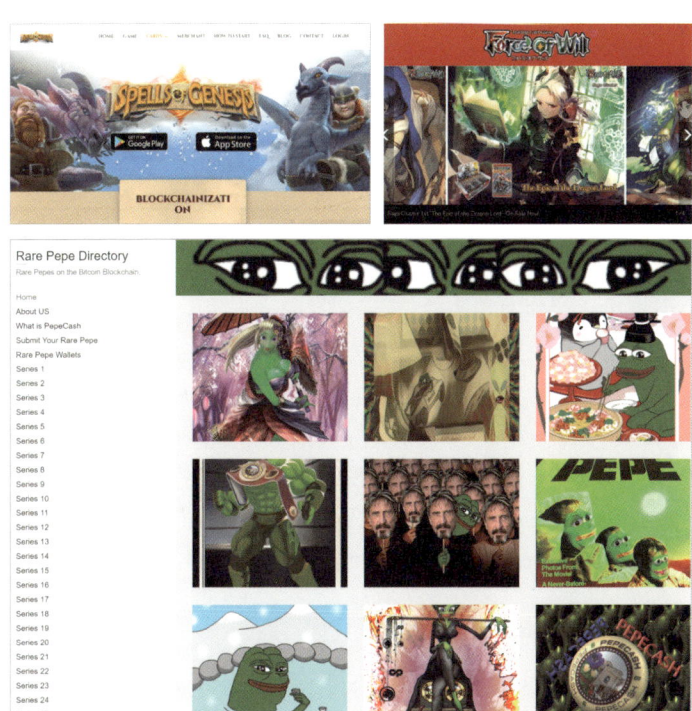

　NFT 시장은 앞서 살펴본 '크립토~' 프로젝트들의 성공에 의해 2018년경 폭발적으로 성장하였으며, 그 무렵 오픈씨(OpenSea)와 같은 대중적인 NFT 마켓플레이스도 생겨났다.

　이후 NFT 생태계는 시세와 정보제공 사이트, 게임, 도메인, 디지털 컬렉션, 가상부동산, 수집품, 현물 상품 등 다양한 영역으로 확장해 나가며 현재에 이르고 있다.

Q8. NFT가 미술시장에 미치는 영향력은 무엇일까?

NFT는 미술시장에서 가장 큰 주목을 받고 있다. 일반인들이 뉴스 기사 등을 통해 흔하게 접할 수 있는 크립토펑크나 BAYC(Bored Ape Yacht Club, 지루한 원숭이들의 요트클럽) 등의 NFT도 일종의 미술품이다. 이 외에도 NFT 마켓플레이스의 거래량이나 거래 규모에서 상위권을 차지하는 NFT들은 대부분 미술 관련 NFT이다.

무명 작가들의 판로가 개척되고 있다.

NFT 등장 이전에는 직거래 시장이 거의 존재하지 않았고, 화랑이나 갤러리를 통해 폐쇄적으로 거래가 이루어졌다.

NFT는 '스마트 계약'을 통해 중간유통 단계를 뛰어넘어 판매자와 구매자 간 직거래를 가능하게 한다. 스마트 계약은 전자상거래, 보험업, 물류유통(해운) 등 반복적인 계약이 필요한 산업에서 주목을 받고 있고, 미술시장에서도 마찬가지이다. 작가들은 NFT를 발행해 자신의 작품을 디지털화하여 직접 매수자를 찾아 나설 수 있게 되었다. 반대로 매수인들도 중간유통상이나 갤러리를 거치지 않고도 자신이 좋아하는 작가의 작품을 인터넷에서 쇼핑하는 것처럼 고를 수 있게 되었다.

작가들은 '전 세계를 상대로 영업하는' NFT 마켓플레이스라는 플랫폼에서 자유로운 작품을 게시함으로써, 기꺼이 지갑을 열 준비가 되어 있는 많은 잠재 매수자들에게 작품을 홍보할 기회를 얻는다. 이에 수많은 작가들이 NFT 미술시장에 새롭게 진입하고 있다.

직거래는 블록체인 기술이 포함되지 않은 오픈마켓 플랫폼에서도 충분히 이루어질 수 있다. 그러나 NFT는 디지털 자산에 고유성과 희소성을 부여하는 기능이 있으므로, 미술품 직거래 과정에서 신뢰할 수 있는 시장이 형성될 수 있다. 이는 종전의 플랫폼과 차별화되는 특성이다.

한편, NFT 발행으로 인해 미술품의 거래수수료가 낮아졌는지 여부에 대한 연구는 아직 존재하지 않는 것으로 보인다. 블록체인 네트워크 수수료는 트랜잭션(Transaction, 데이터베이스에서 논리적 기능을 수행하는 작업의 단위)에 따라 부과될 뿐 미술품 자체의 가치에 연동하여 이루어지는 것은 아니므로, 종전의 거래수수료와 단순히 비교하는 것은 어려울 것이다. 그럼에도 큐레이터나 비평가, 경매업체가 존재하는 종전 미술품 시장과 NFT 마켓플레이스 및 블록체인 네트워크의 수수료를 단순 비교하면, 전체적인 거래비용은 감소 추세를 보일 것으로 예상된다.

미술품 유통과정을 추적할 수 있게 된다.

NFT 매수인은 매수하고자 하는 NFT의 이전 거래내역을 전부 확인할 수 있다. 이는 퍼블릭 블록체인의 특성이다. '퍼블릭 블록체인'이란 블록체인의 접근 가능성에 따라 프라이빗(Private) 블록체인과 구별한 것으로, '불특정 다수가 참여하는 네트워크'를 의미한다. 퍼블릭 블록체인에는 모든 노드(Node)가 개별적인 검증 기능을 수행할 수 있도록 거래 기록이 저장된다. 즉, 퍼블릭 블록체인에 등록된 미술품 NFT의 거래내역은 사실상 모두 공개될 수 있는 것이다.

나아가 미술작품을 디지털화하여 블록체인에 기록하여 두면 해당 작품이 적어도 NFT 발행 이전 시점에 창작되었다는 사실을 인정할 자료가 될 수도 있을 것이다.

마지막으로, 거래내역에는 구매자의 지갑 주소만 공개되어 해당 지갑을 보유한 실제 인물의 인적 사항을 알기 어렵다. 이러한 특징은 오히려 익명거래를 희망하는 매수자들에게는 장점이 될 수 있다.

작가들은 NFT 마켓플레이스에서 작품의 재판매 수익 중 일부를 얻을 수 있다.

이전까지 미술 작가들은 작품을 일단 판매하면 추후 작품을 전시하는 등 이용하는 데 대한 추가 수익을 거둘 수 없었고, 이는 작가가 뒤늦게 명성을 얻어 작품의 가격이 오르는 경우에도 마찬가지였다. 우리나라 저작권법상 '추급권'이 인정되지 않고 있기 때문인데, 지금까지는 미술품 거래시장의 유통과정이 투명하지 않아 추급권 도입 자체가 시기상조라는 의견이 지배적이었다(추급권에 대해서는 Q66 참조). 따라서 지속성의 관점에서 보면, 미술저작물(또는 미술시장)의 창작자들의 수익은 1회의 저작활동으로도 계속적인 수익을 얻을 수 있는 어문저작물(또는 출판시장)이나 음악저작물(또는 음반시장)에 비해 적은 편이었다.

그런데 미술 작가들이 작품을 NFT로 발행하는 경우, 재판매 수익을 보장하는 NFT 마켓플레이스들이 있다. 즉, 법제도와 상관없이 '약정'을 통해 추급권과 유사한 권리를 보장하고, '거래내역 증명'이라는 NFT의 특징을 활용하여 실제로 약정을 실현할 수 있도록 한 것이다. 이러한 재판매 수익 지급 약정은 작가들이 NFT 시장에 적극 참여하는 유인이 되고 있다.

조각투자가 가능하다.

실물인 미술품을 물리적으로 나누면 해당 미술품의 가치는 훼손될 것이다. 따라서 미술품을 분할하는 것은 사실상 불가능하므로, 이전까지는 미술품의 공동소유 계약을 체결하더라도 원본은 공동소유권자 사이의 합의에 따라 어느 한 명이 보관할 수밖에 없었다. 즉, 공동투자자들은 원본 보관자에 대하여 수익분배권 등 채권적인 권리를 가지는 방법으로만 투자할 수 있었고, 미술품의 지분을 가지고 있음에도 미술품을 마음대로 처분하지도 못하고 이용하거나 감상할 수도 없었다. 이에 따라 투자자들이 '미술품을 소유한다'는 생각을 피부로 느끼기는 어려웠다.

반면, NFT를 통해서는 해당 미술품의 지분 또는 특정 부분만을 발행하는 것도 가능하다. NFT를 발행하는 방법이나 내용에는 제한이 없기 때문이다.

또한 NFT는 공신력 있는 감정기관에 의하여 원본성이 인정된 미술품 원본을 데이터로 치환하여 디지털 콘텐츠 형식으로 제공하므로, 공동매수자(지분권자)는 미술품을 디지털 방식으로 감상할 수 있고, PFP(Picture for Profile, 프로필 사진)로 이용할 수도 있다. 비록 공동매수자로서는 실물 원본을 소유하는 것은 아니지만, 개인적으로는 구매할 수 없는 고가의 미술품의 지분을 가지고 있다는 만족감을 느낄 수 있다.

권리자나 권리이용가능 범위를 손쉽게 파악 가능하다.

미술 저작권은 '무체물인 미술작품의 표현' 그 자체에 성립하므로, 미술작품이 디지털화된 경우에도 해당 그림에는 저작권이 있다. 그런데 어떤 저작물을 이용하기 위해 저작권자의 허락을 받고 싶어도 저작권자를 찾는 것은 쉽지 않은 일이다. NFT를 활용하면 원작자 및 현재 권리자를 공개하는 경우, 저작권 등록

제도와 유사한 효과를 거둘 수 있을 것으로 예상된다.

한편, 저작권은 '권리의 다발'로 불린다. 하나의 저작물에 복제권, 공연권, 공중송신권, 전시권, 배포권, 대여권, 2차적저작물작성권 등 다양한 저작재산권이 인정되기 때문이다. 그리고 저작재산권자는 이러한 개별 권리를 분리하여 행사할 수 있다. 즉, 복제와 배포는 자유롭게 허용(포기)하면서 공중송신은 금지하는 등 다양한 이용허락 방법을 구성할 수 있다. NFT 발행자는 위와 같은 개별적인 권리를 NFT로 발행하는 것도 가능할 것이다. 이 경우 구매자 입장에서는 'A 작품에 대한 공중송신권이 부여된 NFT'만을 특정하여 구매하는 것도 가능해진다.

NFT 감상 미술관이 생겨나고 있다.

지금까지 NFT 아트에 대한 거래 사례들은 "어떤 NFT 아트가 수십 억에 팔렸다"는 단편적인 정보에 불과했다. 그런데 어떤 미술작품의 경제적 가치는 '되팔 수 있을 때' 증명된다고 보아야 한다. 미술작품의 가치는 주관적으로 판단되기 때문에 전시물을 보유하여 전시되는 장소가 어디인지에 따라 가치가 달리 평가될 수 있으므로, 전통적인 미술시장에서는 특정 미술관의 컬렉션에 해당 화가의 작품이 포함되어 있는지 여부가 작품의 가치를 결정하는 중요한 요소가 되고 있었다.

바로 이러한 점에서 NFT 아트를 감상할 수 있는 미술관들이 생겨나는 것은 NFT 시장 형성에 긍정적으로 작용할 수 있다. 예를 들어, NFT 아트를 전문적으로 판매하는 미술관인 시애틀NFT뮤지엄(Seattle NFT Museum)이 개관하여 오프라인에서 큰 화면으로 NFT 아트를 감상할 수 있도록 공간을 제공하고 있다. 또한 온라인에서도 'https://oncyber.io/' 같은 업체가 메타버스 공간에서 NFT 아트를 감상할 수 있도록 하고 있다.

이와 같이 NFT의 전시공간이 늘어나는 것은, NFT 아트의 감상 수준이 NFT 마켓플레이스의 섬네일로 그치지 않고, 프로필 사진으로 소비되는 것을 넘어서 종전 미술작품과 같이 '전시' 또는 '감상'의 대상이 되고 있다는 것을 의미하며, 디지털 아트의 가치가 보다 높아질 수 있다는 신호로 볼 수 있다.

NFT는 저작권 분쟁에서 어떤 역할을 하게 될까?

통상적인 저작권 분쟁(흔히 '표절'이라 부른다)은 A 작품이 B 작품을 바탕으로 만들어져 A 작품이 B 작품의 저작권을 침해하는지 여부가 문제 된다. 이 경우 B 작품이 A 작품보다 먼저 창작되었음을 객관적으로 증명하거나, 설령 A 작품이 B 작품과 유사한 측면이 있더라도 독자적인 창작으로 완성된 작품인지를 증명할 수 있다면 비교적 용이하게 분쟁을 해결할 수 있다. 하지만 대개의 경우 어떤 작품이 '오리지널' 내지 '원작'에 해당하는지 등에 대해 충분한 증명을 하는 것이 쉽지 않다.

이러한 가운데 NFT를 포함한 블록체인 기술이 저작권 분쟁에 미치는 긍정적인 영향으로 파악되고 있는 것은, 이러한 기술이 작품의 원본성 여부 판단에 큰 도움이 된다는 것이다.

대표적으로 미술저작물의 경우 여러 작품 가운데 원작자의 작품이 어떤 것인지, 그리고 하나의 작품이 원작인지 위작인지에 대한 논의가 기본적인 쟁점이 된다. 현재는 작품 원본에 남겨진 작가의 지문이나, 머리카락과 같은 정보 혹은 작가의 창작노트를 통해 작품의 창작 과정을 확인함으로써 해당 작품의 원본 여부를 입증, 판단하고 있다. 하지만 이와 같은 방법들은 원작이 훼손되거나 원작임을 판단할 수 있는 창작노트 등 외부 자료들이 존재하지 않을 경우 그 효용을 잃게 된다.

반면, 미술저작물을 NFT로 제작하는 경우에는 저작자가 어느 시점에 해당 작품을 창작했는지 NFT의 메타데이터로 입력할 수 있다. 특히 NFT의 생성 이후에는 저작자의 컴퓨터가 아닌 네트워크상 다른 이용자들의 노드를 통해서 검증이 이루어지므로 해당 정보는 함부로 변경되거나 조작될 가능성이 낮으며, 미공표된 작품이라면 NFT 제작 및 유통을 통해 자신의 작품을 공표하는 기능까지 수행할 수 있을 것이다. 특히 NFT가 블록체인에 저장된 고유의 식별값을 통해 원본성의 확인 및 인증이 가능하다는 점에서 일종의 '디지털 원본 인증서'와 같은 개념으로도 이해되고 있는 만큼, 미술저작물을 NFT로 제작하는 경우에는 작품의 원본성을 입증할 수 있다는 점에서 분쟁 발생 시 그 해결에 도움을 줄 수 있을 것이다.

또한 블록체인 네트워크의 기술적 활용은 저작권 등록 제도에 대한 대안으로도 떠오르고 있다. 단순히 등록에 대한 기록이 네트워크에 공개되는 것 외에도, 스마트 계약과 연계하여 등록된 저작물에 대한 정보 조회는 물론 자동화된 이용허락과 저작물 이용이 가능할 수 있기 때문이다.

나아가 원본과 다른 불법 복제물에 대한 발견과 조치에 대해서도 NFT와 블록체인 기술은 도움을 줄 수 있다. 즉, NFT 제작 시 원저작물이 지니는 고유한 데이터를 입력하게 되므로, 향후 불법 복제물 내지 저작권 침해물로 의심되는 NFT 내지 콘텐츠가 존재하는 경우 해당 데이터의 동일성 여부의 비교를 바탕으로 저작권 침해에 대한 검증 또한 일응 가능할 것으로 판단된다.

한편, 창작자들은 완성된 저작물 외에도 창작 과정에 있는 자신들의 창작물, 혹은 아이디어 단계에 머무르고 있는 경우에도 저작권법상 보호를 강구하고 있으나, 저작권법은 사상이나 감정이 표현된 창작물만을 보호하고 있다. 이에 상업적 가치가 있는 아이디어는 부정경쟁방지법에 따라 보호를 받을 수 있는 여지가 있으나, 이를 인정한 선례는 아직 부족하다고 볼 수 있다.

> **● ● ● 부정경쟁방지 및 영업비밀보호에 관한 법률**
>
> 제2조(정의)
> 1. "부정경쟁행위"란 다음 각 목의 어느 하나에 해당하는 행위를 말한다.
> 파. 그 밖에 타인의 상당한 투자나 노력으로 만들어진 성과 등을 공정한 상거래 관행이나 경쟁질서에 반하는 방법으로 자신의 영업을 위하여 무단으로 사용함으로써 타인의 경제적 이익을 침해하는 행위

이러한 가운데 창작자들은 창작 초기 및 중간 단계의 창작물에 대해서도 블록체인 네트워크에 그 내용과 정보를 입력하거나, NFT로 제작을 함으로써 창작 과정에서도 자신의 아이디어에 대한 보호를 도모할 수 있다. 이는 기본적으로 블록체인 네트워크에 정보가 입력되면서 입력 시점에 대한 '타임 스탬프(time stamp)'가 부여되기 때문인데, 타임 스탬프가 NFT 혹은 블록체인 네트워크에 작성된 콘텐츠의 권리 변동에 대한 정보를 제공할 수는 없지만, 적어도 어느 시점에 해당 콘텐츠가 NFT로 제작되어 네트워크에 입력이 되었는지에 대한 정확한 근거를 제공할 수 있다는 점에서 그 가치가 있다.

요약하자면, NFT 기술을 활용한다면 창작 과정을 공개적으로 기록하여 콘텐츠 개발 과정에서의 보호는 물론, 결과물 간의 저작권침해나 표절논란, 아이디어 도용 시비를 가르는 데도 중요한 단서가 될 수 있을 것이다.

Q10. 게임 아이템 거래 시 NFT를 활용할 수 있을까?

NFT는 장차 메타버스에서 디지털 자산에 대한 소유권을 표방할 수 있는 주요한 수단으로 각광받고 있다.

특히 게임업계는 NFT를 가장 가까이에서 주목하고 있으며, 그 활용도를 잘 알고 있는 것으로 보인다. 다수의 게임사들은 자사 게임생태계에서 기축통화로 활용하기 위한 가상자산을 개발하는 것을 넘어, 게임 아이템 거래에 NFT를 적극적으로 도입하는 사업모델을 검토 중이다. 여기서는 게임 아이템 NFT를 중점적으로 살펴보기로 한다.

게임 아이템의 법적 지위는 계속 변화해 왔다. 온라인 게임 태동 이후 게임 아이템을 현금으로 거래하는 시장이 형성되어 왔다는 것은 주지의 사실이다. 다만 게임 아이템은 프로그램 코드에 불과하고, 게임개발사가 이용자에게 게임 아이템의 소유권이나 저작권을 양도하는 것도 아니라는 근본적인 한계가 있었다. 즉, 종전까지 게임의 이용자는 게임사와 체결한 이용약관 등에 따라 채권적 권리만 행사할 수 있을 뿐 게임 아이템의 소유권을 주장하기는 어려운, 다소 불안한 지위에 있었다고 볼 수 있다.

그런데 게임 아이템을 NFT로 발행하게 되면서, 이용자들은 게임서비스를 제공하는 자(게임사)와 사이에 체결한 이용약관에 의해 인정되는 채권적인 권리를 넘어서 실질적으로 해당 아이템 또는 계정을 보유하였다는 점을 증명할 수 있게 되었다. 또한 이용자들은 게임사가 관리하는 서버가 아닌 블록체인 네트워크에 해당 아이템 데이터를 저장할 수도 있게 되었다. 즉, NFT는 게임사가 게임 아이템(게임 계정을 포함)의 소유권을 해당 이용자에게 보증하는 기능을 하게 될 것으로 예상된다.

한편, 어떤 아이템에 대한 NFT를 보유하였다고 그 기능이 보장되는 것은 아니다. 실제 게임에서 구현되는 내용은 게임사의 구체적인 운영행위에 달려있어서 해당 NFT의 실질가치가 변동될 가능성이 상당하다. 쉽게 말해, 게임사 또는 운영자가 게임의 밸런스 패치를 통하여 해당 NFT가 표상하는 게임의 아이템의 성능을 낮게 설정하면 이용자는 대항할 방법을 찾기 어렵다.

마찬가지로, 하나의 NFT를 보유한다고 하여 반드시 서로 다른 게임 사이에 자유롭게 아이템을 이동시킬 수 있는 것은 아니며, 게임사가 해당 NFT를 활용하도록 게임 내에서 설계하여야 한다는 한계가 존재한다. 여러 게임 간 아이템을 자유롭게 이동시키겠다는 게임사들의 비전은 하나의 지향점 정도로 해석된다. 현실적으로는 심미성 아이템(스킨, 펫 등)과 같이 게임의 밸런스에는 영향을 주지 않는 NFT가 게임 간 이동에 사용될 가능성이 높은 것으로 보인다. 또한 하나의 게임사의 게임군 내에서 교환이 가능한 것을 넘어 다른 게임사의 게임 간 거래가 가능하기까지는 시간이 필요할 것으로 보인다.

그리고 NFT는 아직까지 P2E(Play to Earn) 게임에서 게임 내 생태계에서 사용되는 화폐(토큰 등 가상자산)를 채굴하기 위한 '노드' 참여권 내지 게임 접속 이용권을 구매하는 데 제한적으로 이용되고 있는 것으로 파악된다.

마지막으로, 개별 게임이나 서비스의 이용약관을 위배하여 계정이용이 정지된 이용자가 NFT에 의한 권리를 주장하면, NFT를 보유하도록 한 라이선스 계약과 게임 이용계약이 충돌할 수 있다. 어떤 계약을 우선적으로 적용할지, 어떤 방식으로 NFT에 대한 권리를 보장하면서 게임 생태계를 해치지 않을 수 있는지, NFT를 NFT 매매계약에 따라 실제로 이용가능한 상태로 제공하여야 하는지 여부 등에 대해서는 계속적인 논의가 필요하다.

NFT와 준거법

Q11 **NFT는 어느 나라의 법률이 적용될까?**

　NFT가 대한민국에서 발행되고, 국내 플랫폼/마켓플레이스를 통해 거래되어 대한민국 국적자가 NFT를 구매, 유통한 경우에는 이러한 법률행위에 대해서 대한민국 법률이 적용되는 점에서는 이론이 없을 것이다.

　하지만 NFT 가운데 해외에서 제작, 유통되는 것들이 적지 않으며, 많은 마켓플레이스들도 해외에 서버를 둔 업체들이다. 또한 NFT의 제작과 유통을 다루고 있는 스마트 계약 역시 국가 간 국경을 넘어 자유롭게 체결될 수 있다. 그렇다면 NFT가 해외에서 제작되거나, 스마트 계약의 이행을 통해 다른 국가의 이용자에게 NFT가 유통되는 경우에는 어느 국가의 법을 적용해야 하는지 문제가 될 수 있다.

　'준거법'이란 외국적 요소가 있는 법률관계에 적용될 특정 국가의 법을 말한다. 일반적으로 준거법은 당사자의 권리의무관계를 지정하는 실질법을 말하는

데, 국제거래와 관련하여 소송이 제기된 경우, 그 소가 제기된 법원은 해당 분쟁의 준거법이 무엇인지 판단하고 이를 적용하여 판결을 내리게 된다. 그렇기 때문에 통상적인 국제거래에 있어서는 분쟁 발생 시 어떠한 나라의 법률을 바탕으로 하여 분쟁을 해결할지에 대한 쟁점이 항상 존재하여 왔다.

한편, 스마트 계약은 미리 입력해 둔 프로그램에 따라 자동적으로 이행이 되기 때문에 NFT의 제작이나 유통 계약 후 이행의 문제가 남지 않아 국제거래에 있어 준거법 선택의 문제가 남지 않는다는 의견이 있다. 하지만 스마트 계약이 계약 체결 후 이행의 문제를 발생시키지 않는다고 할지라도, 계약의 무효 혹은 취소 사유가 발생하였을 경우 그 요건과 효과에 대하여 법적 분쟁이 발생할 수 있으며, 이에 대한 판단은 국가별로 다를 수 있다. 특히 분산되어 있는 블록체인에 기초한 스마트 계약에서 분쟁이 발생하는 경우에는 계약 당사자들이 상이한 국가에 속한 경우를 배제할 수 없어 어떤 국가의 법률을 적용할 것인지, 즉 준거법의 확정은 여전히 중요한 쟁점으로 자리 잡을 것으로 보인다.

만약 NFT의 발행 및 유통에 앞서 스마트 계약에서 준거법에 관한 합의를 다루고 있다면 원칙적으로 그 합의에서 지정한 국가의 법률을 적용할 수 있을 것이다. 국제사법 제25조 제1항 역시 "계약은 당사자가 명시적 또는 묵시적으로 선택한 법에 의한다. 다만, 묵시적인 선택은 계약 내용 그 밖에 모든 사정으로부터 합리적으로 인정할 수 있는 경우에 한한다"고 규정하고 있어, 스마트 계약에 명시적·묵시적 합의가 존재한다면 그러한 내용을 바탕으로 준거법 확정이 가능할 것이다.

> ●●● **국제사법**
>
> **제25조(당사자 자치)**
> ① 계약은 당사자가 명시적 또는 묵시적으로 선택한 법에 의한다. 다만, 묵시적인 선택은 계약내용 그 밖에 모든 사정으로부터 합리적으로 인정할 수 있는 경우에 한한다.
>
> **제26조(준거법 결정 시의 객관적 연결)**
> ① 당사자가 준거법을 선택하지 아니한 경우에 계약은 그 계약과 가장 밀접한 관련이 있는 국가의 법에 의한다.

한편, 준거법에 대한 합의가 존재하지 않는 경우 법원은 '가장 밀접한 관련의 원칙'을 적용하여 계약과 가장 밀접한 관련이 있는 법을 준거법으로 결정한다. 국제사법 역시 "당사자가 준거법을 선택하지 아니한 경우에 계약은 그 계약과 가장 밀접한 관련이 있는 국가의 법에 의한다"고 규정하여, 이러한 법리를 따르고 있다(국제사법 제26조 제1항).

그러나 NFT의 거래가 이루어지는 블록체인상에서는 계약과 가장 밀접한 관련이 있는 국가가 어디인지 판단하는 것이 쉽지 않다. 통상적인 국제 거래에서 계약과 가장 밀접한 관련을 가지는 곳은 계약이 체결된 곳, 혹은 계약의 이행이 예정된 곳이라고 할 수 있다. 그런데 NFT 발행 및 거래의 당사자는 분산된 블록체인 네트워크에서 계약을 체결, 이행하며 당사자에 대한 정보 또한 숫자로 구성된 주소로만 표시되기 때문에 블록체인에 기록된 거래 당사자를 특정하는 것부터 쉽지 않다. 게다가 해당 블록체인을 관리하는 메인 서버 대신 전 세계에 흩어져 있는 모든 노드들이 그 역할을 수행하고 있으므로 계약 체결지나 이행지가 다수의 국가로 이해될 수 있어 특정 국가를 선택하여 준거법을 확정하는 것 역시 무척 어려운 일이다.

결국 현행 법체계에서 해외에서 제작되거나 유통되는 NFT를 둘러싼 사건에 어느 국가의 법을 적용할지 판단하는 것은 쉬운 일이 아닐 것으로 예상된다. 하지만 그렇다고 하여 사건이 발생하였을 때 무작정 손을 놓고 있을 수도 없는 일이다. 이에 대한 해결 방법은 NFT 거래를 둘러싼 준거법을 통일하는 것이다. 위에서 살펴본 바와 같이 현행 법체계 하에서는 국가마다 관련 법률이 다르기 때문에 같은 스마트 계약에서 파생된 분쟁에 대해 상이한 판단이 이루어질 수 있다는 문제가 있다. 그러므로 이와 같은 문제를 해결하기 위해서는 통일된 스마트 계약 기준을 설정하고, 이러한 분쟁을 전담할 분쟁해결기구를 설립하여 스마트 계약에 대한 분쟁은 해당 기구를 통해 해결하도록 하는 방법을 검토해볼 수 있다. 이러한 일률적인 기준과 분쟁해결 방법에 대한 지침을 바탕으로 스마트 계약을 작성하는 경우에는 NFT 거래 당사자들이 보다 용이하고 효율적으로 자신들의 거래를 둘러싼 분쟁 해결 방법을 인식할 수 있을 것이고, 이를 통해 거래 안정성을 높일 수 있을 것이다.

물론, 국제적 차원에서 스마트 계약에 대한 일응의 기준과 지침을 마련하기 위해서는 많은 시간과 비용이 필요하다. 그렇기 때문에 또 다른 대안으로 '스마트 중재'라는 새로운 분쟁해결방안의 도입이 시도되고 있다. 스마트 중재는 스마트 계약 자체에 당사자 일방의 신청에 따라 중재 시스템이 발동될 수 있도록 중재 조항을 넣는 것이 일반적인데, 이 경우 스마트 계약에서 중재인이 지정되고 그가 행한 중재 판정이 자동으로 네트워크 코드에 반영되도록 프로그래밍을 해 두는 것이다.

이러한 스마트 중재를 실제로 도입하고 있는 '오픈 바자(Open Bazaar)', '클레로스(Kleros)', '삼바(SAMBA, Smart Arbitration & Mediation Blockchain Application)' 등의 서비스들이 존재하고 있으나, 스마트 중재 역시 실질적인 중재 절차나 중재 판정을 어떻게 집행할 것인지 등에 대해서는 아직 실무적으로 해결해야 할 부분들이 남아 있다.

앞서 살펴본 바와 같이, NFT 거래 과정에서는 국제적인 분쟁의 증가를 야기할 수 있음에도, 아직 현행 법체계만으로는 온전하게 어느 국가의 법률을 따를 것인지조차 해결하기 어려운 부분이 있다. 따라서 기존의 법령을 최대한 적용하면서도, 더 늦지 않게 법률과 제도를 보완하여야 할 것이다.

CHAPTER 02

NFT 발행의 모든 것

NFT는 코드의 빈 공간에 어떤 내용이든 담아낼 수 있다.
NFT의 내용에는 제한이 없으므로 상상하는 모든 것들을
NFT로 발행할 수 있다고 해도 과언이 아니다.
하지만 대부분의 사람들은 NFT를 발행하는 것 자체가
법적으로 문제 되는지 궁금해한다.
이 챕터에서는 NFT의 유형, 내용, 형식, 활용 방법과 유의사항까지
발행 단계에서 법적으로 문제 될 수 있는 사항을
살펴보기로 한다.

NFT의 발행 대상

NFT로 발행할 수 있는 것은 무엇일까?

Q12

NFT 그 자체는 프로그램이고, 블록체인 네트워크 위에 어떤 내용이든 담을 수 있는 빈 공간이 제공된다. 여기에 무엇을 담아 발행할 것인지에 따라 NFT가 가지는 의미는 전혀 달라지게 된다.

지금까지 NFT로 발행된 것들은 아래와 같다.

> ••• 요약
>
> 미술품, 음원, 게임 아이템, 영상, 아바타, 연예인 사진, 스포츠 선수/장면, 소설, 만화, 밈(Meme), 신분증, 영화 티켓, 입장권, 마일리지 포인트, 쿠폰 상담권, 가상부동산, 옷과 신발 등 실물 상품, 굿즈, 거래증명서 등

나아가 최근에는 디지털 보증서의 역할을 하는 NFT, 멤버십 기반 NFT 등 NFT 유형이 다양해지고 있다. 일례로, NFT 아트 거래 플랫폼사인 닉플레이스

(Nikplace)는 2022 BAMA 참여 갤러리 중 102개의 갤러리, 266명의 작가, 291점의 작품에 대하여 NFT 보증서를 발행하였다. 한편, 신세계그룹 통합 온라인 쇼핑몰 쓱(SSG)닷컴은 명품 디지털 보증서 'SSG 개런티' 서비스를 런칭하기도 했다. 이는 일종의 디지털 품질보증서로, 메신저 카카오톡에 탑재된 디지털 자산 지갑 '클립(Klip)'에서 잃어버릴 염려 없이 보관할 수 있으며, '보내기' 버튼을 통해 손쉽게 양도할 수도 있다. 스타벅스 또한 멤버십회원권을 NFT로 부여하고, 특별 메뉴나 배송 서비스를 제공하는 등 차별화된 서비스를 제공하거나, 스타벅스 커피 전문가와 온라인 만남을 할 수 있는 디지털 티켓을 NFT로 구현하는 등 멤버십 기반 NFT 사업 진출을 선언한 바 있다.

NFT의 원본은 이렇듯 다양하므로, NFT의 권리관계나 성질성을 하나로 묶어서 설명하는 것은 쉽지 않다. 그리고, 아직까지 NFT로 발행된 적이 없지만 앞으로 NFT화 될 수 있는 콘텐츠가 무궁무진하기도 하다.

그런데 2021년 6월을 기준으로 이더리움 네트워크에 어떤 디지털 파일을 저장하는 비용은 1KB당 약 13달러의 수수료가 필요하다고 한다. 스마트폰으로 촬영한 사진 파일의 용량만 해도 수 메가바이트(Megabyte)에 달하고 있다는 점을 상기하면, 어떤 디지털 파일을 블록체인 네트워크에 전부 기록하는 것에 지나치게 많은 비용이 들 것으로 예상할 수 있다. 이처럼 블록체인 네트워크 이용료가 비싸다는 문제로, 현시점에서 블록체인 네트워크를 저장장치나 데이터베이스처럼 사용하기는 어렵다. 따라서 대부분의 NFT는 디지털 파일 원본을 외부 저장소에 저장하고, 블록체인에는 외부 저장소로 연결되는 링크 주소를 기록하는 정도에 그치고 있다.

이처럼 블록체인이 아닌 외부 저장소에 별도로 디지털 파일 원본을 저장하는 것을 '오프체인(Off-chain)' 방식이라고 한다. 현재 발행되는 NFT는 거의 예외

없이 오프체인 방식을 따르고 있다.

다시 말하면, NFT는 현실적으로 디지털 파일 원본 자체가 아니라 이에 대한 링크만을 담은 권리이고, 디지털 파일 원본의 권리자를 블록체인 내에 기록한다는 의미와 사실상 같다. 즉, NFT를 통해 부동산의 '등기부'와 같이 별도 대장에 권리자의 이름과 원본 파일의 정보를 기록하는 것이다.

이하에서는 특별한 설명이 없는 한, NFT 발행 시 디지털 파일 원본이 블록체인에 기록되었는지 아니면 링크로 연결되었는지 고려하지 않고, 하나의 NFT 발행행위로 묶어 설명하도록 한다.

NFT에는 어떤 유형이 있을까?

대표적인 NFT 마켓플레이스인 오픈씨(OpenSea)의 경우, NFT를 다음과 같은 카테고리로 분류하고 있다.

> **• • • 오픈씨(OpenSea)**
>
> Art(미술), Collectibles(수집품), Domain Names(도메인), Music(음악), Photography(사진), Sports(스포츠), Trading Cards(트레이딩 카드), Utility(유틸리티), Virtual Worlds(가상세계)

그러나 이러한 분류에 대해서는 강제성이 없으므로, 이용자들은 위와 같은 카테고리와 상관없이 NFT를 새롭게 분류하여 게시할 수 있다.

다른 NFT 마켓플레이스인 래리블(Rarible)도 살펴보자.

> **• • • 래리블(Rarible)**
>
> Art(미술), Photography(사진), Games(게임), Metaverses(메타버스 – 주로 가상부동산), Music(음악), Domains(도메인), DeFi(탈중앙화금융), Mems(밈), Punks(크립토펑크와 같은 Generative Arts 형태의 미술저작물), NSFW(부적절한 내용 – 성인물)

래리블은 오픈씨와 다르게 밈, 디파이금융, 성인물 등의 카테고리를 만들어둔 것이 눈에 띈다.

또한 국내 NFT 마켓플레이스 중 유명한 NFT매니아(NFTmania)에서도 카테고리상 특별한 점을 발견하기는 어렵다.

> **NFT매니아(NFTmania)**
>
> Art(미술), Illust(일러스트), Entertainment(오락), Sports(스포츠), Domain(도메인), Universe(우주), Collectibles(수집품), Music(음악), Photography(사진), Trading Cards(트레이딩 카드), Utility(유용성), Virtual Worlds(가상세계), Infinity Card(무한 카드), Free Market(무료)

한편, 금융연구원의 2021년 12월 자 'NFT의 특성 및 규제 방안' 연구 용역 보고서에 따르면, NFT의 유형은 '게임NFT', 'NFT 아트', '증권형NFT', '결제수단NFT', '실물형NFT'로 구분된다. 이는 수집, 투자, 결제라는 NFT의 목적에 따라 분류한 것이다. 예를 들어 게임NFT는 게임 내에서 거래수단으로 사용되며, 경제적 가치를 지니고 있는 것을 의미한다. 한편 결제수단NFT는 특정한 상품을 구입하기 위하여 대가로 지급되는 NFT를 의미한다. 게임NFT와 결제수단NFT는 '투자 및 결제' 목적이 있는 것으로 판단되고, 가상자산에 해당할 가능성이 있는 것으로 보인다. 이와 달리 NFT 아트는 NFT의 대다수를 차지하는 미술저작물을 NFT화한 것을 의미하는데, 원본 그림의 가치에 따라 NFT의 가치가 달라지므로, 결제수단으로 활용되기는 어렵다. 반면 개별 NFT 아트마다 수집성이 있는지, 투자성이 있는지 여부가 달리 판단될 수는 있다. 한편, 증권형 NFT는 NFT 중 투자 목적이 뚜렷하여 금융상품 또는 자본시장법상 증권으로 분류될 가능성이 있는 것을 의미한다. 이처럼 NFT가 목적하는 바에 따라 유형을 나누면 해당 NFT 거래 시 어떤 법령이 적용될지 예견 가능하게 된다는 장점이 있다.

다만, NFT의 구체적인 내용을 개별적으로 판단하여야 하므로, NFT를 발행할 때마다 법률전문가의 해석 또는 규제 당국의 유권해석 등이 필요하다는 점은 여전하다.

그럼에도 위와 같은 분류를 통해 '무엇을 NFT로 발행할 수 있는가'를 예상해 볼 수 있다. 생각해 보면 우리는 현실에 존재하거나 존재할 수 있는 각종 재화, 용역, 서비스 등 어떤 것이라도 NFT의 형태로 발행할 수 있다. NFT는 이렇듯 여러 가지 사업을 가능하게 하는 '기초기술'이나 '수단' 정도로 보아야 한다. NFT를 JPG 파일과 다름없는 정도로 이해하고 있다면, 다양한 NFT를 만들고, 이용할 기회를 놓치게 되는 것이다.

이하에서는 금융연구원의 위 분류를 따라 게임, 아트, 증권형, 결제수단, 실물형(또는 수집형)으로 NFT를 분류하기로 한다. 단, 하나의 NFT에 위 유형 중 여러 가지가 혼재할 가능성도 있으므로, 두 가지 이상의 유형에 해당하는 NFT는 '혼합형NFT'라고 별도로 지칭하기로 한다.

아래에서는 NFT 아트에는 해당하지만 전통적인 미술시장과는 관계가 없는 NFT를 우선 살펴보고, NFT의 다양한 유형 중 독특한 NFT들을 우선 짚고 넘어가기로 한다. NFT의 내용에는 사실상 제한이 없으므로, '이런 것도 NFT로 발행할 수 있는가?'라는 질문에 대한 대답은 이론적으로는 언제나 '가능하다'가 될 것이다. 따라서 아래에서 '어떤 NFT를 발행할 수 있는가?'라는 질문을 '해당 NFT를 발행하여도 법적인 문제가 없는가?'라는 의미로 이해하여 설명하기로 한다.

Q14 스포츠 선수 사진을 NFT로 발행해도 될까?

한국프로축구연맹은 2020년 6월부터 블록체인 기술을 활용하여 K리그 선수카드 NFT를 발행하여, 2020년 거래 규모가 28만 달러(약 3억 2,000만 원)에 달했다. 또한 국내 프로배구단 최초로 NFT 기반 디지털 선수카드를 출시한 OK금융그룹은 2022년 두 번째 NFT카드를 발행할 계획이라고 밝혔다. 이와 같이 국내에서도 선수카드 발행 등에 NFT가 적극적으로 활용되고 있다. 그렇다면 만약 구단, 협회, 선수 등의 허락을 받지 않고 권한 없이 선수의 사진이나 경기 사진 등이 포함된 선수카드 NFT를 제작, 판매한 경우 무엇이 문제가 될까?

먼저 부정경쟁방지법 위반에 해당할 가능성이 있다. 부정경쟁방지법은 "타인의 상당한 투자나 노력으로 만들어진 성과 등을 공정한 상거래 관행이나 경쟁질서에 반하는 방법으로 자신의 영업을 위하여 무단으로 사용함으로써 타인의 경제적 이익을 침해하는 행위"를 '부정경쟁행위'로 규정하고 있다(부정경쟁방지법 제2조 제1호 파목). 부정경쟁방지법에서 보호하고자 하는 성과 등은 상호, 상표 등을 포함하는 것으로서, 꼭 저작권법상 보호되는 저작물일 필요는 없다.

한편, 초상이나 성명 등을 부정경쟁방지법상 보호받는 영업 표지로 볼 것인가에 대하여 법원은 "방탄소년단(BTS)의 구성원들의 사진을 대량으로 수록한 유사 화보집과 포토카드 등을 제작하여 판매하는 행위는 엔터테인먼트 회사가 상당한 투자와 노력을 통하여 쌓아 올린 소속 아티스트(BTS)의 명성, 신용 및 고객 흡인력 등 '엔터테인먼트 회사의 성과'를 침해하는 행위이므로, 부정경쟁방지법

제2조 제1호 카목(현행법률상 '파목') 소정의 성과물 도용 부정경쟁행위에 해당한다"고 판단한 바 있다(대법원 2020. 3. 26. 자 2019마6525 결정). 따라서 선수 개인에 대한 초상권 침해와는 별개로, 만일 선수 사진 등의 사용에 대한 구단, 협회 등의 허락 없이 무단으로 NFT로 제작하여 판매하는 경우, 선수 프로필 사진을 구단의 상당한 노력이나 성과로 인정될 수 있다면 부정경쟁방지법 위반에 해당할 가능성이 높다.

더불어 '퍼블리시티권(Right of Publicity)' 침해에 해당할 가능성도 있다. 우리나라에 현행법상 퍼블리시티권 자체를 규정한 명문 규정은 없다. 법원은 '퍼블리시티권'을 "사람이 그가 가진 성명, 초상이나 그 밖의 동일성을 상업적으로 이용하고 통제할 수 있는 배타적 권리로서 보호가치를 지닌다"고 보았다(서울동부지방법원 2006. 12. 21. 선고 2006가합6780 판결).

한편 부정경쟁방지법 제2조 제1호 타목이 2022년 6월 8일 시행되어 퍼블리시티권 보호를 위한 명문 규정이 마련되었다. 이에 따르면 "국내에 널리 인식되고 경제적 가치를 가지는 타인의 성명, 초상, 음성, 서명 등 그 타인을 식별할 수 있는 표지를 공정한 상거래 관행이나 경쟁질서에 반하는 방법으로 자신의 영업을 위하여 무단으로 사용함으로써 타인의 경제적 이익을 침해하는 행위"는 부정경쟁행위가 된다(부정경쟁방지법 제2조 제1호 타목). 따라서 다른 사람의 사진이나 영상을 본인의 허락 없이 NFT의 소재로 삼아 판매하는 것은 퍼블리시티권 침해의 가능성 또한 높다.

다만, 개인의 퍼블리시티권과 또 다른 개인의 표현의 자유가 충돌할 경우, 해결이 모호한 부분들이 존재한다. 이와 관련하여 미국 캘리포니아주 대법원은 퍼블리시티권 보호 영역에 포함되는 것인지, 창작자의 표현의 자유 영역에 포함되는 것인지 여부를 판단하기 위하여 '변형적 이용 검증' 개념을 사용하였다. 이는 유명인의 초상을 담은 제품이 유명인의 초상 자체가 아닌 창작자의 예술적 표현으로 인식될 수 있을 만큼 '변형'되었는지 여부를 따지는 것으로, 유명인의 묘사나 모방이 창작물의 전부이자 본질인지를 가리는 것이다.

이를 NFT에 적용해 보자. 선수 사진 등을 NFT 소재로 삼는 것이 단순한 묘사나 모방에 그치는 것이라면, 퍼블리시티권 침해에 해당할 가능성이 높겠지만, 일정 정도 변형을 거친 새로운 창작물을 만들어낸 것이라면 퍼블리시티권 침해에 이르지 않을 가능성도 존재할 것이다.

다음으로 저작권 침해 여부가 문제 될 수도 있다. 저작권법에 의하여 보호받는 저작물이란 인간의 사상 또는 감정을 표현한 창작물을 말한다(저작권법 제2조 제1호). 따라서 저작권법의 보호를 받는 저작물로 인정되기 위해서는 창작성이 있어야 한다. '창작성'이란 작가 자신의 독자적인 사상이나 감정의 표현을 담고 있음을 의미한다. 그러므로 선수의 사진을 허락 없이 NFT화할 경우, 그 사진에 사진작가의 창작적 표현이 담겨 있다고 인정된다면 저작권 침해에 해당할 수 있다. 일반적으로 사진의 저작권은 사진을 촬영한 자에게 귀속되는 것이므로 퍼블리시티권의 경우와 달리 초상권자가 아닌 사진작가나 언론사 등에게 사진 저작물양도 또는 이용허락을 받아 NFT를 발행하여야 할 것으로 판단된다.

Q15 밈(Meme)도 NFT로 발행할 수 있을까?

 밈(Meme, 인터넷에서 유행하는 사진이나 영상)도 NFT 발행의 대상이 될 수 있다. 도지코인을 낳은 '도지' 밈에 NFT 기술이 적용된 작품이 2021년 6월 11일 400만 달러(약 45억 원)에 낙찰된 것을 시작으로, 도지 밈 원작자인 사토 아츠코는 다른 사진도 NFT로 제작, 입찰을 진행했다. 밈을 소재로 한 NFT 발행 및 판매는 한국에서도 이뤄지고 있다. MBC는 2021년 7월 국내 방송사 중 처음으로 NFT 전용 플랫폼 '아카이브 by MBC'를 만들어 경매를 진행해 오고 있다. 그 결과, 2010년 3월 6일 〈무한도전〉에서 출연자 최규재 씨가 "무야호~"라고 외치는 클립 영상의 NFT가 950만 원에 최종 낙찰되었고, 예능 프로그램 〈복면가왕〉에서 배우 양동근이 복면을 벗고 정체가 공개되자 패널 신봉선이 놀라는 리액션이 담긴 '상상도 못한 정체' NFT가 300만 원에 거래되었다. 이는 MBC가 네티즌 사이에서 인기를 끌었던 밈을 NFT화하여 판매한 것이다.

 이처럼 밈을 NFT화할 경우, 해당 밈에 초상권을 가진 인물이 등장한다면 초상권 사용 등에 관한 허락을 얻어야 한다. MBC 역시 신봉선 밈에 출연한 양동근과 신봉선과 합의를 통하여 초상권 사용 등에 대한 비용 및 NFT의 재판매 시 일정 비율의 비용을 추가 지불하는 것으로 알려졌다. 만일 MBC의 경우와 달리, 제3자의 사진을 본인의 허락 없이 사용한 밈을 NFT화한 경우, 앞서 살펴본 선수카드 등을 권한 없이 제작한 경우와 마찬가지로 부정경쟁방지법 위반, 퍼블리시티권 침해, 저작권 침해, 초상권 침해 등의 문제가 발생할 수 있다.

Q16. 신분증을 NFT로 만들면 문제 될까?

블록체인에 기반한 분산신원증명(Decentralized ID, DID)을 활용하여 '디지털 신분증'을 발급할 수 있는지에 대해 활발한 논의가 이뤄지고 있다. 행정안전부와 한국조폐공사는 2022년 1월부터 국내 IT 보안업체인 라온시큐어 등과 함께 DID를 활용한 디지털 신분증 사업을 시범 운영하고 있다. 이는 국가기관이 제공하는 서비스로서 '신분증'을 대체할 수 있다는 점에서 획기적이다. 즉, 개인 핸드폰(DID 지갑)에 신분증을 저장해 두면 별도의 신분증을 지참하지 않더라도 어디서나 간편한 사용 및 신분증명이 가능하도록 한다는 것이다. DID 기술은 COVID-19 예방접종 증명서 발급 서비스인 '쿠브(QOOV)' 등을 통해 그 유용성이 충분히 증명되었다.

한편, 이더리움 네트워크의 창시자 비탈릭 부테린은 2022년 5월경 '탈중앙화된 사회: 웹3의 소울을 찾아서(Decentralized Society: Finding Web3's Soul)'라는 백서를 발표하였는데, 그 내용 중 소울바운드토큰(Soulbound Token, SBT)이라는 개념이 등장한다. SBT는 학력, 경력 같은 개인정보가 담긴 토큰으로, NFT 데이터에 개인의 신원정보를 담고자 하는 발상이다. 단, SBT는 NFT와 달리 중요 개인정보가 포함되어 있으므로 거래가 이루어지지 않도록 조치된다. 이러한 개념은 앞으로 다가올 웹 3.0 시대에는 중앙화된 플랫폼을 통해 개인정보를 제공받기 어려우므로, 개인정보를 위조할 수 없도록 탈중앙화된 블록체인에 탑재해 두자는 아이디어에서 비롯된 것이다. 즉, 앞서 살펴본 DID보다 한발 나아가 개인 신분증명 기능조차 정부의 통제에서 벗어나도록 하려는 시도인 것이다.

여기에서 다음과 같은 궁금증이 생긴다. 다른 사람의 인적 사항을 사칭하는 NFT(앞서 SBT를 언급하였으나 아직 정립되거나 상용화된 개념은 아니므로, 이 책의 주제인 NFT를 중심으로 살펴본다)를 제작하면 문제가 될까?

행사할 목적으로 공무원 또는 공무소의 문서 등을 위조 또는 변조한 경우에는 10년 이하의 징역에 처하고(형법 제225조 공문서위조·변조죄), 공무원 아닌 자가 자격을 모용하여 문서를 작성하면 10년 이하 징역에 처한다(형법 제266조 자격모용공문서작성죄). 위조 또는 변조한 공문서를 행사하면 다시 10년 이하의 징역에 처한다(형법 제299조, 위조등공문서행사죄). 공문서에 관한 죄는 벌금형이 없고, 위반 시 반드시 징역형에 처하도록 규정하고 있다.

우선, 신분증을 거짓으로 작성하거나, 신분증을 위조, 변조하는 행위, 변조 문서를 사진으로 촬영하거나 스캔하여 행사하는 것이 위 죄에 해당할 수 있다는 점은 의문이 없다.

한편 실생활에서는 은행 제출 시, 취업 시, 보험 가입 및 청구 시 등 본인 확인용 신분증 사본 제출이 필요한 경우 신분증을 복사하거나 사진으로 찍는 경우가 비일비재하고, 적법한 신분증을 복사하는 행위 자체에 대해 형사 처벌이 이루어질 가능성은 높지 않은 것으로 보인다.

나아가 신분증, 증명서 등의 이미지 파일 등을 제작하거나 이를 NFT화하는 경우, 해당 디지털 파일은 「전자문서 및 전자거래 기본법」(이하 '전자문서법'이라 한다)에서 정의하고 있는 전자문서에 해당할 가능성이 있다.

> **● ● ● 전자문서 및 전자거래 기본법**
>
> **제2조(정의)**
> 이 법에서 사용하는 용어의 뜻은 다음과 같다
> 1. "전자문서"란 정보처리시스템에 의하여 전자적 형태로 작성·변환되거나 송신·수신 또는 저장된 정보를 말한다.
> 2. "정보처리시스템"이란 전자문서의 작성·변환, 송신·수신 또는 저장을 위하여 이용되는 정보처리능력을 가진 전자적 장치 또는 체계를 말한다.
>
> **제4조(전자문서의 효력)**
> ① 전자문서는 전자적 형태로 되어 있다는 이유만으로 법적 효력이 부인되지 아니한다.

종전까지 법원은, 전자적 문서는 이미지 파일을 보기 위한 프로그램을 실행할 경우에 그때마다 전자적 반응을 일으켜 화면에 나타나는 것에 지나지 않아서 계속적으로 물체에 고정된 것으로 볼 수 없으므로, 계속적 기능을 결여하여 형법상 위조, 변조의 대상이 되는 문서에 해당하지는 않는다고 보았다. 그러나 전자문서법 시행 이후에는 위 판례가 그대로 유지된다고 보기 어려울 것이다.

이에 더하여, ① NFT는 네트워크가 작동하는 한 소멸되지 않는 것인 점, ② 특정 프로그램에서 NFT를 열람하면 언제나 동일한 결괏값을 출력하게 되는 점, ③ 기타 전자문서가 실생활에 이용되는 빈도가 매우 높아지고 있는 점, ④ 전자문서법이 이미 시행 중인 점 등을 고려할 때, NFT 문서도 형법상 문서에 해당한다고 인정될 여지가 상당하다. 또한 장차 NFT 신분증이 활발히 발행되고, 이것이 위조 등 범죄에 이용되는 사례가 늘어나면 이를 처벌하는 것이 바람직하고, 기존 대법원 판례가 변경될 가능성도 있을 것이다. 결론적으로, 컴퓨터상에서 위조 신분증을 작성하고 이를 NFT로 발행하는 행위 또한 형법상 문서에 관한 죄로 처벌될 가능성이 높은 것으로 보인다.

Q17. 음란물을 NFT로 발행하면 처벌받을까?

'음란'이란 사회통념상 일반 보통인의 성욕을 자극하여 성적 흥분을 유발하고 정상적인 성적 수치심을 해하여 성적 도의관념에 반하는 것을 의미한다(대법원 2014. 6. 12. 선고 2013도6345 판결). 이에 '음란물'은 전체적으로 관찰, 평가해 볼 때 단순히 저속하거나 문란한 느낌을 준다는 정도를 넘어서서 존중, 보호되어야 할 인격을 갖춘 존재인 사람의 존엄성과 가치를 심각하게 훼손, 왜곡하였다고 평가할 수 있을 정도로, 노골적인 방법으로 성적 부위나 행위를 적나라하게 표현 또는 묘사한 것이라고 볼 수 있다.

음란물은 「정보통신망 이용촉진 및 정보보호 등에 관한 법률」(이하 '정보통신망법'이라 한다)의 불법정보에 해당하여 그 유통이 금지된다.

> ••• 전자문서 및 전자거래 기본법
>
> **제44조의7(불법정보의 유통금지 등)**
> ① 누구든지 정보통신망을 통하여 다음 각 호의 어느 하나에 해당하는 정보를 유통하여서는 아니 된다.
> 1. 음란한 부호·문언·음향·화상 또는 영상을 배포·판매·임대하거나 공공연하게 전시하는 내용의 정보

그러므로 음란물을 인터넷과 같은 정보통신망에서 유통하는 행위는 위법하여 1년 이하의 징역 또는 1,000만 원 이하의 벌금에 처해질 수 있다.

나아가 대법원은 음란물 영상정보를 담은 '토렌트(Torrent) 파일'을 인터넷에

업로드하는 행위도 음란물 유포죄에 해당한다고 판시한 바 있다(대법원 2019. 7. 25. 선고 2019도5283 판결). 즉, 대법원은 "음란물 영상의 토렌트 파일은 음란물 영상의 이름, 크기, 고유의 해시값 등의 메타데이터를 담고 있는 파일이고, 그 메타데이터는 수많은 토렌트 이용자들로부터 토렌트를 통해 전송받을 해당 음란물 영상을 찾아내는 색인(index)과 같은 역할을 한다. 그 토렌트 파일을 취득하여 토렌트 프로그램에서 실행하면 자동으로 다른 토렌트 이용자들로부터 그 토렌트 파일이 가리키는 해당 음란물 영상을 전송받을 수 있다. 이처럼 음란물 영상의 토렌트 파일은 음란물 영상을 공유하기 위해 생성된 정보이자 토렌트를 통해 공유 대상인 해당 음란물 영상을 전송받는 데에 필요한 정보이다. (중략) 따라서 음란물 영상의 토렌트 파일을 웹사이트 등에 게시하여 불특정 또는 다수인에게 무상으로 다운로드받게 하는 행위 또는 그 토렌트 파일을 이용하여 별다른 제한 없이 해당 음란물 영상에 바로 접할 수 있는 상태를 실제로 조성한 행위는 정보통신망법 제74조 제1항 제2호에서 처벌 대상으로 삼고 있는 '같은 법 제44조의7 제1항 제1호를 위반하여 음란한 영상을 배포하거나 공공연하게 전시'한 것과 실질적으로 동일한 결과를 가져온다. 그러므로 위와 같은 행위는 전체적으로 보아 음란한 영상을 배포하거나 공공연하게 전시한다는 구성요건을 충족한다"고 판단하였다.

요컨대, 대법원은 음란물의 토렌트 파일에 불과하더라도 이를 통해 별다른 제한 없이 해당 음란물 영상에 바로 접할 수 있다는 점에서 음란한 영상을 배포하는 것과 다름이 없다고 본 것이다.

법원의 이러한 태도를 고려하면, 음란물을 NFT로 제작하는 경우에도 설령 해당 NFT에 음란물의 메타데이터 등 고윳값만 담겨 있다고 할지라도 이를 통해 음란물을 열람, 시청 등 할 수 있다면 정보통신망법상 불법정보에 해당하는 음란물을 반포, 유통하는 것으로서, 위법한 행위로 판단될 수 있다.

한편, 설령 정보통신망법 등에 의하여 음란물을 유통하는 것이 위법하다고 할지라도 해당 음란물 역시 저작물로 보호될 가능성은 존재한다. 대법원은 "저작권법의 보호대상이 되는 저작물이란 인간의 정신적 노력에 의하여 얻어진 사상 또는 감정을 말, 문자, 음, 색 등에 의하여 구체적으로 외부에 표현한 것으로서 '창작적인 표현형식'을 담고 있으면 족하고, 표현되어 있는 내용, 즉 사상 또는 감정 자체의 윤리성 여하는 문제 되지 아니하므로 설령 내용 중에 부도덕하거나 위법한 부분이 포함되어 있다 하더라도 저작권법상 저작물로 보호된다"고 판시하고 있기 때문이다(대법원 2015. 6. 11. 선고 2011도10872 판결).

따라서 음란물 제작자의 허락 없이 해당 음란물을 NFT로 제작하는 것은 타인의 저작물을 무단으로 NFT로 제작하는 것으로서 저작권 침해 문제 또한 발생할 수 있다.

결국 음란물을 NFT로 제작하는 것은 제작 과정에서는 저작권 침해의 문제를, 그리고 이를 판매하거나 유통하는 것은 정보통신망법에 저촉되는 위법한 행위에 해당할 수 있다.

••• 음란물에 관한 사례

NFT 마켓플레이스 중 래리블(Rarible)은 NSFW(Not Safe for Work, 부적절한 내용)이라는 카테고리를 운영하고 있는데, 이용자들은 성기가 그대로 노출된 사진도 NFT화하여 게시하고 있다(https://rarible.com/explore/all?category=nsfw 참조).

한편, 해외의 한 여성 인플루언서는 불특정한 남성들로부터 음란 DM(Direct Message, 다이렉트 메시지)을 받자, 위 전송된 남성들의 알몸 사진을 그대로 NFT화하여 'Dick of Shame'이라는 컬렉션으로 발표하였다. 음란 메시지와 함께 자신의 얼굴, 성기가 그대로 노출된 사진을 보낸 남성들은, 자신의 모습을 구경할 수 있는 링크가 블록체인에 영구히 '박제'된 것이다.

우리나라에서 음란물에 대한 처벌 규정은 이미 마련되어 있다. 「성폭력범죄의 처벌 등에 관한 특례법」 제14조의2에 따라 반포 등을 할 목적으로 사람의 얼굴, 신체 또는 음성을 대상으로 한 촬영물, 영상물 또는 음성물을 반포하는 경우 5년 이하의 징역 또는 5,000만 원 이하의 벌금에 처해지고, 영리를 목적으로 대상자의 의사에 반하여 위 영상물을 정보통신망을 이용하여 반포하는 경우 7년 이하의 징역에 처해질 수 있다. 이때 링크를 하는 행위도 위 '반포'에 포함되는지 여부에 대하여 대법원이 명시적으로 판단을 한 바는 없으나, 위 조항의 입법취지 및 "링크 행위는 정보통신망법상 음란부호 전시에 해당한다"는 종전 판례(대법원 2003. 7. 8. 선고 2001도1335 판결)에 비추어볼 때, 허위영상물의 링크를 NFT로 발행하는 경우에도 위 법에 따라 처벌될 가능성은 상당한 것으로 판단된다.

한편, 블록체인 기술의 한계로 아직까지는 고화질 사진이나 동영상을 업로드할 수는 없어, NFT에 사진이나 동영상이 저장된 곳의 링크를 연결하는 정도에 그치고 있다. 그러나 언젠가 블록체인 기술이 발달하여 음란물을 블록체인에 직접 기록할 수 있게 되면 서버 저장 방식에 비해 음란물을 삭제하는 것이 어려워질 것으로 예상된다.

Q18 가상부동산도 NFT로 발행할 수 있을까?

가상부동산은 무엇인가?

　가상부동산은 디지털 세상(혹은 메타버스 세상)의 '디지털 부동산 소유권'을 현실 세계에서 매매할 수 있도록 한다는 아이디어에서 출발한 것이다. 혹자는 '진짜 돈이 되는 가짜 땅'이라는 문구를 사용하기도 한다.

　미국의 방송국 CNBC는 2022년 가상부동산의 거래 규모를 10억 달러로 예측하기도 하였다. 현재 운영되고 있는 대표적인 가상부동산 플랫폼은 샌드박스(Sandbox), 디센트럴랜드(Decentraland), 크립토복셀스(Crytovoxels), 솜니엄(Somnium), 어스2(Earth2) 등이다. 이들 사이트에 접속하여 보면, 현실 세계를 그대로 미러링(Mirroring)하여 1/n 스케일(Scale)로 축소한 땅을 판매하거나, 게임 내에서 창조되고, 게임 내에서만 존재하는 가상의 공간을 만들어 판매하고 있다. 즉, 거래 대상은 관념상의 공간 또는 이를 표현한 그래픽 또는 프로그램 코드이다.

　조금 더 역사를 거슬러 올라가면 닐 스티븐슨이 1992년경 발표한 SF 소설 〈스노 크래시〉에서 이미 가상부동산을 포함한 메타버스라는 개념이 등장한다. 그리고 '가상의 땅을 사고 판다'는 개념은 또한 미국의 게임 개발사 린든랩이 2003년 출시한 '세컨드라이프'가 이미 구현했던 개념이다(세컨드라이프는 환금성까지 갖추고 있었다). 나아가 일정한 영토를 자기 것처럼 이용할 수 있도록 하는 아이디어는 여러 게임에서 구현되었다.

그런데 가상부동산이 현실 세계에서 어떤 가치를 가지는지는 제대로 분석이 이루어지지 않았다. 일반적으로 '가상공간'은 현실 세계의 '부동산'과 유사한 효용을 누리기는 어려운 것으로 판단된다. 이전까지 가상부동산에 대한 '투자' 관점에서 특정 가상부동산의 시세가 어떤 요소에 영향을 받는지 탐구하는 사람들이 많았다. 이에 "메타버스 세계에서는 순간이동이 가능하고, 지리적 제약을 덜 받게 된다. 따라서 의사 실현 자유도, 이웃 거주민 등에 영향을 받는다"는 견해도 있었다.

가상부동산과 NFT는 어떤 관계가 있는가?

NFT의 등장 이후에 위와 같은 '가상부동산'들은 마치 현실의 부동산을 '등기부'에 기록하여 소유권을 인정받는 것처럼, NFT로 발행하여 사람들 사이에서 사실상 권리를 인정받을 수 있게 되었다. 즉, 가치 있는 무형자산 거래에 신뢰성을 부여한다는 점에서 NFT 기술이 의미를 가진다.

그러나 NFT는 해당 디지털 자산의 보유자를 검증할 수 있도록 해주는 기술일 뿐, 가상부동산 자체의 가치를 증가시킬 수는 없다. 현재 많은 가상부동산 투자자들은 가상부동산 시장이 성장할 것이라고 기대하며 후발주자들보다 '먼저' 들어가서 선점하고자 하는 투기 의사로 진입하고 있을 뿐, 장기적으로 가상부동산 플랫폼이 주는 재미나 효용을 기대하고 있는지는 의문이다.

가상부동산 NFT의 그 실질은 게임NFT와 거의 유사한 것으로 보이나, 조각투자에 이용되는 경우 '증권형NFT'로 분류될 가능성이 남아 있다. 만약 가상부동산에 NFT가 일종의 금융상품으로 해석되는 경우 자본시장법이 적용 또는 유추적용될 수 있다. 이 경우 NFT 발행자는 NFT 거래 시 내부 정보를 이용하여서는 안 되고(자본시장법 제174조), 약관을 금융위원회에 신고하여야 하는 등(같은 법 제56조) 자본시장법상 규제로부터 자유롭지 못할 것이다.

●●● 가상공간에서의 건축물과 법률 문제

NFT로 건축물의 이미지나 영상을 담는 것을 넘어, 메타버스와 같은 가상공간에 실존하는 건축물을 구현하는 사례들이 증가하고 있다. 네모반듯하게 별다른 특색 없이 지어진 건축물이 아닌 이상, 대부분의 건축물은 저작권법상 건축저작물로 보호를 받는다(저작권법 제4조 제1항 제5호).

한편, 가상공간에서 건축저작물을 디지털 형태로 구현하는 행위와 관련해서는 최근 대법원의 '골프존'에 대한 판결이 있다(대법원 2020. 3. 26. 선고 2016다276467 판결). 해당 사건에서는 골프장 코스가 건축저작물에 해당되는지 여부 및 3D 형태로 제작된 골프 코스가 건축저작물의 복제에 해당하는지 등이 쟁점이 되었다. 대법원은 이 사건에서 소송을 제기한 원고인 골프장 소유자는 저작권자에 해당하지 않고 저작재산권을 양도받은 것도 아니어서 저작재산권 침해를 전제로 한 손해배상책임을 주장할 수는 없지만, 부정경쟁방지법 제2조 제1호 파목의 성과도용행위에는 해당이 될 수 있다고 판단하였다.

다만, 위 사건의 1심 법원은 저작권 침해를 인정하기도 했던 만큼, 법원은 골프 코스가 저작권법상 저작물이 될 수 있는지 여부 역시 판단하였는데, 법원은 "골프 코스는 그 내용 자체는 기존에 알려진 아이디어나 이론, 지식이나 정보, 사실 등을 기초로 한 것이어서 독창적이라 할 수 없지만 그러한 사항들을 전달하기 위하여 저작자 나름대로의 정신적 노력의 소산으로서의 특성이 부여되어 있는 표현을 사용하였다면 저작자의 창조적 개성이 표현된 창작물에 해당하여 저작권법상 저작물에 해당한다"고 판단하였다.

이러한 법원의 판단을 토대로 살피건대, 상당수의 건축물들은 저작권법상 저작물로 보호를 받을 수 있어, 이를 가상공간에 구현함에 있어서도 저작권자의 허락을 받는 것이 안전하다고 할 것이다. 물론, 저작권법은 예외적으로 제35조 제2항에 따라 가로, 공원, 건축물의 외벽 등 공중에 개방된 장소에 전시된 미술저작물 등(미술저작물, 건축저작물, 사진저작물)은 어떠한 방법으로든지 이를 복제하여 자유롭게 이용할 수 있다고 규정하고 있다. 이는 공공장소에 위치한 건축물 등을 사진으로 촬영하고 게시할 수 있는 자유를 의미하여 '파노라마의 자유'라고 불리기도 한다. 그러나 파노라마의 자유 역시 건축물을 건축물로 복제하거나 판매의 목적으로 복제하는 경우에는 자유로운 이용이 허용되지 않는데, 만약 가상공간에서 현존하는 건축물을 구현한 뒤 이를 판매 및 재판매하는 경우에는 저작권법상 복제권 침해 문제가 발생할 수 있을 것이다.

한편, 경복궁이나 남대문과 같이 저작권 보호기간이 도과한 공공저작물의 경우에는 위의 경우와 달리 모두가 자유롭게 그 이용이 가능하므로, 이를 NFT로 제작하거나 메타버스와 같은 가상공간에 구현하는 것 역시 자유롭게 가능하다고 할 것이다.

Q19 게임 NFT를 등급분류하는 것이 가능할까?

　게임NFT는 과거 '트레이딩 카드 게임'에서 수집 목적으로 개별 카드를 NFT로 발행한 것에서 시작하여, 최근에는 게임 아이템을 NFT로 발행하여 이용자들에게 지급하거나, P2E 게임을 이용할 수 있는 이용권(혹은 접속권)을 발행하는 것으로 발전해 가고 있다.

　그중 'P2E(Play to Earn) 게임'이란 종전의 콘솔, PC, 모바일 게임을 즐기면서 획득한 특정한 재화를 게임사가 발행한 토큰으로 교환할 수 있도록 하여, 이용자들이 게임을 이용하는 것만으로 현금성자산을 얻을 수 있도록 하는 게임을 의미한다. 그 예시로 위메이드의 '미르 4'가 있다. 미르 4는 게임 내 레벨을 40까지 올려 전투, 퀘스트, 채집 등 게임을 수행하여 얻은 광물(흑철)을 '드레이코' 토큰과 교환할 수 있도록 하고, 드레이코 토큰을 다시 위메이드가 발행한 '위믹스' 토큰으로 교환할 수 있도록 한다. 이용자는 최종적으로 위믹스 토큰을 거래소에서 매각함으로써 현금을 얻을 수 있다.

　한편, 대표적인 P2E 게임인 '엑시인피니티'도 게임을 이용하면서 게임머니인 SLP를 획득해서 '엑시(AXS)' 토큰으로 교환할 수 있다. 다만, 게임에 접속하기 위하여 '엑시'라는 물고기 모양의 게임NFT를 구매하여야 한다. NFT가 일종의 입장권이 되는 셈이다.

　P2E 게임의 정보를 제공하는 플레이투언넷(https://playtoearn.net/blockchaingames)을 살펴보면 이미 수천 개의 P2E 게임이 개발을 완료하고

서비스 중임을 알 수 있다. 그런데 P2E 게임에 대한 전 세계적 호응과 달리, 국내에서는 P2E 게임이 출시되지 못하고 있다. 게임물관리위원회의 '게임 등급분류 거부' 때문이다.

「게임산업진흥에 관한 법률」(이하 '게임산업법'이라 한다)에 따라 설치된 문화체육관광부 산하의 게임물관리위원회는 게임물을 등급분류하여 게임산업법에 위배되는 게임에 대하여 등급분류 신청 거부 또는 취소할 수 있다(게임산업법 제22조 제2항, 제4항). 한편, 게임산업법에 따른 등급분류를 받지 못하면 해당 게임물을 영리 목적으로 유통하거나 이용에 제공할 수 없다(같은 법 제21조 제1항). 따라서 어떤 게임이 게임물관리위원회의 등급분류 거부 또는 자체등급분류사업자의 등급분류결정에 대한 취소처분을 받으면, 게임 개발사는 해당 게임을 국내에 유통할 수 없게 된다.

대부분 모바일 게임 개발사들은 자체등급분류사업자인 구글(플레이스토어), 애플(앱스토어) 등의 등급분류 심사를 받고 게임을 출시한다. 그런데 게임물관리위원회는 이와 같은 1차적 등급분류 심사에 대하여 2021년 동안 15개 이상의 P2E 게임에 대해 '등급분류결정 취소처분'을 하였다. P2E 게임의 게임머니 현금화 기능 및 아이템·캐릭터 NFT화 기능이 게임산업법 제28조 제2호 및 제3호 또는 제32조 제1항 제7호에 위배된다는 것이다. 이와 같은 등급분류결정 취소처분에 따라, 게임사들은 P2E 게임의 국내 출시를 취소하거나, NFT 기능을 제외한 채 출시하고 있다.

••• 게임산업진흥에 관한 법률

제22조(등급분류 거부 및 통지 등)
② 위원회는 「사행행위 등 규제 및 처벌특례법」, 「형법」 등 다른 법률의 규정 또는 이 법에 의하여 규제 또는 처벌 대상이 되는 행위 또는 기기에 대하여 등급분류를 신청한 자, 정당한 권원을 갖추지 아니하였거나 거짓 그 밖의 부정한 방법으로 등급분류를 신청한 자 또는 사행성게임물에 해당되는 게임물에 대하여 등급분류를 신청한 자에 대하여 등급분류를 거부할 수 있다.
④ 위원회는 등급분류를 받은 게임물이 제2항의 규정에 따른 등급분류 거부 대상인 사실을 알게 된 때에는 지체 없이 등급분류결정을 취소하여야 한다.

제28조(게임물 관련사업자의 준수사항)
게임물 관련사업자는 다음 각 호의 사항을 지켜야 한다.
2. 게임물을 이용하여 도박 그 밖의 사행행위를 하게 하거나 이를 하도록 내버려두지 아니할 것.
3. 경품 등을 제공하여 사행성을 조장하지 아니할 것.

제32조(불법게임물 등의 유통금지 등)
① 누구든지 게임물의 유통질서를 저해하는 다음 각 호의 행위를 하여서는 아니 된다.
7. 누구든지 게임물의 이용을 통하여 획득한 유·무형의 결과물(점수, 경품, 게임 내에서 사용되는 가상의 화폐로서 대통령령이 정하는 게임머니 및 대통령령이 정하는 이와 유사한 것을 말한다)을 환전 또는 환전 알선하거나 재매입을 업으로 하는 행위

게임물관리위원회는 게임 이용자들이 게임머니를 현금화하는 것 자체가 사행행위 또는 게임산업법에서 금지하는 '환전' 행위라고 해석하고 있는 것으로 보인다. 그러나 이러한 입장에 대하여는 비판의 목소리도 많다.

「사행행위 등 규제 및 처벌 특례법」 제2호 제1호에 따르면, '사행행위'란 여러 사람으로부터 재물이나 재산상의 이익을 모아 우연적(偶然的) 방법으로 득실(得失)을 결정하여 재산상의 이익이나 손실을 주는 행위를 말하는데, P2E 게임의 구조에 따라 이러한 사행행위성이 있는지 여부가 달리 판단될 수 있다. 그러나 일반적인 P2E 게임의 구조는 이용자들이 게임에 자주 또는 정기적으로 접속하

여 많은 시간을 투자할 수록 더 많은 보상을 얻는 것으로 설계되어 있다. 따라서 이용자들이 우연적인 결과만으로 이익을 얻는 '도박'이나 '경품 추첨'과 같은 것으로 보기는 어려울 것이다. 마찬가지로 게임 캐릭터의 외형, 능력치 등은 게임이용자들이 노력을 통해 얻은 산물로 볼 여지가 있다. 그렇다면 게임NFT 획득이나 처분을 무조건 사행행위라고 단정하기 어려운 면이 있다. 이에 더하여 대법원은 "사행성게임물을 게임물의 범주에 포함시켰던 구 게임산업법(2007. 1. 19. 법률 제8247호로 개정되기 전의 것)과는 달리 현행 게임산업법이 사행성게임물을 게임물에서 제외한 취지는 사행성게임물이 시장에서 유통되지 않도록 하여 이를 근절함과 동시에 게임산업을 진흥시켜 국민의 건전한 게임문화를 조성하려는 데 있다"는 취지로 설시한 바도 있다(대법원 2010. 1. 28. 선고 2009도10963 판결). 이에 따르면 사행성게임물이 아닌 게임을 유통되지 못하도록 하는 것은 게임산업을 진흥시키고자 하는 게임산업법의 취지를 몰각하는 것이어서 부당하다.

나아가 게임산업법 제32조 제1항 제7호는 게임머니 등 게임이용을 통하여 획득한 결과물을 '환전'하는 것을 금지하고 있다. 대법원은 "위 조항이 정한 '환전'에는 '게임결과물을 수령하고 돈을 교부하는 행위'뿐만 아니라 '게임결과물을 교부하고 돈을 수령하는 행위'도 포함된다"고 판시하였다(대법원 2012. 12. 13. 선고 2012도11505 판결). 이에 대해 환전은 '돈'을 주고받는 행위이므로 가상자산을 교환적으로 지급하는 행위는 위 조항이 금지하는 행위에 포함되지 않는다고 보는 견해도 있다. 그리고 게임 개발사나 운영주체가 이용자에게 게임NFT를 발행하여 주는 행위가 '게임이용의 결과물'이라고 보아야 하는지도 다소 의문이다. NFT 발행과 교부는 게임물의 이용 자체가 아니라 별도의 법률행위로 이루어지기 때문이다. 이상의 내용을 종합하면, 게임물관리위원회가 게임NFT

활용 또는 P2E 게임에 대해 현행 게임산업법 제32조 제1항 제7호를 근거로 삼아 등급분류 거부처분 또는 등급분류결정 취소처분을 하는 것은 그 논거가 박약하다. 일부 게임 개발사들은 위와 같은 점을 지적하며 게임물관리위원회를 상대로 법적 분쟁을 벌이고 있다.

NFT 기능을 탑재한 모바일 게임인 '파이브스타즈 포 클레이튼'을 개발한 주식회사 스카이피플은 2021년 4월경 게임물관리위원회로부터 등급분류결정 취소처분을 받자 위 처분에 대하여 '집행정지(행정소송법 제23조)'를 신청하여 2021년 6월경 승소하였다. 현재 해당 처분에 대한 취소소송이 진행 중이며, 2023년 1월에 판결이 선고될 것으로 보인다.

나아가 첫 P2E 게임으로 평가받는 슈팅RPG 게임 '무한돌파삼국지 리버스'의 운영사인 주식회사 나트리스도 2021년 12월 등급분류결정 취소처분을 받은 후 곧바로 위 처분에 대한 취소소송을 제기하고, 집행정지 가처분을 신청하였다. 그러나 법원은 2022년 1월경 청구 및 신청을 모두 기각하였고, 주식회사 나트리스가 즉시항고하였으나, 2022년 4월 즉시항고도 모두 기각되었다.

한편, 게임물관리위원회는 소위 P2E 게임을 다시 세부적으로 P2E 게임, 외부 전송 기능, NFT화 기능으로 구분하고 있는 것으로 보인다. 게임물관리위원회는 2022년 6월 30일경 국내에서 서비스되는 32종의 P2E 게임물에 대해서 위 세부 분류에 관계없이 모두 등급분류결정을 취소할 예정이라고 밝혔다. 게임사가 환전 기능을 제공하지 않고 NFT화만 지원하는 경우, 그러한 게임물의 사행성을 판단할 기준은 불명확하고, NFT화만으로는 환전행위가 있을 것으로 미리 단정할 수 없어 사행성도 높지 않은 것으로 보인다는 점에서, 위와 같은 결정을 비판하는 의견이 있다.

앞으로 게임산업을 진흥시켜 국민의 건전한 게임문화를 조성한다는 게임산업법의 취지 및 세계적인 추세에 맞추어, P2E 게임 및 게임NFT에 대한 신중한 등급분류가 이루어질 필요가 있다.

> **••• 게임 서비스 종료와 게임NFT**
>
> 포뮬러 원(F1)의 공식 라이선스를 취득하여 NFT 아이템을 발행하던 게임 'F1 델타 타임'의 개발·운영사 애니모카브랜즈는 2022년 3월 16일 'F1 델타 타임'의 서비스 종료를 선언했다. F1 라이선스를 갱신하지 못한 것이 원인으로 분석된다. 수억 원 대 NFT를 발행하던 P2E 게임이 갑작스러운 서비스 종료를 선언하자, 해당 게임NFT의 경제적 가치는 바닥으로 곤두박질쳤다.
>
> 위 사례에서 살펴볼 수 있듯이, 게임NFT의 가치는 해당 게임의 수명(게임이 인기를 얻는 주기)에 큰 영향을 받을 수 있으므로, 단발성 게임이 아니라 '블록체인 생태계'나 자체 '플랫폼' 내에서 게임NFT를 활용하는 방법에 대한 게임사들의 고심이 깊어지고 있다.

NFT의 발행 주체

Q20 창작자가 NFT를 발행할 수 있을까?

먼저, 창작물에 대한 소유권과 저작권은 별개의 권리라는 것을 반드시 이해할 필요가 있다.

'소유권'이 물건과 같은 유체물을 사용하고, 수익하고, 처분할 수 있는 권리를 의미한다면(민법 제211조), '저작권'은 저작물을 배타적으로 이용할 수 있는 권리를 의미한다. 예를 들어 서점에서 책을 구입하였다면 책에 대한 소유권을 취득하는 것이므로 그 책을 다른 사람에게 판매하거나, 혹은 개인적으로 소품, 장식 등의 용도로 사용하는 것은 얼마든지 가능하다. 하지만 책을 구매하여 소유권을 취득했다 할지라도 그 책을 복사하여 판매하거나, 내용을 수정하여 배포하는 등의 행위는 저작권의 영역에 해당하는 것이므로 그 책을 구매한 소유자가 저작권자가 아니라면, 저작권자의 허락을 받아야만 가능하다.

한편, 저작권은 하나의 권리가 아니라 아래와 같이 여러 가지 권리를 포함하고 있어 '권리의 다발'이라고도 불린다. 저작재산권은 저작물에 대한 복제권(제16조), 공연권(제17조), 공중송신권(제18조), 전시권(제19조), 배포권(제20조), 대여권(제21조), 2차적저작물작성권(제22조)을 포함한다. 실연자의 저작인접권(제69조 내지 제74조), 음반제작자의 저작인접권(제78조 내지 제81조), 방송사업자의 저작인접권(제84조 내지 제85조의2)도 저작권법상 인정되는 재산적 권리이다. 저작권자 또는 저작인접권자는 위와 같은 개별적인 권리를 행사할 수 있다.

저작물을 활용하여 NFT를 발행 및 판매하는 경우, 위와 같은 권리 중 복제권 또는 공중송신권 중 전송권 행사가 수반될 수 있다. 저작물 원본을 복제하고 별도의 서버에 전송한 다음, 구매자 등의 접근을 허용하기 때문이다. 따라서 자신이 창작한 것이 아닌 저작물을 NFT로 제작하기 위해서는 단순히 작품의 소유권만 가지고 있어서는 안 되고 저작권도 보유하거나, 저작권자로부터 복제권과 공중송신권 중 전송권과 같은 권리 행사에 대한 이용허락을 받아야 한다.

한편, 저작권법상 '직접 창작한 작품'은 특별한 사정이 없는 한 창작 시점부터 창작자에게 저작권이 부여되므로(저작권법 제2조 제2호, 제10조), 작품의 창작자는 자유롭게 NFT 형태로 제작할 수 있다. 나아가 그 작품을 매도하여 소유권이 제3자에게 인정된다 할지라도 저작권까지 양도한 것이 아니라면 여전히 저작권은 저작자인 창작자에게 있으므로, 이 경우에도 창작자는 자유롭게 NFT를 제작할 수 있다.

즉, NFT의 기초가 되는 작품이나 NFT 자체의 보유자와 해당 작품의 저작권자(저작자 또는 저작자로부터 저작재산권을 양도받은 사람)는 각기 서로 다른 사람일 수가 있는 것이다.

한발 더 나아가 작가가 작품을 제작하는 '메이킹 영상'을 촬영한 자는 이를

NFT로 발행할 수 있을까? 예를 들어, 정면이 아닌 뒤나 측면을 보고 그림을 그리는 '신체 드로잉' 작업으로 유명한 실험미술의 대가 이건용 화가의 작업을 촬영한 영상의 저작권을 보유한 업체가 작가 본인의 동의를 구하지 않고 작업 영상NFT를 발행하려는 시도를 하였다가 작가의 반대에 부딪혀 무산된 사례가 있었다. 이건용 화가의 작업과정은 그 자체로 저작권이 있는가? 혹은 작업 행위에 대해 실연자와 같이 저작인접권이 인정될 수 있는가? 미술작품 제작 과정은 신체를 사용하는 행위이기는 하나 연극이나 무용으로 보기는 어려울 것이다. 마찬가지로 저작권법상 '실연'에 해당할 가능성은 낮아 보인다. 만약 위 작업 행위가 실연에 해당하더라도 작가가 영상을 촬영하는 것을 알고 이에 동의하였다면, "영상저작물 제작에 협조한 실연자의 권리가 영상제작자에 양도된 것으로 추정된다"는 규정(저작권법 제100조 제3항)에 따라 영상물의 저작권자가 단독으로 권리를 행사할 수 있을 것으로 판단된다. 다만, 영상물의 저작권자가 반드시 NFT 발행권을 가지고 있다고 보기는 어려운데, 출연자들의 초상권 등이 추가적으로 문제 될 수 있기 때문이다. 이와 같이 직접 창작한 저작물이라도 NFT 발행 대상의 성질이 무엇인지, 관계된 권리가 존재하는지 여부를 구체적으로 확인해야 하는 경우가 발생할 수 있다.

 이하에서는 NFT 발행 시 고려하여야 할 원본의 성질 내지 권리를 살펴보기로 한다.

Q21 작품의 저작권자와 소유자가 달라도 발행 가능할까?

자신의 작품이 아닌 다른 사람의 작품을 NFT로 제작, 발행하기 위해서는 권리자로부터 그 허락을 받아야 한다. 여기서 '다른 사람의 작품'이란 표현에는 앞서 '내 작품'과 마찬가지로 두 가지 상황이 함축되어 있다. 즉, 작품의 소유권과 저작권이 동일한 자에게 있는 경우, 그리고 작품의 소유권과 저작권이 분리되어 있는 경우다.

앞서 살펴본 것처럼 작품의 소유권과 저작권 모두 A라는 사람에게 있는 경우, 발행자는 A와 사이에 NFT 제작을 위해 필요한 저작권 관련 계약(복제권, 공중송신권 중 전송권에 대한 이용허락 계약)을 직접 체결할 수 있다.

하지만 작품의 소유권은 A에게, 저작권은 B에게 있다면 어떻게 되는가? 우선, 작품의 소유권자는 해당 작품을 사용·수익·처분할 권리를 가지고 있으며(민법 제211조), 소유권자의 동의 없이 물건을 사용·수익하는 경우 불법행위책임을 물을 수 있을 것으로 판단되므로, 결국 A의 소유물을 NFT로 제작하려는 발행자는 소유권자 A의 동의를 받아야 할 것이다.

나아가 발행자가 위 작품을 NFT로 제작하기 위해서는 소유권자 A의 동의뿐 아니라 저작권자 B에게도 동의를 받아야 한다. NFT의 제작 과정에서 필연적으로 수반되는 디지털 복제는 결국 저작권법상 복제권이 문제 되고, 제작한 NFT를 마켓플레이스 등을 통해 판매, 유통하는 행위에는 저작권법상 공중송신권 중 전송권이 문제 될 수 있기 때문이다. 실제로 바스키아의 작품에 대하여 소유권만을 보유하고, 저작권을 보유하지 않고 있었던 소유권자가 2021년 4월 오픈씨에 자신이 소유하고 있는 바스키아의 작품을 NFT화하려다 바스키아 재단이 이를 허락하지 않아 NFT 발행을 철회한 사례도 있었다.

작품의 저작권자와 소유자가 다른 경우, 매수인의 입장에서는 어떤 점을 유의하여야 하는가?

NFT를 구매하는 사람 입장에서도 동일하다. 마켓플레이스에서 NFT를 구매하는 경우에는 해당 NFT가 적법하게 제작된 것이 맞는지 확인하는 것이 필요하다. 자신이 구매한 NFT가 제3자의 권리를 침해하는 것을 뒤늦게 알게 되더라도, 대부분의 마켓플레이스의 약관에는 중개자로서 법적 책임을 지지 않는다는 면책조항을 두고 있으며, 매수인이 판매자에게 환불 조치를 요구하거나 실제로 환불을 받아내는 것 또한 쉽지 않을 수 있기 때문이다.

특히 NFT 판매자들은 특정 국가가 아니라 세계 각국에서 활동하고 있고, 인적 사항 역시 명확히 확인되지 않거나, 익명인 경우들이 많아, 법적 책임을 추궁하는 것이 쉽지 않을 것으로 예상된다.

NFT 매수인이 법적 위험을 줄이기 위해서는, NFT 마켓플레이스 중 위작 내지 저작권을 침해한 NFT를 자체적으로 선별하여 판매하는 공신력 있는 사이트를 이용하는 것이 바람직하며, 유명 작가의 작품을 지나치게 염가로 판매하는 등의 경우에는 일단 의심하고 판매자의 판매 이력 내지 개인 SNS 등을 통해 스스로 검증을 해볼 필요가 있을 것이다. NFT 구매자의 보호에 관해서는 법적, 제도적 장치가 마련되지 않는 이상 스스로 그 투자에 대한 최종적인 책임을 져야 하므로 보다 유의할 필요가 있다.

Q22 원작자가 NFT 아트를 판매하면 저작권도 이전될까?

　미술작품의 소유권을 양도하더라도 저작권 양도 합의가 없는 한 미술저작권까지 양도되는 것은 아니다. 따라서 미술작품의 소유자는 저작권을 행사할 수 없다. 현실적으로 미술저작물의 원저작자는 매수인에게 저작권을 양도하지 않은 채 소유권만을 이전하는 경우가 많으므로, 우리 저작권법은 미술작품의 소유권자가 일정 조건하에 해당 작품을 전시할 수 있도록 하여 일부라도 저작권을 보유하는 것과 유사한 권리를 주고 있다(저작권법 제35조 제1항).

　NFT 아트를 매매하는 경우는 어떠한가? NFT 아트의 경우에도 해당 NFT의 기초가 되는 미술이나 사진 등에 대한 저작권을 가진 원작자가 NFT 아트를 매수하는 사람에게 반드시 저작권을 양도해 주어야 하는 것은 아니다. 다시 말해, 저작권 양도에 관하여 아무런 특약이 없다면, 해당 NFT 아트의 저작권은 원칙적으로 NFT 아트의 원작자에게 남아 있다. NFT 아트를 매매하면서 NFT가 표상하는 미술저작물의 저작권까지 양도하는 특약이 있었는지는 당해 NFT 아트 매매계약의 내용에 따라 달라진다.

　그렇다면 저작권은 어떻게 양도하는 것일까?

> ### ••• 저작권법
>
> **제14조(저작인격권의 일신전속성)**
> ① 저작인격권은 저작자 일신에 전속한다.
>
> **제45조 저작재산권의 양도**
> ① 저작재산권은 전부 또는 일부를 양도할 수 있다.
> ② 저작재산권의 전부를 양도하는 경우에 특약이 없는 때에는 제22조에 따른 2차적저작물을 작성하여 이용할 권리는 포함되지 아니한 것으로 추정한다. 다만, 프로그램의 경우 특약이 없는 한 2차적저작물작성권도 함께 양도된 것으로 추정한다.
>
> **제54조(권리변동 등의 등록·효력)**
> 다음 각 호의 사항은 이를 등록할 수 있으며, 등록하지 아니하면 제3자에게 대항할 수 없다.
> 1. 저작재산권의 양도(상속 그 밖의 일반승계의 경우를 제외한다) 또는 처분제한

저작권은 '저작인격권'과 '저작재산권'으로 구성되는데, 저작인격권은 일신전속적인 것이어서 양도하지 못한다. 즉, 저작자와 떼려야 뗄 수 없는 것이 저작인격권인 것이다. 예를 들어, 그림의 저작재산권이 양도되더라도, 그 그림을 누가 그렸는지는 달라지는 것이 아니기 때문에, 저작재산권을 양도받은 사람이 아니라 저작자가 저작물의 원본이나 그 복제물에 자신의 실명이나 이명을 표시할 수 있는 것이다(성명표시권).

반면에 저작재산권은 사유재산의 일종이고, 따라서 이를 가진 사람이 헌법상 인정되는 재산권의 행사로서 자유롭게 처분할 수 있으므로 양도도 가능하다(저작권법 제45조). 그래서 통상적으로 '저작권 양도'라고 표현하는 경우에는 저작재산권의 양도를 의미하는 것으로 이해할 수 있다.

한편, 저작권법 제54조는 저작재산권의 양도에 대해서 이를 등록하지 아니하면 제3자에게 대항할 수 없다고 하는데, 여기서 나오는 저작재산권 양도 등록

은 그 양도의 유효요건이 아니라 제3자에 대한 대항요건이다(대법원 2002. 11. 26. 선고 2002도4849 판결). 한편, 저작재산권 양도를 위하여 특별한 방법은 정해져 있지 않으며, 저작재산권 양도인과 양수인 간에 저작권을 양도한다는 구두 합의만 있어도 족하다. 다만, 이와 같은 합의가 있었다는 점을 명확히 증명하기 위해서 통상 저작권양도합의서와 같은 계약서를 작성하는 것이 일반적이고, 이러한 양도 사실을 계약 당사자가 아닌 다른 사람들에게도 주장하기 위해서는 이를 한국저작권위원회에 등록하여야 하는 것이다.

NFT 마켓플레이스 중 일부는 NFT 아트의 원저작권자인 매도인이 NFT 아트를 거래에 제공할 때(판매 등록할 때) 매수인에게 저작권까지 양도할 것인지 묻기도 한다. 이 경우 만약 NFT 아트의 원저작권자인 매도인이 저작권 양도에 동의하면 매수인의 화면에는 저작권 양도 대상임이 표시된다. 즉, 잠재적 매수인들은 해당 NFT 아트를 구매하기 전에 저작권까지 양수할 수 있는지 여부를 미리 확인할 수 있으며, NFT 아트 매매계약에 저작권 양도 합의가 포함되어 있다면, NFT를 보유할 뿐만 아니라, 해당 아트의 저작권까지 양도받게 된다. 다만, 저작권이 양도되었다는 점을 제3자에게 대항하기 위해서는 한국저작권위원회에 별도의 저작권 등록을 해야 함은 물론이다.

마지막으로, 저작재산권의 양도 합의에도 불구하고 별도의 특약이 없는 한 해당 저작물의 2차적저작물작성권은 양도 대상이 아니다(저작권법 제45조 제2항). 따라서 NFT 아트의 원작자는 여전히 2차적저작물작성권을 보유하고(저작권법 제22조), NFT 아트의 매수인은 별도의 이용허락을 받지 않는 한 NFT 아트를 변형, 각색, 영상 제작하는 방법 등으로 이용할 수 없다(저작권법 제5조, 제45조 제2항)는 점도 유의하여야 한다.

••• 이미 저작권 양도를 마친 경우, NFT 발행권도 양도된 것인가?

NFT의 발행 권한이 누구에게 있는가 하는 문제는 특히 영화와 같이 여러 권리자의 이해관계가 얽혀 있는 경우에 더 복잡하다.

일례로, 쿠엔틴 타란티노 감독은 자신이 시나리오를 쓴 영화 <펄프 픽션>의 미공개 장면과 친필 대본, 감독 음성 해설 등이 담긴 NFT를 발행하고 경매에 부쳤다. 그러자 <펄프 픽션>의 제작사인 미라맥스는 타란티노 감독의 NFT 발행은 계약 위반이자 저작권 및 상표 침해라고 주장하며 감독을 상대로 소송을 제기하였다.

1993년 쿠엔틴 타란티노와 미라맥스 사이에 체결된 영화 제작 및 투자계약에는 <펄프 픽션>에 대한 모든 권리를 전 세계에서 미라맥스 측에 영구적으로 양도한다는 조항이 포함되어 있었다. 한편, 출판물 인쇄, 사운드트랙 앨범, 라이브 공연, 파생된 작품 제작 권리 등은 타란티노 감독에게 유보되어 있었다. 위 사안의 쟁점은 NFT의 발행 및 판매가 타란티노 감독에게 유보된 권리의 범위에 포함되는지 여부이다. 즉, NFT 발행의 성질이 파생된 작품 제작 권리 등에 해당하는 경우라면 저작권 침해가 성립하지 않게 될 것이다.

이처럼 NFT는 저작권 등 양도계약 당시에는 존재하지 않던 '새로운 매체'라는 점에서 계약의 해석과 관련한 분쟁의 소지가 있다.

대법원은 새로운 매체에 관한 이용허락에 대한 명시적인 약정이 없는 경우 과연 당사자 사이에 새로운 매체에 관하여도 이용을 허락한 것으로 볼 것인지에 관한 의사해석의 원칙을 제시한 바 있는데, 이때 고려할 사항으로 ① 당사자의 새로운 매체에 대한 지식, 경험, 경제적 지위, 진정한 의사, 관행 등, ② 이용허락 계약 조건에 대가성이 균형이 있는지 여부 및 사회일반의 상식과 거래통념에 따른 합리적이고 공평한 해석 필요성 참작, ③ 새로운 매체 이용이 기존 매체 이용에 미치는 경제적 영향 내지 새로운 시장을 창출하는 것인지 여부 등을 제시하였다(대법원 1996. 7. 30. 선고 95다29130 판결). 위 판례에서 대법원은 "음반 제작 계약 시에는 상용화되지 않은 새로운 매체인 시디(CD) 음반으로 제작·판매한 것이 이용허락 범위 내에 포함된다"고 보았다.

한편, 문화체육관광부의 <미술분야표준계약서>에는 미술품 양도 시 NFT 발행여부를 포함할지 협의하여야 한다는 조항이 삽입되기도 하였다.

> 작품에 관한 NFT(Non-Fungible Token)의 생성, 관리 거래 등에 관한 사항은 당사자가 별도로 협의한다. 협의할 사항은 플랫폼, 수량, 기간, 비용과 수익의 분배를 포함하며 이에 한정되지 아니한다.

이와 같이 저작권 양수도 또는 이용허락 계약 체결 시에는 NFT 등 미래 기술을 기반으로 한 권리관계까지 명확히 하는 것이 필요하다.

또한 NFT를 거래하는 발행자와 구입자 모두 거래 대상 권리에 대해 철저히 조사하고, 정확한 이전 대상이 되는 권리를 파악한 후 거래에 임할 필요가 있다.

라이선스 방식이란 무엇일까?

'라이선스(License)'는 영미법상 개념으로, 이를 직역하면 '허가하다'는 의미인데, 우리나라에서는 이를 별도로 정의하고 있는 법률은 없지만, 실제 거래계에서는 '라이선스'라는 용어가 광범위하게 사용되고 있다. 이는 대체로 특허권, 상표권, 저작권 등의 지적재산권, 기업비밀, 기술, 영업 방법, 노하우 등을 가진 사람 또는 법인이 이를 다른 사람이 사용할 수 있도록 허락해 주는 행위를 의미하며, '컴퓨터 프로그램 라이선스', '제품 생산 라이선스'와 같은 용어를 생각해 보면 이해가 쉬울 것이다. 라이선스를 부여하는 방식은 자유롭다. 이용허락의 기간, 범위, 조건 등을 상세하게 정할 수 있고, 한 사람에 독점적 라이선스를 부여하는 것도 가능하다.

결국, '라이선스'란 '권리자의 이용허락'과 유사한 개념이다. 이하에서는 '라이선스'를 "정보 또는 지적재산권을 보유한 자가 자신의 권리에 대하여 타인에게 접근 및 이용을 허락하거나 실시권을 부여하는 계약 또는 그 계약에 의하여 허락된 권리"라고 정의하기로 한다.

라이선스 방식은 디지털 콘텐츠의 복제·배포 및 양도 시 특히 유용하다. 디지털 콘텐츠는 무한히 복제가 가능하고, 여러 명이 동일한 그림 파일, E-Book, 음원을 이용하는 것도 얼마든지 가능하다는 특성이 있으므로, 배타적·독점적인 권리를 부여하는 것보다는 여러 사람이 함께 이용할 수 있도록 하는 것이 판매자에게도 유리한 경우가 많다. 이런 경우 디지털 콘텐츠를 '한 사람이 독점하지 않고 여러 명이 동일한 조건으로 이용할 수 있도록' 일정한 라이선스를 구성하게 된다. 즉, 저작물인 디지털 콘텐츠를 제공하는 자는, 완전한 권리 양도를 하기보다는 라이선스 방식에 따라 특별한 이용 방법과 조건을 정하여 그 범위 안에서 이용허락을 하는 경우가 많다.

> ●●● 저작권법
>
> **제46조(저작물의 이용허락)**
> ① 저작재산권자는 다른 사람에게 그 저작물의 이용을 허락할 수 있다.
> ② 제1항의 규정에 따라 허락을 받은 자는 허락받은 이용 방법 및 조건의 범위 안에서 그 저작물을 이용할 수 있다.
> ③ 제1항의 규정에 따른 허락에 의하여 저작물을 이용할 수 있는 권리는 저작재산권자의 동의 없이 제3자에게 이를 양도할 수 없다.

어떤 디지털 콘텐츠 서비스에 회원 가입을 하거나 컴퓨터 프로그램을 설치할 때 일률적으로 작성된 라이선스 계약을 흔히 접할 수 있다. 이러한 계약은 법적으로는 '약관'의 형식을 가지는 것으로 판단된다.

> ●●● 약관의 규제에 관한 법률
>
> **제2조 (정의)**
> 1. '약관'은 그 명칭이나 형태 또는 범위에 상관없이 계약의 한쪽 당사자가 여러 명의 상대방과 계약을 체결하기 위하여 일정한 형식으로 미리 마련한 계약의 내용을 말한다.

NFT 마켓플레이스에서 체결되는 NFT 매매계약에서, 매수자들은 별도의 계약서를 작성하지는 않고 ① 회원 가입 시 사이트 이용약관 동의, ② NFT 구매 페이지의 조건에 동의하여 '미리 마련된 계약', 즉 약관을 통해 계약을 체결하게 된다. 그리고 NFT 마켓플레이스의 약관들 중에서는 '라이선스 방식'을 규정하고 있는 약관들이 매우 많다.

NFT 매수자 입장에서 중요한 것은 약관을 꼼꼼히 살펴보고 해당 NFT가 '저작권을 양도'하기로 정한 것인지, 아니면 '특정한 권리를 이용할 수 있는 권한만을 부여한 것인지' 확인하는 것이다. 일반적으로, NFT 매수자들은 NFT가 표상하는 원본 작품에 대하여 '배타적이고 완전한' 권리(저작권)를 전부 양도받는 것으로 이해하고 계약을 체결하는데, 만약 무심코 동의한 약관의 실제 내용은 '라이선스 방식'에 불과하다면 NFT를 매수하며 원했던 '원본 저작권'을 제대로 확보하지 못하게 될 수 있다.

> ••• 요약
>
> 앞서 살펴본 '저작권 양도'와 '저작권 이용허락'은 전혀 다른 개념이고 취득할 수 있는 권리에 차이가 있으므로, 매수자 입장에서는 '약관'을 꼼꼼히 살펴보아야 한다.

••• 도메인은 어떻게 규제되고 있는가?

'도메인 이름(Domain Name, 이하 '도메인'이라 한다)'은 인터넷상에서 인터넷 프로토콜 주소를 사람이 기억하도록 하기 위하여 만들어진 것을 의미한다(인터넷 주소 자원에 관한 법률 제2조). 도메인은 단순한 프로그램 내지 문자열에 불과하지만, 2000년대 인터넷을 통한 전자상거래나 정보교환이 활발해지면서 '상표'나 회사의 '상호'와 마찬가지로 개별 영업자를 식별할 수 있는 중요한 표지가 된다는 점을 고려하여 재산적 가치가 있는 것으로 취급되었으며, '양도'의 대상이 되는 것으로 해석되고 있다. 페이스북은 최근 메타로 사명을 변경하면서, 2017년경 폐업한 캐나다 토론토의 소프트웨어업체로부터 'Meta.com' 도메인을 포함한 상표를 약 400억 원에 양수하기도 하였다.

한편, 도메인은 호스팅업체에 먼저 신청한 사람이 권리를 가지는 '선점' 방식으로 운영된다. 인터넷주소 자원에 관한 법률 제12조 제2항은 도메인 네임에 정당한 권원이 있는 자는 부당한 이득을 얻을 목적으로 등록된 도메인에 대한 등록말소를 청구할 수 있도록 하고 있으며, 부정경쟁방지법 제2조 제1호 아목은 '국내에 널리 인식된 타인의 성명, 상호, 상표, 그 밖의 표지와 동일 또는 유사한 도메인 이름을 등록, 보유, 이전, 사용하는 것'을 부정경쟁행위의 하나인 '사이버스쿼팅(Cyber Squatting)'으로 보고 이를 금지하고 있다.

마지막으로 대법원은, "도메인 이름에 관한 분쟁은 국제인터넷주소관리기구(The Internet Corporation for Assigned Names and Numbers, ICANN)가 마련한 분쟁해결 정책(Uniform Domain-Name Dispute-Resolution Policy, UDRP)에 의할 것이 아니라, 당해 사건에 적용 가능한 법률에 의하여 심리, 판단하여야 한다"고 판시하였다(대법원 2008. 2. 1. 선고 2004다72457 판결). 대법원은 위 사건에서 문제가 되었던 도메인에 대하여 상표법을 적용하여 판단을 하였는데, 이를 통해 이미 상표로 등록되어 있는 식별표지를 도메인으로 사용하는 경우에는 상표에 대한 권리가 우선적으로 적용하는 것으로 이해할 수 있다.

••• NFT가 음악저작권 거래 플랫폼에 도입될 수 있을까?

최근 '뮤직카우'와 같이 '음악저작권을 거래'한다고 하는 플랫폼들이 해당 거래에 NFT를 도입하려는 시도를 하고 있었다. 그런데 위 플랫폼의 거래 대상은 음악저작물에 대한 작곡가, 작사가, 음반제작자 등의 '저작권' 자체가 아니라 '저작인접권에 기한 보상금'을 분배받을 권리에 불과한 것으로 보인다. 해당 업계에서는 소위 '저작권료 참여청구권(이하 '청구권'이라 한다)'이라고 표현하기도 하는데, 이는 법적인 개념은 아니다.

즉, 음악저작권 거래 플랫폼은 저작권을 직접 양도하는 것이 아니라 수익권을 판매하는 것이므로 채권적 계약에 불과한 것으로 볼 수 있다. 이때에도 작사, 작곡가의 수입을 분배하는 것인지, 음반제작자의 수입을 분배하는 것인지 구분하여, 투자자에게 정확한 권리 범위를 고지하는 것이 필요할 것이다. 특히 최근 금융위원회 산하 증권선물위원회가 위 청구권의 증권성을 인정하면서 뮤직카우는 자본시장법상 공시나 발행 등과 관련한 여러 규제를 적용받게 되었다. 투자자 입장에서는 두터운 보호장치가 마련되는 만큼 더욱 안심하고 투자할 수 있으며, 이와 같은 '제도화' 과정을 통해 업계 전반적인 신뢰도를 제고할 수 있다는 것은 긍정적으로 평가할 수 있을 것이다.

Q24 퍼블릭 도메인이면 누구나 NFT로 발행할 수 있을까?

저작인격권은 저작자의 생존기간 동안(저작권법 제14조 제1항), 저작재산권은 저작자의 생존기간 동안 및 사후 70년까지 그 보호기간이 인정된다(저작권법 제39조 제1항). '퍼블릭 도메인(Public Domain)'이란 이와 같은 저작권 보호기간이 지났거나, 저작권자가 자신의 저작권을 포기한 저작물을 의미한다. 또한 저작권법에 따라 저작재산권이 제한되는 공공저작물(저작권법 제24조의2)도 퍼블릭 도메인에 포함된다. 즉, 퍼블릭 도메인은 저작권법의 보호대상이 아니다.

따라서 퍼블릭 도메인을 NFT로 발행하더라도 저작권법상 문제 될 여지가 없으므로 누구나 자유롭게 NFT로 발행하는 것이 가능하다. 그러나 이러한 경우 NFT 발행자가 NFT가 표상하는 원본에 대한 어떠한 배타적인 권리(저작권 등)도 가지지 않는다는 점에서 퍼블릭 도메인 NFT는 저작권법상 보호대상이 되는 저작물을 기반으로 한 NFT보다는 경제적 가치가 낮은 것이 대부분일 것이다.

그런데 퍼블릭 도메인을 활용한 NFT라 하더라도, 실물 원본 작품을 보유한 소유권자가 NFT를 발행한다면 그 가치가 보다 높게 인정될 수도 있을 것이다. 예를 들어, 피렌체 아카데미아 미술관이 보유하고 있는 미켈란젤로의 '다비드' 조각상을 실물형 NFT로 발행하는 경우라면, 작품의 역사적 가치나 인지도 등에 비추어 해당 NFT의 가격이 매우 높게 책정될 수 있는 것이다. 다시 말해, NFT의 가치는 원본이 저작권법상 보호대상인 '저작물'인지 여부만으로 정해지는 것은 아니다.

그 예로, 간송미술관이 2021년 11월경 소장하고 있는 '훈민정음 해례본'을 100개 한정판 NFT로 발행하였는데, 당시 NFT 1개의 낙찰가는 1억 원 정도로 알려졌다. 이와 같이 퍼블릭 도메인을 NFT로 누구나 발행할 수 있다고 하더라도 그 발행자가 원작품을 소장하였는지 여부, 원작품의 가치가 어느 정도인지에 따라서 가치는 다르게 평가될 것이다.

그리고 국립박물관문화재단은 국보 '반가사유상'을 미니어처로 제작하여 상품화한 바 있는데, 2022년 6월경에는 위 미니어처를 NFT화할 계획이 있다고 발표하였다. 이 경우 NFT의 원본은 퍼블릭 도메인인 반가사유상 그 자체가 아니라 저작물인 미니어처의 형상을 3D로 다시 작성한 디지털 파일이 될 것이다.

한국의 한 마케팅 기업이 2021년 5월 유명 작가인 이중섭, 박수근, 김환기 작가의 작품을 자사 디지털 아트 플랫폼을 통하여 NFT로 발행한다고 밝혔다가, 작품의 진위 여부가 논란이 되면서 결국 NFT 발행이 취소되는 일이 있었다. 이에 대해 해당 마케팅 기업 대표는 작품에 대한 저작권과 소유권 모두 미술등록협회 소관이며, 허가를 받았다고 주장하였으나, 작가의 유족 등의 저작권 동의가 없었다는 주장에 위작 주장까지 더해지면서, 결국 NFT화로 이어지지 못한 것이다. 유족의 동의는 법적 요건은 아니지만, 작가와 유족을 존중하는 차원에서 NFT를 발행하지 않았던 결정은 바람직한 것으로 보인다.

••• 법적 권리가 인정되지 않는 것들을 NFT로 발행할 수 있는가?

소유권, 점유권, 저작권 등을 보장받을 수 없는 대상은 재산적 가치를 창출하기 어려운 경우가 대부분이므로, 이를 NFT로 발행할 실익도 높지 않을 것으로 예상된다. 다만 이러한 대상을 '디지털 파일'로 다시 제작하는 과정, 즉 창작적 표현을 하는 과정에서 저작권이 새롭게 발생할 가능성은 있으며, 이러한 경우는 이야기가 달라진다.

'역사적 사실'이나 '자연현상' 같은 것들은 어느 누구의 소유도 아니다. 그러나 이를 NFT로 발행하려면, 누군가가 뉴스 기사, 이미지 파일 등으로 표현한 결과물이 발행의 대상이 된다. 예를 들어 이순신 장군의 전투를 NFT로 발행하는 것은 매우 막연하고, 실제로 NFT의 발행 대상이 되는 것은 전투 기록, 전투의 삽화, 재현된 이미지, 해당 사실을 기반으로 한 소설 등이 될 가능성이 있다. 이러한 '표현물'은 저작권을 통해 보호될 여지가 있으므로, 당연히 저작권자의 이용허락을 받거나 저작권을 양도받아야 한다.

한편, 어떤 '아이디어', '전래동화의 이야기 구조', '유머', '설' 등을 NFT로 발행하는 경우, 구체적인 '표현'이 포함되어 저작권의 보호대상이 될 수 있는지 여부를 다시 한번 살펴보아야 한다.

만약 저작권이 없는 '인터넷 댓글', '카카오톡 메시지' 등을 NFT로 발행하는 경우는 어떠한가? 2021년 12월 22일 '세계 최초 문자메시지'가 경매에서 107,000유로(약 1억 4,000만 원)에 낙찰되었다. 위와 같은 특별한 '사연'이나 소장가치가 없다면 인터넷 댓글, 사적인 메시지 등의 경제적 가치는 매우 낮을 것이다.

마지막으로, 실존인물을 NFT로 발행하는 경우에도 실제 NFT 발행 대상은 특정, 실존 인물에 대한 '표현물'이며, 그 표현물에 대한 저작권이 인정되는 경우 저작권자의 이용허락이 필요하다는 점을 유의하여야 한다. 나아가 대상 인물의 명예를 훼손하는 방법으로 NFT를 발행하지 않도록 주의를 기울일 필요가 있고, 발행 대상 인물의 초상권이나 퍼블리시티권을 침해하지 않도록 별도 동의를 받는 등 유의할 필요가 있다. 또한 퍼블리시티권 침해가 부정경쟁방지법상 부정경쟁행위의 하나로 보호되기 전의 판례이긴 하나, 법원은 퍼블리시티권이 상속될 수 있으며, 대상 인물의 사후 50년간 보호된다는 취지의 판결을 내린 적이 있다(서울동부지방법원 2006. 12. 21. 선고 2006가합6780 판결). 이 외에도 망인에 대한 명예훼손 등도 법리상 성립할 수 있다는 점을 고려하면, 실존인물은 그 대상이 살아 있거나 사망하였더라도 NFT로 발행함에 있어 당사자 혹은 유족의 허락을 구해야 할 필요가 있음을 유념해야 한다.

업무상저작물을 NFT로 발행할 수 있을까?

Q25

'업무상저작물'이란 법인·단체 그 밖의 사용자(이하 편의상 '법인'이라고만 한다)의 기획 하에 법인의 업무에 종사하는 자가 업무상 창작하는 저작물인데, 이것이 법인의 명의로 공표되면 창작한 개인이 아니라 그가 속한 법인이 저작자가 된다.

즉, 회사의 직원이 업무의 일환으로 어떠한 저작물을 창작한 경우에 그 저작권은 해당 직원이 속한 회사에게 인정되는 것이다.

> ••• **저작권법**
>
> **제9조(업무상저작물의 저작자)**
> 법인 등의 명의로 공표되는 업무상저작물의 저작자는 계약 또는 근무규칙 등에 다른 정함이 없는 때에는 그 법인 등이 된다. 다만, 컴퓨터프로그램저작물의 경우 공표될 것을 요하지 아니한다.

이와 같은 업무상저작물로 인정되기 위해서는 ① 법인 등이 저작물의 작성을 기획했어야 하고, ② 고용관계 등에 의하여 업무에 종사하는 사람에 의하여, ③ 업무상 작성되었어야 하며, ④ 법인의 명의로 공표되고, ⑤ 계약 또는 근무규칙에 실제 작성자를 저작자로 하는 등의 다른 정함이 없어야 한다.

이와 같은 요건을 충족하여 창작된 저작물은 업무상저작물로서, 저작권법상 창작자주의(저작물을 창작한 사람이 저작자가 된다는 원칙)의 예외로 법인이 저작권을 보유하게 된다.

그러므로 업무상저작물의 경우 법인이 직접 NFT를 발행할 수 있음은 물론이고, 그 법인으로부터 NFT 발행에 대한 허락을 받은 제3자도 NFT를 발행할 수 있으나, 실제로 창작활동을 한 직원으로부터만 허락을 받아서는 NFT를 발행할 수 없다는 점을 유의하여야 한다.

Q26 공동저작물을 NFT로 발행할 수 있는 사람은 누구일까?

'공동저작물'은 2인 이상이 공동으로 창작한 저작물로, 각자가 창작에 기여한 부분을 분리하여 이용할 수 없는 것을 의미한다. 이때 2인 이상이 공동으로 창작하였다는 것은 단순히 아이디어를 제공했다는 정도로는 부족하고 실질적으로 창작행위에 참여했어야 하며, 그러한 창작 당시 당사자들 사이에 공동으로 저작물을 작성한다는 공동창작의 의사가 존재해야 한다.

공동저작물이 성립하면 저작재산권자 전원의 합의에 의하지 않고는 저작재산권을 행사할 수 없다. 그러므로 저작재산권자 전원의 합의 없이 이루어진 공동저작물의 이용허락이나, 양도 등은 그 효력이 인정될 수 없다. 다만, 저작권법은 공동저작물의 원활한 이용을 촉진하기 위해 공동저작물의 이용에 대하여 각 저작재산권자는 신의에 반하여 합의의 성립을 방해하거나 동의를 거부할 수 없다고 규정하고 있다.

그러므로 디지털 콘텐츠가 공동저작물인 경우, NFT로 발행하여 판매하기 위해서는 원칙적으로 저작재산권자 전원의 합의가 필요하다.

한편, 공동저작물 저작자 중 일부만의 합의로 NFT를 제작하는 경우에는 공동저작권의 행사 방법 위반이라고 볼 수는 있으나, 그 자체로 다른 공동저작권자의 저작재산권을 침해하여 형사처벌의 대상이 된다고 보기는 어렵다(대법원 2014. 12. 11. 선고 2012도16066 판결).

> ••• **저작권법**
>
> **제48조(공동저작물의 저작재산권의 행사)**
> ① 공동저작물의 저작재산권은 그 저작재산권자 전원의 합의에 의하지 아니하고는 이를 행사할 수 없으며, 다른 저작재산권자의 동의가 없으면 그 지분을 양도하거나 질권의 목적으로 할 수 없다. 이 경우 각 저작재산권자는 신의에 반하여 합의의 성립을 방해하거나 동의를 거부할 수 없다.
> ② 공동저작물의 이용에 따른 이익은 공동저작자 간에 특약이 없는 때에는 그 저작물의 창작에 이바지한 정도에 따라 각자에게 배분된다. 이 경우 각자의 이바지한 정도가 명확하지 아니한 때에는 균등한 것으로 추정한다.
> ③ 공동저작물의 저작재산권자는 그 공동저작물에 대한 자신의 지분을 포기할 수 있으며, 포기하거나 상속인 없이 사망한 경우에 그 지분은 다른 저작재산권자에게 그 지분의 비율에 따라 배분된다.
> ④ 제15조 제2항 및 제3항의 규정은 공동저작물의 저작재산권의 행사에 관하여 준용한다.

그럼에도 공동저작권 행사 방법을 위반한 경우 민사상 손해배상책임을 질 수 있고, 침해금지청구를 당할 수 있다(저작권법 제129조). 구체적으로, 공동저작물을 NFT로 발행하는 것에 동의하지 않은 공동저작권자 중 1인은 다른 공동저작권자들을 상대로 자신의 지분 비율만큼의 손해배상을 청구할 수 있게 되며, 발행이나 유통을 금지하는 내용의 가처분이나 소송을 제기할 수도 있다.

Q27. 여러 명이 소유한 공유물을 NFT로 발행할 수 있을까?

하나의 물건이 지분계약에 의하여 여러 명의 소유로 된 것을 '공유'라고 한다(민법 제262조 제1항). 즉, 공유는 1개의 소유권이 분량적으로 분할되어 여러 명에게 속하는 것이고, 각 공유자는 공유물 전부를 지분의 비율로 사용 및 수익할 수 있다. 즉, 이는 유형적 물건에 대한 공동소유관계이므로 무형적 표현에 대한 권리관계인 저작권과는 다른 개념이다.

보다 구체적으로, 민법은 공유물의 관리에 관한 사항은 공유자의 지분의 과반수로써 결정한다고 규정하고 있는데(민법 제265조), '공유물의 관리행위'란 공유물의 처분이나 변경에까지 이르지 아니하는 정도로 공유물을 이용, 개량하는 행위를 말한다. 그리고 이 가운데 공유물의 이용은 공유물을 그 자체의 경제적 용도에 따라 활용하는 것을, 공유물의 개량은 그 사용가치나 교환가치를 증대케 하는 것을 의미한다.

이러한 공유물의 관리에 관한 사항은 공유자의 지분 중 과반수로써 결정하므로, 공유물에 대한 공유자 중 1인이 과반수의 지분을 가진 경우에는 다른 공유자들의 결정 등을 구하지 않고도 독자적인 관리행위를 할 수 있다.

그러므로 미술품과 같은 작품을 다수의 사람들이 공유하고 있다면, 이들은 과반수의 결정을 통해 공유물의 관리행위로써 해당 미술품을 NFT로 제작할 수 있을 것이다. 이때 저작권자에게 별도의 이용허락을 받아야 함은 물론이다.

한편, 공유자 과반수의 동의를 통해 NFT를 제작하고, 판매하여 발생한 수익이 있는 경우 공유자들은 자신들의 지분에 따라 수익을 얻을 수 있다(민법 제263조). 그러므로 만약 공유자 중 1인이 과반수의 지분을 가지고 있어, 자신의 독단적인 결정으로 공유물을 NFT로 제작하여 모든 수익을 얻었다면, 자신의 지분을 넘어서는 부분에 대해서는 부당이득 취한 것이므로 다른 공유자들에게 반환해야 할 의무를 부담한다.

Q28 작곡·작사가로부터 허락받은 음악저작물도 NFT로 발행할 수 있을까?

음악저작물을 NFT화하는 경우에 그 음악의 저작권자인 작곡가, 작사가로부터 허락을 받아야 하는데, 그것만으로 충분할까?

음성과 음향을 유형물에 고정한 것 또는 음을 디지털화한 것을 '음반'이라고 하고(저작권법 제2조 제5호), 음반을 최초로 제작하는 데 있어 전체적으로 기획하고 책임을 지는 사람을 '음반제작자'라 한다. 음반제작자가 개인이 아니라 회사인 경우 '음반사'라고 부르기도 한다.

음반제작자는 음반에 대한 '저작인접권자'로서 음반을 복제, 배포, 대여, 전송할 권리를 가지는데(저작권법 제64조 제1항 제2호, 제78조 내지 제81조), 이와 같은 권리는 음악저작물에 대한 저작재산권(저작권법 제16조 내지 제22조)과는 별개로 저작권법에 의해 보호되는 재산적 권리이다.

음악저작물을 NFT로 발행하기 위해서는 우선 음악을 디지털화해야 한다. 이 경우 NFT를 발행하는 것은 저작권법상 음반을 제작하는 것과 동일하거나 유사하다고 볼 수 있다. 따라서 음악저작권자들의 허락을 받았다 하더라도, 음반제작자의 허락을 얻지 않은 경우라면 저작인접권 침해에 해당할 수 있다. 만약 음반제작자의 허락을 받지 않고 NFT를 발행함으로써 음반제삭사의 복제, 배포, 대여, 전송권을 침해하는 경우 손해배상책임(저작권법 제125조)을 질 수 있고, 저작권법위반죄(같은 법 제136조 제1항)로 형사상 처벌받을 수 있다.

한편 음악을 가창, 연주 등의 방법으로 표현하는 사람을 '실연자'라고 하는

데(저작권법 제2조 제4호), 이러한 실연자의 권리도 저작인접권으로서 보호된다(저작권법 제66조 내지 제77조). 즉, 가수가 가창한 음악저작물을 NFT로 복제하는 경우 그 가수의 이용허락을 받지 않으면 민·형사상 책임을 지게 될 수 있다.

   참고로 NFT 발행자는 작곡가, 작사가, 음반제작자, 실연자 등 각 권리자가 저작권신탁관리단체에 신탁하여 관리를 맡겨둔 것은 아닌지 확인하여, 신탁된 경우에는 이들 협회(사단법인 한국음악저작권협회와 사단법인 함께하는음악저작인협회에서 음악저작권을, 사단법인 한국음반산업협회와 사단법인 한국연예제작자협회에서 음반제작자의 권리를, 사단법인 한국음악실연자협회에서 실연자의 권리를 각 신탁관리하고 있다)를 통하여 이용허락을 받으면 된다. 즉, NFT로 발행하고자 하는 곡의 저작권 및 저작권법상 보호되는 재산적 권리에 대해 신탁관리계약이 이미 체결된 상태라면, 해당 곡을 관리하는 신탁관리단체로부터 복제권 등에 대한 이용허락을 받은 후 음악저작물을 사용하여야 할 것이다. 신탁이 되어 있더라도, 창작자에게 저작인격권과 2차적저작물작성권은 그대로 남아 있으므로 만약 그 곡을 변형하여 NFT화하는 경우에는 여전히 개별 창작자들로부터 허락을 얻어야 한다는 점을 유의하여야 한다.

   매수자 입장에서는 해당 NFT가 위와 같이 작곡가, 작사가, 실연자, 음반제작자, 신탁관리단체 등의 허락을 모두 받고 발행된 것인지 확인하여 이를 신뢰할 수 있는 NFT만 구매하여야 손해를 피할 수 있다.

Q29. 저작권자가 아닌 사람이 NFT를 발행하면 권리침해일까?

저작권자가 아닌 사람이 그림, 사진, 동영상 등 저작물을 민팅하여 NFT화할 경우, 저작재산권 침해가 문제 될 수 있다. 특히 저작권자가 아닌 사람이 저작물을 NFT화한다면 직접적인 저작권 침해로 이어질 가능성이 높다. 밈(Meme)의 경우처럼, 인터넷에서 공공연하게 사용되던 이미지라도 저작권법의 보호를 받는 저작물에 해당할 가능성이 있기 때문에 유의하여야 한다. 그렇다면 만약 저작권자가 아닌 사람이 NFT를 발행할 경우, 저작권법상 구체적으로 어떠한 문제가 발생할까?

저작권법에 따르면 저작자는 그의 저작물을 복제할 권리를 갖는다(저작권법 제16조). 만약 저작권자가 아닌 사람이 NFT를 발행할 경우, 가장 먼저 문제 될 수 있는 것은 복제권 침해이다. 한편, NFT 발행을 위하여 민팅을 할 경우, 민팅행위 자체만으로는 전시나 공중에 송신한 것에 해당하지 않을 수는 있다. 다만 민팅 이후, 실제로 이를 마켓플레이스에 게시한다면 공중송신권(저작권법 제18조), 전시권(저작권법 제19조), 2차적저작물작성권(저작권법 제22조) 침해에 이를 가능성이 있다.

만약 이러한 저작권 침해 사례가 마켓플레이스에 신고된다면, 마켓플레이스 서비스 제공자로서는 심사를 통해 해당 작품을 삭제하거나 권리를 침해한 이용자의 서비스 이용을 정지시키기에 이를 수도 있다. 나아가 저작권자로서는 저작권 침해를 원인으로 하여 판매자 등을 상대로 저작권 침해행위 중단을 요구하는 침해정지청구의 소(저작권법 제104조의8)를 제기하거나 손해배상을 청구(저작권법 제125조)할 수 있을 것으로 보인다.

한편, 앞서 Q25에서 살펴본 바와 같이, '업무상저작물'의 경우 본인이 창작자라고 하더라도 저작권 침해가 문제 될 수도 있다. 저작권법상 업무상저작물이란 "법인·단체 그 밖의 사용자의 기획하에 법인 등의 업무에 종사하는 자가 업무상 작성하는 저작물"(저작권법 제2조 제31호)을 의미한다. 이러한 업무상저작물의 경우 특별한 사정이 없으면 법인 등이 저작자가 되기 때문에, 설령 본인이 업무상저작물의 창작자라고 하더라도 법인 등의 동의 없이 업무상저작물을 NFT화하는 경우 저작권 침해의 문제가 발생할 수 있는 것이다. 실제로 DC코믹스의 경우, 프리랜서 등과 같은 업무 종사자들에게 회사의 캐릭터를 NFT화하는 것이 금지된다는 취지의 경고문을 보내기도 하는 것으로 알려져 있다.

또한 문제가 될 수 있는 경우는 저작자와 저작권자가 다른 때이다. 저작권법상 '저작자'와 '저작권자'는 차이가 있는데, 원칙적으로 저작물을 창작한 사람이 '저작자'이자 '저작권자'이지만(저작권법 제2조 제2호), 해당 저작자가 자신의 저작재산권을 양도한 경우에는 '저작자'와 '저작재산권자'가 분리될 수 있기 때문이다. 그렇다면, 저작재산권자가 원작자(저작자)의 동의 없이 그림 등 저작물을 NFT화하는 경우 동일성유지권을 침해하는가?

저작자는 저작권법상 동일성유지권(저작권법 제13조)을 갖는데, 이는 쉽게 말해 저작자가 그의 저작물의 제목, 형식 및 내용 등의 실질적 동일성을 유지할 수 있는 권리를 의미한다. 대법원은 "원저작물을 원형 그대로 복제하지 아니하고 다소의 변경을 가한 것이라 하여도 원저작물의 재제(다시 가공하여 만드는 것) 또는 동일성이 감지되는 정도이면 복제가 되는 것이고, 원저작물을 복제함에 있어 함부로 그 저작물의 내용, 형식, 제호에 변경을 가한 경우에는 원저작자의 동일성유지권을 침해한 것이다"라는 취지로 판시하였다(대법원 1989. 10. 24. 선고 89다카12824 판결). 다만 법원은 '원저작물과 동일성의 범위를 벗어나 전혀 별개의 저작물을 창작하는 경우(서울중앙지방법원 1991. 4. 26. 선고 90카98799 판결)' 및 '저작물을 부분적으로 이용하였는데, 당해 저작물의 수요자가 전체 저작물의 일부를 이용한 것임을 쉽게 알 수 있어 저작물 중 부분적으로 이용된 부분이 저작물의 전부인 것으로 오인되거나, 부분적 이용으로 저작물에 표현된 저작자의 사상·감정이 왜곡되거나 저작물의 내용이나 형식이 오인될 우려가 없는 경우(대법원 2015. 4. 9. 선고 2011다101148 판결)' 등의 사안에서는 동일성유지권 침해를 인정하지 않고 있다. 어떤 저작물을 NFT화하는 경우 대부분 '거의 그대로', '전부'를 NFT화 할 것으로 판단되나, 형식이나 내용이 실질적으로 변경되지 않는 정도에서 복제 또는 전송행위를 하는 경우에는 동일성유지권 침해 문제가 발생하지 않을 것으로 보인다. 또한 저작물의 일부를 NFT화하더라도, 이용자들이 원저작물의 전부를 감지할 수 있거나 형식이나 내용이 오인될 우려가 없다면 동일성유지권 침해에 해당하지 않을 것이다.

한편, 저작권자로부터 이용허락 등을 받아 저작물을 NFT화하였더라도 이를 임의로 폐기할 경우 저작자의 인격적 이익 침해로 이어질 가능성도 있다. 법원은 이른바 '도라산역 벽화' 사건에서, 국가 소유의 예술작품일지라도 정부가 작가에게 아무런 사전 통지 없이 그것을 철거 및 소각한 경우 작가의 일반적 인격권이 침해된다는 이유로 정부에게 손해배상책임을 인정하였다(대법원 2015. 8. 27. 선고 2012다204587 판결). 이는 저작권법에 따른 판결례는 아니고 '일반적 인격권'이라는 개념을 사용하여 민법상 불법행위책임의 일종으로서 손해배상책임을 인정한 것이다(자세한 해설은 Q34 참조). 즉, 저작자의 허락을 얻어 저작물을 NFT화하더라도 그 원본 자산에는 저작자의 인격적 이익이 여전히 미치므로 이를 폐기하면 일응 손해배상책임을 질 가능성도 있는 것으로 해석되나, 위 사례는 더 이상 복제가 불가능한 '벽화'로서 세상에서 유일한 저작물이었다는 점을 고려하여 손해배상책임이 인정되었던 것이므로, 원본 자산의 디지털화 버전 또는 NFT의 폐기로 인해 저작자의 인격권이 침해되었다고 볼 수 있을지는 다소 의문이다.

Q30. NFT가 위작인 경우 발행자에게 어떤 책임이 있을까?

2021년 6월, 국내 블록체인업체가 NFT 형태로 경매에 내놓은 김환기 화백의 작품에 위작 의혹과 저작권 문제가 제기되었다. 해당 NFT는 원본 작품의 진위 여부가 의심스러울 뿐만 아니라, 작품의 NFT화에 관해 환기재단의 승인도 얻지 못한 것으로 밝혀져 결국 경매를 잠정 중단하기에 이르렀다. 만약 NFT가 위작을 원본으로 하여 발행된 경우, 발행자에게는 어떤 책임이 인정될까?

'위작'이란 "다른 사람의 작품을 흉내 내어 비슷하게 만드는 일. 또는 그 작품"을 뜻한다(표준국어대사전). 위작을 원본으로 NFT를 발행하는 것은 저작권법 위반에 해당할 가능성이 높다. 저작권자는 저작재산권으로서 복제권, 2차적저작물작성권, 전송권 등을 가진다. NFT 발행을 위해 위작을 만들어낸 경우, 저작재산권 침해를 이유로 저작권자로부터 침해금지청구 또는 손해배상청구를 당할 가능성이 있다. 설령 위작이 아니라 2차적저작물로 인정되는 경우라 하더라도, 이는 2차적저작물작성권 침해에 해당될 뿐만 아니라 경우에 따라서는 저작인격권 중 동일성유지권 침해가 인정될 가능성도 있다.

또한 원저작자가 창작하지도 않은 위작에 저작자의 이름을 사용하여 표시하는 경우, 이는 그 작품이 저작자의 작품은 아니므로 저작권법상 성명표시권 침해에 해당하지는 않는다고 하더라도, 저작자의 이름을 마음대로 쓴 경우이므로 성명권 등 인격권 침해에 해당할 가능성이 있다. 실제로 유명 프로야구 선수들의 허락을 받지 않고 그 성명을 사용한 게임물을 제작, 판매한 사안에서 선수들의 인격권으로서의 성명권이 침해되었다고 판단한 사례(서울중앙지방법원 2006. 4. 19. 선고 2005가합80450 판결)도 있다.

한편, 저작권법은 "저작자 아닌 자를 저작자로 하여 실명, 이명을 표시하여 저작물을 공표한 자는 1년 이하의 징역 또는 1,000만 원 이하의 벌금으로 처벌할 수 있다"고 규정하고 있다(저작권법 제137조 제1항 제1호). 따라서 위작을 NFT화하면서 원저작물의 저작자를 허위로 표시하였다면, 저작권법상 범죄에 해당할 수 있다. 이와 관련하여, 법원은 "위 조항의 취지가 저작자 명의에 관한 사회 일반의 신뢰도 보호 목적에 있는 것이므로 저작자 아닌 자를 저작자로 표시하여 저작물을 공표한 이상 위 규정에 따른 범죄가 성립한다"고 판단한 바 있다(대법원 2017. 12. 26. 선고 2016도16031 판결). 이러한 법원 판결에 의하면, 위작에 진품의 저작자 명의를 표시한 경우라면 저작권법 위반에 해당할 가능성이 높고, 만약 플랫폼 운영자가 이를 인식하거나 방조한 경우에는 공동정범이나 방조범으로 죄책을 부담할 수도 있다.

한편, 형법상 범죄행위가 성립하여 그에 따른 처벌을 받을 가능성도 배제할 수 없다. 위작을 진품인 것처럼 소비자를 기망하여 NFT화한 후 수익을 얻은 경우, 사기죄(형법 제347조)가 성립할 수 있음은 물론이고, 만약 작가의 서명까지 위조한 경우라면 사서명위조 및 위조사서명행사죄(형법 제239조)가 성립할 수 있다.

한편, 위작을 NFT화하여 판매할 경우, 부정경쟁방지법상 부정경쟁행위에 해당할 가능성이 높다. 부정경쟁방지법은 "타인의 상당한 투자나 노력으로 만들어진 성과 등을 공정한 상거래 관행이나 경쟁질서에 반하는 방법으로 자신의 영업을 위하여 무단으로 사용함으로써 타인의 경제적 이익을 침해하는 행위"를 부정경쟁행위로 규정하고 있다(부정경쟁방지법 제2조 제1호 파목). 위작의 제작은 타인의 상당한 투자나 노력으로 만들어진 성과를 무단으로 사용한 것으로서, 이를 NFT화하여 판매할 경우 영업을 위한 무단 사용에 해당하여, 저작권자로부터 부정경쟁행위의 금지청구 내지 손해배상청구를 받을 가능성이 높은 것이다.

••• 유명 NFT를 모방한 사례

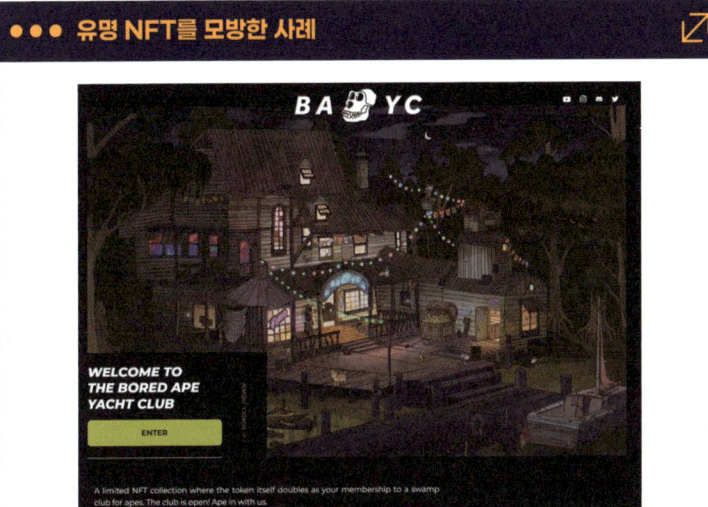

유가랩스(Yuga Labs)가 2021년 4월경 제작한 NFT 프로젝트 Bored Ape Yacht Club(이하 'BAYC')은 현재 경제적으로 가장 성공적인 NFT 프로젝트로 알려져 있다. BAYC는 프로필로 사용할 수 있는 '원숭이 그림'을 NFT 컬렉션으로 발행하는 프로젝트인데, '가상자산 가치가 급상승해 벼락부자가 되어 세상 모든 것이 지루해진 원숭이들'을 표현했다는 재미있는 설정을 가지고 있다. 이 프로젝트는 해당 NFT를 보유한 홀더들에게 특별한 혜택을 부여하여 유명해졌는데, 홀더만 이용할 수 있는 온라인 소통 공간 및 낙서 공간 더 배스룸(The Bathroom)을 제공하고, 캐릭터를 상업적으로 이용할 수 있는 권리를 제공하였다.

그런데 정품 BAYC는 오픈씨에 'Bored Ape Yacht Club'을 정확히 입력하여 검색해야 나온다. 한편, BAYC 프로젝트의 명성에 편승하기 위해 'BAYC'라는 이름으로 유인원 그림 NFT들이 발행되어 있는데(하단 그림 참조), 아래 NFT들은 모두 별다른 가치가 없는 가짜 NFT이다.

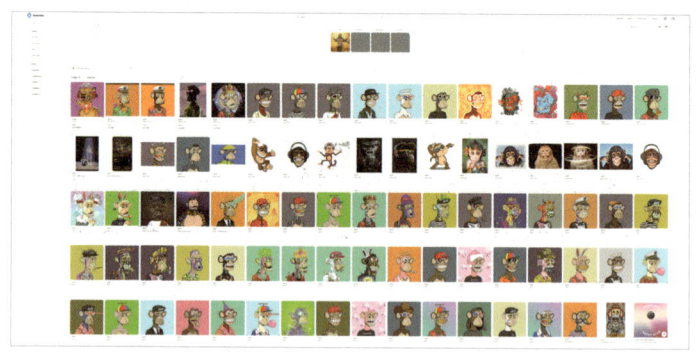

급기야 BAYC의 이미지를 '그대로 따와서' NFT로 발행한 'RR/BAYC'라는 프로젝트까지 등장했다. RR/BAYC NFT를 발행한 주체인 '라이더 립스(Ryder Ripps)'는 위 프로젝트의 소개글에서 "BAYC를 풍자하고, BAYC를 재맥락화하여 차용예술(Appropriation Art)의 의미를 일깨우고자 한다"는 취지를 밝히기도 하였다.

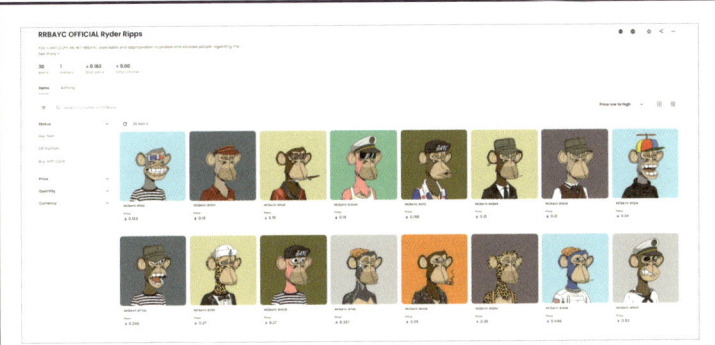

이에 BAYC의 제작사인 유가랩스는 2022년 6월 25일 라이더 립스를 상대로 자신들의 상표를 도용하여 가짜 NFT를 제작, 판매함으로써 부당한 수익을 거뒀음을 주장하며 상표권 침해 소송을 제기하였다고 밝혔다

BAYC의 주장과 같이 등록된 상표와 동일 내지 유사한 상표를 등록 상표의 지정 상품과 동일 또는 유사한 상품에 사용하는 경우에는 상표법상 상표권 침해가 성립할 수 있다. 또한 RR/BAYC가 실제로 판매되어 수익을 거두고 있으므로, 앞서 살펴본 바와 같이 현행 부정경쟁방지법상 파목의 부정경쟁행위에 해당한다는 것은 별론으로, 영리성이 없는 경우에도 위와 같이 저명한 상품표지 또는 영업표지를 도용하여 사용하는 행위는 부정경쟁방지법상 부정경쟁행위에 해당할 수 있다.

'정당한 사유 없이 국내에 널리 인식된 타인의 상품표지 또는 영업표지와 동일하거나 유사한 것을 사용하여 타인의 표지의 식별력이나 명성을 손상하는 경우' 부정경쟁방지법 제2조 제1호 다목의 저명 상표 희석행위에 해당한다. 즉, 타인의 저명 표지와 동일·유사한 것을 사용하여 자타 상품 식별 기능 등 상표로서의 힘을 감소하게 하거나, 좋은 이미지를 가진 저명 표지를 부정적인 이미지를 가진 상품이나 서비스에 사용함으로써 그 이미지를 훼손하는 경우 위 다목의 부정경쟁행위에 해당할 여지가 있는 것이다(서울중앙지방법원 2018. 10. 4. 선고 2016가합36473 판결 참조).
오픈씨는 현재 RR/BAYC 페이지를 모두 삭제한 상태이다.

NFT의 발행 방법

Q31 스마트 계약이란 무엇일까?

NFT는 스마트 계약(Smart Contract)을 기초로 하여 발행되는 것이므로 NFT 발행과정을 이해하기 위해서는 스마트 계약에 대한 기본적인 이해가 필요하다.

스마트 계약의 정의 및 역사는?

'스마트 계약'을 최초로 정의한 사람은 미국의 프로그래머 닉 사보이다. 그는 1994년경 "스마트 계약이란 계약 조건을 실행하는 컴퓨터된 거래 프로토콜이다(A smart contract is a computerized transaction protocol that executes the terms of a contract)"라고 정의한 데 이어, 1997년 9월 1일 발표한 논문 "Formalizing and Securing Relationships on Public Networks"에서 스마트 계약의 개념을 자세히 소개하였다.

위 정의를 조금 더 구체화하면, '스마트 계약'이란 '당사자 사이의 합의가 프로그램 코드로 표현된 것으로, 계약의 집행을 위해 변호사나 공증인과 같은 제3자가 개입할 필요 없이, 프로그램이 사전에 입력된 계약 조건이 성취되었다는 점을 자동으로 검증하고, 프로그램이 스스로 집행하는 거래 방식 또는 그 프로그램'을 의미한다.

즉, 스마트 계약은 에스크로(escrow) 계약에서 제3자(중개인)가 맡는 역할을 프로그램이 대신해 줌으로써 서로 모르는 당사자끼리도 안심하고 계약을 체결하고 이행할 수 있도록 하여 거래비용을 절감할 수 있는 기술이다. 현실에서 자판기를 통해 물건을 판매하면 점원을 고용하는 비용이 줄어드는 것과 동일한 원리이다.

사실 전자상거래에서 사용할 수 있는 인터넷 프로토콜(protocol, '통신규약'을 의미한다)을 통해 '자동화된 계약'을 체결하자는 아이디어는 인터넷 전자상거래가 활성화된 1990년대부터 이미 존재하였다. 그러나 당시에는 해킹 위험을 방지할 수 있는 암호화 기술이 부족하여 전자상거래를 신뢰하기 어려운 면이 있었다. 현재의 스마트 계약은 탈중앙화 방식으로 거래 기록을 저장하여 거래 기록의 무결성(data integrity)을 획기적으로 담보할 수 있는 블록체인 네트워크를 통해 이러한 신뢰성의 문제를 해결할 수 있었다.

이처럼 스마트 계약은 이전부터 존재해 온 아이디어이고 그 개념상 블록체인이 필수적 요소라고 보기는 어려우나, 현시점에서 스마트 계약은 블록체인 위에서만 구동할 수 있으므로 이하에서는 '블록체인에서 작동하는 스마트 계약'을 전제하고 논의를 진행하기로 한다.

스마트 계약의 특징은 무엇인가?

블록체인 네트워크는 개별 노드들이 거래정보를 기록하는 동시에 모든 거래 기록이 완전히 공개되므로, P2P(Peer to Peer, 인터넷에서 개인과 개인이 직접 연결되어 파일을 공유하는 것) 계약에서 제3자가 거래를 항상 감시하는 것과 같은 효과를 거둘 수 있다. 이를 분산원장기술(Distributed Ledger Technology, DLT)이라 한다.

미국 애리조나 주법은 블록체인의 위와 같은 특성을 반영하여 "스마트 계약은 탈중앙화된 분산원장 위에서 일정한 조건이 충족되면 구동되는 프로그램으로, 분산원장에 등록된 재화의 이동을 관리하고 공시하는 기능을 한다"고 정의한다(Arizona House Bill 2417 § 44-7061 E.2).

스마트 계약은 블록체인 네트워크에 저장된 프로그램으로, 이용자가 연산에 직접 참여할 수 있다. 즉, 스마트 계약은 누구에게나 투명하게 공개되고, 함부로 변경하거나 삭제하는 것이 어렵다는 특징을 가진다. 나아가 연산 결괏값이 여러 개인 경우, 최종적인 의사결정은 이용자의 다수결로 결정이 이루어진다. 즉, 연산이 중앙 서버에서만 이루어지고, 이용자들은 결괏값을 받아보기만 하던 과거의 클라이언트-서버 구조에서 탈피하여, 거래와 활동이 이용자 중심으로 이루어질 수 있는 것이다.

스마트 계약은 무엇을 이용하여 작성되는가?

현재 스마트 계약을 작성하고 사용하는 블록체인 플랫폼으로 가장 잘 알려져 있는 것은 비탈릭 부테린이 개발한 퍼블릭 블록체인 플랫폼 이더리움이다. NFT의 대부분은 이 이더리움의 스마트 계약을 이용해 발행되고 있다. 이디리움이 제공하는 ERC(Ethereum Request for Comments)-721 프로토콜은 NFT의 표준적인 프로토콜로 활용되고 있고, ERC-721에 더하여 이를 일반 코인과 같이 상호교환(이를 '스왑'이라 한다)할 수 있는 추가 기능을 제공하는 ERC-1155

프로토콜도 이용되고 있다(단, ERC-1155는 '대체 불가능'이라는 특성을 상실했다는 점에서 'FT(Fungible-Token)'라고 볼 수도 있다). NFT 스탠다드에 대한 자세한 설명은 이더리움 공식 페이지에서 살펴볼 수 있다(EIP-721: Non-Fungible Token Standard(ethereum.org)).

현재 스마트 계약을 개발할 수 있는 프로그래밍 언어는 솔리디티(Solidity), 서펀트(Serpent), 3rd, LLL 등으로 알려져 있다. 그중 솔리디티는 이더리움 플랫폼에서 사용할 수 있는 스마트 계약 프로그래밍 언어이며, 기존 프로그래밍 언어인 자바스크립트(JavaScript)와 유사하여 가장 널리 사용되는 언어이다. 솔리디티를 활용하여 개발한 이더리움은 다양한 상태값을 저장하고, 반복문을 허용하며, 컴파일된 코드를 거래에 포함하는 기능을 가지고 있다. 반복문을 허용하는 프로그래밍 언어를 이른바 '튜링 완전언어'라 하는데, 이론상 모든 문제 해결 방법을 프로그램으로 구현할 수 있다는 장점이 있다. 반복문을 허용하는 언어의 단점은 공격자(해커)가 악의적으로 무한루프를 발생시킬 수 있어 보안이 취약해진다는 것인데, 이더리움은 '가스(Gas)'라는 수수료를 도입해서 무한루프가 실행되지 않도록 하는 방법으로 위 문제를 해결했다.

••• 'Gas' 계약 실행을 통한 무한루프 문제 해결 예시

```solidity
// SPDX-License-Identifier: MIT
pragma solidity ^0.0.0; //컴파일버전

contract Gas {
    uint public i = 0;

    // Using up all of the gas that you send causes your transaction to fail.
    // State changes are undone.
    // Gas spent are not refunded.
    function forever() public {
        // Here we run a loop until all of the gas are spent
        // and the transaction fails
        while (true) {
            i += 1;
        }
    }
}
```

Q32 스마트 계약도 계약으로 인정될까?

스마트 계약의 법적 성질이 무엇인가?

스마트 계약의 법적 성질에 관하여 많은 학자와 실무가들이 견해[6]를 제시해 왔으나 아직까지 그 성질을 일률적으로 정의하기는 어려울 것으로 보인다. 아래에서는 스마트 계약에는 어떤 법리가 적용될 수 있는지를 간단히 살펴보기로 한다.

스마트 계약은 원칙적으로 거래계에서 필요로 하는 모든 종류의 계약을 표현할 수 있다. '계약'이란 복수 당사자의 서로 반대되는 의사표시의 합치에 의해 성립하는 법률행위로, 법률에 의해 계약의 성립 방식이 정해져 있는 일부 계약의 형태를 제외하고는 '계약 자유의 원칙'에 따라 어떠한 형식을 요하지 않는 경우가 많다. 스마트 계약은 당사자 간의 계약을 프로그래밍 언어로 작성하였을 뿐 그 본질이 '계약'이라는 점은 변함이 없으므로, 계약법의 법리가 그대로 적용될 수 있을 것으로 보인다. 다만, 아직까지 모든 계약 내용을 코드로 구현한 사례는 거의 없으며, 자연어로 작성된 법률문서가 별도로 존재하되, 그 일부를 스마트 계약으로 코딩하여 계약 실행만 담당하게 하는 경우가 대부분이다.

6.
고형석, "스마트 계약에 관한 연구", 민사법의 이론과 실무 제22권 제1호, 2018
김제완, "블록체인 기술의 계약법 적용상의 쟁점 – '스마트 계약(Smart Contract)'을 중심으로"
 – 법조, 제727호, 2018
김진우, "스마트 계약과 약관통제에 관한 시론(試論)적 고찰", 비교사법 제27권 제1호, 2020
김현수, "블록체인 기반 스마트 컨트랙트와 계약법적 쟁점에 관한 소고", 법학논총, 2020
윤태영, "블록체인 기술을 이용한 스마트 계약(Smart Contract)", 재산법연구 제36권 제2호, 2019
정진명, "블록체인 기반 스마트 계약의 법률문제", 비교사법 제25권 제3호, 2018

반면 스마트 계약이 일반적인 계약과 다른 점은 조건을 만족하면 계약이 자동 집행되므로, 계약상 의무 이행이 당사자의 의지에 달려 있지 않다는 것이다. 즉, 이행의 문제를 남기지 않으므로 스마트 계약에서는 계약 불이행이라는 것을 상정하기 어렵고, 분쟁 발생을 전제로 한 재판이나 강제집행 등의 절차를 거칠 필요가 없게 될 것이다.

이에 관하여, NFT를 발행하는 주체가 마련한 스마트 계약을 '약관'으로 볼 수 있는지 여부가 문제 된다. 약관으로 인정되는 경우, 「약관의 규제에 관한 법률」(이하 '약관법'이라 한다)이 적용되고, 불공정한 내용의 약관을 규제하여 소비자를 보호하려는 법의 취지에 따라 불공정 약관의 무효를 주장할 수 있게 된다.

'약관'이란 그 명칭이나 형태 또는 범위에 상관없이 계약의 한쪽 당사자가 여러 명의 상대방과 계약을 체결하기 위하여 일정한 형식으로 미리 마련한 계약의 내용을 말한다(약관법 제2조 제1호). 대법원은 "계약의 일방 당사자가 다수의 상대방과 계약을 체결하기 위해서 일정한 형식에 의하여 미리 계약서를 마련하여 두었다가 어느 한 상대방에게 이를 제시하여 계약을 체결하는 경우에도 그 상대방과 사이에 특정 조항에 관하여 개별적인 교섭(또는 흥정)을 거침으로써 상대방이 자신의 이익을 조정할 기회를 가졌다면, 그 특정 조항은 약관의 규제에 관한 법률의 규율대상이 아닌 개별약정이 된다"고 판시하였다. 나아가 "이때 개별적인 교섭이 있었다고 하기 위해서는 비록 그 교섭의 결과가 반드시 특정 조항의 내용을 변경하는 형태로 나타나야 하는 것은 아니라 하더라도, 적어도 계약의 상대방이 그 특정 조항을 미리 마련한 당사자와 사이에 거의 대등한 지위에서 당해 특정 조항에 대하여 충분한 검토와 고려를 한 뒤 영향력을 행사함으로써 그 내용을 변경할 가능성은 있어야 한다"고도 보았다(이상 대법원 2013. 7. 25. 선고 2013다27015 판결).

만약 어떤 스마트 계약이 조건과 반대급부를 모두 설정하고 있다면, 거래 상대방은 이를 그대로 따르거나, 계약을 실행하지 않는 방법밖에 없게 된다. 다시 말해, 상대방이 교섭(또는 흥정)을 할 기회를 부여받지 못하고 내용을 변경하기도 어려우므로 스마트 계약을 '약관'이라고 볼 여지가 상당할 것이다.

요약하면 스마트 계약의 법적 성질은 스마트 계약이 표방하는 실제 계약 내용에 따라 달라질 수 있으므로 일률적으로 정의 내리기 어렵다. 다만, 스마트 계약을 이용하는 경우 스마트 계약 설정 당시의 계약 조건과 다른 조건으로 개별 협상할 기회가 없다면, 해당 스마트 계약이 약관에 해당할 가능성도 상당할 것으로 판단된다.

스마트 계약에 따른 합의의 내용이 불공정할 경우 약관법에 따라 무효로 될 가능성이 있는데(자세한 무효 사유는 Q50 참조), 이때 이미 상호 이행된 급부는 위법한 것으로 되어 부당이득반환(민법 제741조)의 대상이 될 수 있다. 기술적으로 '원상회복' 상태를 구현하는 방법에 대해서는 아래에서 보다 자세히 살펴보기로 한다.

스마트 계약은 변경 가능한가?

스마트 계약은 '디앱(또는 댑, Decentralized Application, DAPP)'을 통해 구체화되고 실현된다. 스마트 계약은 블록체인상에서 작동하는 핵심 프로그램 부분을 의미하며, 디앱은 스마트 계약을 포함하여 이용자들이 실제로 사용할 수 있는 탈중앙화 앱을 뜻한다. 즉, 스마트 계약은 디앱에 포함되는 구성요소이고, 디앱은 우리가 흔히 사용하는 스마트폰 애플리케이션과 같은 형태의 웹사이트 또는 프로그램이다.

앞서 살펴본 것처럼 스마트 계약은 분산원장기술을 활용한 검증을 거쳐 계약을 집행하는 프로그램에 불과하고, 실제로 이용자들이 접하게 되는 것은 사용자 환경을 포함한 디앱이 된다. 디앱이 수시로 업데이트 가능한 프로그램인 것과 달리, 스마트 계약은 일단 한번 조건을 설정하여 블록체인에 등록하고 나면 변경하는 것이 매우 어렵다. 이를 위해서는 스마트 계약에 참여하는 이용자 다수의 동의가 필요할 뿐 아니라, 재등록 수수료로 소정의 가스비를 지급하여야 하기 때문이다. 이를 스마트 계약의 '불변성'이라고 한다.

다만, 기술적으로 '불변성'의 한계는 일정 부분 극복 가능하다. 첫 번째로, 블록체인을 하드포크(Hard Fork)하여 거래를 무효화하는 방법이다. 다만, 이는 블록체인 이용자 과반수의 동의가 필요하므로 특정 거래를 변경하기 위한 방법으로는 현실성이 없다. 두 번째로, 계약을 중단하는 함수를 미리 삽입해 두는 것이다. 예를 들어, 이더리움의 'Selfdestruction 함수'를 사용하면 블록체인 네트워크상에서 해당 스마트 계약을 삭제할 수 있다. 그리고 스마트 계약이 다른 계약이나 라이브러리(프로그램에서 자주 사용하는 공통 구성요소를 모아두거나, 불특정 다수의 프로그래머가 사용할 수 있도록 공개한 것)를 참조하도록 하고, 변경이 쉬운 별개의 계약을 체결하거나 해당 라이브러리를 변경하는 방법으로 스마트 계약의 기능 일부를 수정할 수 있다. 마지막으로, 동일한 조건의 스마트 계약을 작성하여 반대 방향으로 실행하여 마치 법률상 상계 처리하는 것과 같은 효과를 내는 방법이 있다.

다만 매 거래 시마다 스마트 계약의 개별 조건을 협상하여 변경하는 것은 매우 불편하고, 비용 측면에서 권장되지도 않는다. 무엇보다 불변성을 희생하는 경우 스마트 계약을 도입하여 달성하고자 한 '계약 이행에 대한 안전성'이 상당 부분 훼손될 것이다. 따라서 스마트 계약 초기의 조건을 정확하게 설정하는 것이 무엇보다 중요하다.

스마트 계약은 어떻게 실행되는가?

스마트 계약은 프로그래머의 의도에 따라 계약 조건을 충족하면 곧바로 계약 내용이 자동으로 실행되며, 계약 체결을 위한 서명 등 요식행위나 이행과정을 필요로 하지 아니한다. 구체적으로 스마트 계약의 실행과정을 보면, 프로그래머는 계약 조건을 포함한 코드를 작성하여 이를 공개하고, 상대방은 해당 조건을 성취하며, 프로그램은 자동으로 토큰을 이전시키는 단계를 거친다. 이때 프로그래머가 코드를 공개하는 행위는 계약법에서 말하는 청약과 유사하며, 상대방이 조건을 성취하는 행위는 계약 승낙의 의사표시와 동시에 계약을 이행한 것으로 볼 수 있다. 즉, 스마트 계약은 당사자 사이에 채권적 권리의무관계를 설정하는 의무부담행위와 함께 권리를 이전하는 처분행위가 동시에 이루어진다.

한편, 스마트 계약은 계약이 자동적으로 이행된다는 점에 본질이 있으므로, 그러한 자동이행이 이루어지기 위해서는 그 전제로서 계약의 당사자는 디지털자산과 그 대가인 가상자산 등을 거래에 제공할 권한을 보유하고 있어야 함은 물론이다.

스마트 계약은 안전한가?

스마트 계약은 특정한 조건을 만족하면 곧바로 계약이 이행된다. 그런데 이러한 '자동이행'의 성질로 인해, 코드 자체의 취약점이 노출되는 경우 이를 악용하여 자동이행을 통해 가상자산을 이전해 가버리는 방식의 해킹이 이루어질 가능성이 있다. 따라서 스마트 계약을 이용하는 경우 개발자의 역량에 따라 보안 수준이 전혀 달라질 수 있으며, 보안 수준이 낮은 경우에는 언제든지 해킹에 노출될 수 있다는 점을 인지하여야 한다.

특히 스마트 계약에서는 프로그래머가 조건을 설정하여 블록체인에 탑재하면, 거래 상대방이 조건을 변경하여 다시 청약하는 것은 불가능하다. 구체적으로, NFT 매매계약에서는 매수자가 '재판매 조건' 등 이미 거래 조건으로 제시된 내용을 변경할 것을 요청할 수는 없고, NFT 발행자 또는 판매자가 다시 거래 조건을 등록하여야 한다.

한편, 스마트 계약의 실행을 위한 디앱 프로그램에 해킹 프로그램을 숨겨 개인 지갑 키를 탈취하는 '스미싱(smishing)'은 얼마든지 발생 가능하다. 앞서 살펴본 바와 같이 스마트 계약을 직접 조작하는 것은 쉽지 않으므로, 블록체인과 이용자의 연결 고리인 디앱을 해킹하는 사례가 다수 존재하였던 것이다.

NFT 구매자 및 스마트 계약 이용자의 입장에서는 해킹 사고 발생 시 책임을 물을 수 있는 믿을 만한 NFT 마켓플레이스를 이용하는 것이 보다 안전할 것이다. 만약 디앱을 활용하는 경우에도 개인 지갑 키 보관에 각별히 유의하여야 할 것이다.

Q33. NFT 거래에서 스마트 계약은 어떻게 사용될까?

앞서 살펴본 것처럼, NFT는 크게 ① 원본을 저장하는 미디어 데이터, ② 원본 데이터에 대한 설명을 담은 메타데이터, ③ 그리고 스마트 계약으로 구분된다. 일반적으로, NFT에 포함된 스마트 계약에는 NFT의 현재 보유자, 거래내역, 거래 조건, 가격 정보가 표시되어 있다.

즉, 통상 스마트 계약은 NFT가 블록체인 네트워크상에서 현재 보유자로부터 매수자에게 이전되는 부분에만 관여하게 된다. 즉, 원본 데이터의 링크를 전달하거나 이전하는 것, 원본 디지털 자산의 사용 범위를 지정하는 것 등 권리의무에 관한 내용은 실질적으로 블록체인 밖에서 별도의 'NFT 매매계약'에서 정할 수밖에 없다. NFT 매매계약을 그대로 스마트 계약으로 표현할 수는 있겠지만, 이는 엄밀히 말하면 이미 성립된 계약을 프로그래밍한 것에 불과하지 새로운 계약을 체결한 것으로 보기는 어려울 것이다.

NFT 매매계약에 어떤 내용이 포함되어야 하는가?

일반적인 NFT 매매계약을 체결하는 경우에는 기본적으로 다음과 같은 사항을 NFT 매매계약에 포함시켜야 할 것이다.

••• NFT 매매계약에 포함시킬 내용

1. 원저작(권)자 표시
2. 공동저작권자 표시
3. 저작물의 공표 시기 표시
4. 진술과 보장(권리보증)
5. 권리소진 여부 표시
6. 이용 가능한 범위 적시(전시, 공연 등)
7. 원본 폐기 여부 및 원본 멸실 시 담보책임 여부 적시
8. 로열티 또는 추급권 부여
9. 2차적저작물작성권 부여
10. NFT 매매에 따른 원본의 소유권 변동 여부
11. 원본 소유권 변동 시 계약 승계 및 통지의무 부여
12. 오프체인 링크 변경 시 변경된 링크에도 권리 범위가 확장되는지 여부 표시
13. 비밀유지 조항(스마트 계약에 공개되지 않는 범위에서)
14. 구매 취소 시 NFT 발행수수료의 부담 주체

NFT 유형별 활용

Q34 실물 작품과 NFT는 한 세트일까?

　실물을 바탕으로 NFT를 제작하여 판매하는 경우, NFT 매수자가 실물에 대한 권리까지 곧바로 취득한다고 보기는 어렵다. 특히 NFT 매매 단계에서 명시적으로 NFT의 원본인 실물 역시 거래의 대상으로 삼는다는 별도 내용이 없다면, 매수자는 NFT 구매를 통해 단지 NFT의 보유에 대한 권리만을 취득할 수 있다. 이러한 경우 NFT의 원본인 실물에 대한 권리는 작품을 창작한 작가 내지 작가로부터 실물 작품을 구매하여 소유하고 있는 사람에게 각각 저작권과 소유권으로 존재한다. 만약 작가가 NFT의 원본인 실물을 창작하였고, 이를 소유까지 하고 있는 상황이라면, 작가는 실물 작품을 따로 판매하는 등 자유롭게 자신의 권리를 행사할 수 있을 것이다.

　한편, 작가 가운데 NFT로 제작한 자신의 원본 작품을 판매하거나 하는 것이 아니라, 직접 불태우는 등의 방법으로 폐기하는 사례들이 있다. 국내에서는 '진달래 작가'로 유명한 김정수 작가가 9,000만 원 상당의 작품을 300개의 한정판 NFT로 제작하면서 원본을 직접 불태웠고, 작품을 소각하는 장면을 촬영한 영상 또한 NFT로 제작할 예정임을 밝혔다. 해외에서는 '아이 페인팅(Eye Painting)' 기법으로 잘 알려진 레안드로 그라나토(Leandro Granato) 역시 자신의 작품을 NFT로 제작하면서 원본들을 직접 폐기한 바 있다.

작가들이 이처럼 자신의 작품을 NFT로 제작하면서 원본을 폐기하는 것은 NFT의 가치를 높이기 위한 수단이며, NFT를 제작하는 시점에서 이루어지기 때문에 NFT를 구매하는 사람들 역시 이러한 사정을 인지할 수 있다.

하지만 작품을 NFT로 제작하여 판매한 뒤, 실물 작품의 작가가 작품을 제3자에게 처분하거나, 위의 사례들처럼 소각하는 등 폐기하는 경우에는 어떨까. 실물 작품의 저작권자이자 소유권자인 작가가 실물 작품을 폐기하는 것은 소유권이 보장하고 있는 처분 권한에 따른 행사라고 볼 수 있다. 그리고 NFT 제작 및 유통과 관련하여 실물 작품의 처분에 대하여 어떠한 제약이 없다면, 작가는 소유권자로서 자유롭게 자신의 작품을 처분할 수 있다. 다만, 실물 작품의 소유자와 저작권자가 다른 경우에 소유자가 작품을 폐기한다면 저작권자의 동일성유지권을 침해하는 문제가 발생할 수 있다.

저작권법은 제13조를 통해 "저작자는 그의 저작물의 내용, 형식 및 제호의 동일성을 유지할 권리를 가진다"고 하여 저작인격권 중 하나로 동일성유지권을 규정하고 있다. 따라서 저작물의 소유자가 자신이 소유하고 있는 작품을 폐기하는 경우에도 동일성유지권 침해가 되는지가 문제 된다. 이와 관련하여 도라산역에 설치되어 있던 벽화를 작가의 동의 없이 철거한 사건에서 대법원은 동일성유지권 침해는 쟁점이 되지 않아 판단하지 않았지만, "저작권법은 공표권, 성명표시권, 동일성유지권 등의 저작인격권을 특별히 규정하고 있으나, 작가가 자신의 저작물에 대해서 가지는 인격적 이익에 대한 권리가 위와 같은 저작권법 규정에 해당하는 경우로만 한정된다고 할 수는 없으므로 저작물의 단순한 변경을 넘어서 폐기 행위로 인하여 저작자의 인격적 법익 침해가 발생한 경우에는 위와 같은 동일성유지권 침해의 성립 여부와는 별개로 저작자의 일반적 인격권을 침해한 위법한 행위가 될 수 있다"고 하여 민법상 불법행위로 인한 손해배상책임을 인정하였다(대법원 2015. 8. 27. 선고 2012다204587 판결).

한편, 위 사건 이후로 소유권과 동일성유지권의 충돌 문제는 지속적으로 논의되고 있으나, 직접적으로 이를 다룬 사례는 아직 없으며, 입법적으로도 해결되지 않았다. 그러나 적어도 대법원이 일반적 인격권의 침해를 인정한 이상, 작품의 소유자가 작품을 NFT로 제작한 뒤 저작권자인 작가의 허락 없이 소각하는 등으로 훼손하는 경우에는 손해배상책임이 인정될 가능성이 높을 것이므로, 설령 작품의 소유자라도 이러한 행위에 대해서는 작가로부터 먼저 허락을 받아야 한다.

이러한 경우 외에도 NFT 제작 후 실물 작품과 NFT를 함께 매도하고자 하는 경우에는 NFT에 대한 거래 외에도 외부적으로 실물 작품 양도를 위한 계약을 체결하는 등의 방법을 통해 NFT 거래 시 마다 실물 작품을 양도할 수 있을 것이다. 하지만 만약 거래 내용이 불분명하여 NFT를 구매할 때 실물 작품 또한 양도되는 것인지 명확하게 알 수 없다면 판매자의 의도, 거래 체결 경위, NFT 판매 당시의 계약 조건과 판매 가격, 거래 관행 등을 종합적으로 고려하여 판단할 수밖에 없을 것이다.

한편, NFT 마켓플레이스의 일종인 메타지(Meta-Z)나 클럽레어(Clubrare)의 경우에는 명품 가방이나 시계, 한정판 운동화 등 실물자산을 바탕으로 하여

NFT를 제작, 판매한 뒤 해당 NFT를 구매한 사람이 실물자산에 대한 권리를 주장(redeem)하여 실물자산에 대해서도 양도를 받을 수 있는 서비스를 표방하여 운영하고 있다. 이러한 서비스들은 명시적으로 NFT와 실물자산의 양도가 함께 할 수 있음을 안내하고 있어 NFT와 실물자산이 함께 양도되는지 여부에 대한 논란은 없는 것이다.

  이처럼 실물자산을 바탕으로 NFT를 제작하여 판매하고, NFT 구매자가 실물자산에 대해서도 양도를 주장할 수 있는 권리가 인정되는 경우에는 실물 자산의 보관 등에 따른 비용이나 책임 문제도 더불어 발생할 여지가 있다. 특히 미술품과 같이 전문적인 관리가 필요한 경우에는 NFT를 제3자에게 판매하여 실물자산을 양도할 때까지 해당 작품을 스스로의 비용과 책임 하에 보관하고 관리해야 할 것이므로, 향후 실물자산이 연계된 NFT의 판매에 대해서는 양도인의 양도 완료 전까지 실물자산에 대한 관리 책임, 그리고 실물자산의 보관 비용을 NFT 판매 비용에 포함시킬지 여부 등에 대한 논의가 필요할 것으로 예상된다.

Q35 NFT로 결제를 할 수 있을까?

은행, 증권사 등 금융업계의 업무는 전통적으로 자산을 보관하는 '수탁', 보관한 자산을 대출하는 '운용', 결제 및 지급 서비스를 제공하는 '거래', 기존 자산을 유동화하여 새로운 금융상품을 구성하여 '발행'하는 것으로 구분되어 왔다. 금융회사들은 위와 같은 기존 업무 영역에 NFT 기술을 적용하여 새로운 금융시장을 개척하기 위해 노력하고 있다.

최근 국내 카드사들이 NFT를 활용하거나, 한정판 NFT를 제공하는 등의 새로운 서비스를 시도하고 있는 것도 같은 맥락이다. 신한카드는 2022년 1월경 국내 카드사 최초로 카카오의 블록체인 네트워크 '클레이튼(Klaytn)'을 기반으로 자신의 물건이나 파일을 NFT로 등록할 수 있는 'MY NFT' 서비스를 내놓았다. 또한, 국민카드는 치킨업체인 BHC와 협력하여 '쿠폰NFT'를 발행하였는데, 국민카드 애플리케이션을 활용하면 치킨 할인 쿠폰을 NFT로 제공하고, 한정판 캐릭터인 '뿌찌'를 NFT로 소장할 수 있도록 하였으며, 더 나아가 NFT 마켓플레이스를 통해 할인 쿠폰을 거래할 수도 있도록 하였다. 한편 현대카드는 '현대카드 Curated 72 이랑'이라는 공연 티켓과 '언더스테이지' 공연 티켓을 NFT로 판매한다. 암호화폐 거래소 업비트의 운영사인 주식회사 두나무는 BC카드의 자회사인 케이뱅크와 협약을 맺고 '두나무 비씨카드'를 출시하였는데, 두나무 비씨카드로 오프라인 상품을 구매하면, 해당 상품을 나타내는 NFT 형태의 아이템이 두나무 메타버스 플랫폼에서 발행되는 신개념 서비스이다.

해외에서는 NFT 커스터디 서비스, NFT 투자상품 개발, NFT 담보대출 등 다양한 NFT 관련 금융 서비스가 출시되고 있다. US뱅크와 BNY Mellon은 디지털 자산 커스터디 서비스에 NFT를 포함하였고, Visa는 자사 카드를 통해 NFT 구입을 지원할 계획이다. 또한 골드만삭스는 NFT 기업에 대한 상장지수펀드를 개발 중이고, NFTfi는 NFT 담보대출 및 가치평가를 지원하기로 하였다(자본시장연구원, "대체 불가능 토큰(NFT) 시장 동향과 규제 논의", 2021-23호).

이처럼 금융업계에서는 NFT를 단순히 일시적인 트렌드로 여기는 것이 아니라 장기적으로 새로운 시장을 개척하고자 하는 시각으로 접근하고 있으므로, 당분간 NFT 붐은 계속될 것으로 예상된다. 장기적으로는 NFT가 결제수단으로서, 스테이블 코인 및 디지털 화폐 등과 마찬가지로 기존 결제수단과 공존하게 될 것이라는 전망이 지배적이다.

하지만 이러한 결제수단NFT가 어떤 서비스를 결제하여 '이용'할 수 있는 권리를 의미하는지, 혹은 결제 시 부가 마일리지를 적립할 수 있도록 하는 '혜택(리워드)'의 일종에 해당하는지 등 아직 그 개념이 구체적으로 정립되지는 않았다. 다만 앞서 살펴본 금융회사의 사례뿐 아니라, 장차 회원권, 영화 티켓, 공연 입장권, 식사권, 경품 추천권, 병원 진료권, 전문가 상담 이용권 등 여러 실생활 영역에서 결제수단NFT가 폭넓게 활용될 가능성이 있다. 이하에서는 이를 모두 포함하여, '결제수단NFT'란 "제3자로부터 서비스 또는 혜택을 제공받을 권리를 표방하며, 이를 제공받기 위한 직접 지불수단 또는 교환수단으로 사용되는 NFT"라고 정의하기로 한다.

결제수단NFT를 거래에 활용하는 경우, 당사자 사이에 NFT 매매계약과는 별도의 서비스 이용계약이 체결된 것으로 볼 여지가 있다. 결제수단NFT는 그 자체로는 별다른 경제적 가치가 없지만, 결제수단NFT의 매수자는 해당 결제수단

NFT가 표방하는 이용권 또는 혜택 등의 가치를 감안하여 산정된 가격을 지불한다. 다시 말해, NFT 발행자가 '해당 NFT 보유자는 어떠한 서비스를 이용할 권리가 있다'는 취지를 포함하여 결제수단NFT를 발행하면, NFT 발행자는 매수인에게 NFT를 인도하여 줄 의무 외에도 그 NFT를 보유한 자에게 그러한 서비스를 제공해야 할 의무를 지게 된다. 이를 법률적인 용어로 바꾸어 말하면, 결제수단NFT의 경우 NFT가 이전되는 경우에도 '채권 계약에서의 이행의 문제'를 남긴다고 표현할 수 있다.

결국, 결제수단NFT 매매계약은 해당 NFT가 표방하고 있는 이용권 또는 혜택에 따른 서비스가 실제로 제공됨으로써 그 목적을 달성할 수 있게 된다. 이러한 점에서, 결제수단NFT는 NFT의 인도만으로 계약의 목적을 달성할 수 있게 되는 NFT 아트, 게임NFT 등 다른 NFT와는 구별된다.

결제수단NFT를 이용하는 경우 종전 결제수단과 비교할 때 어떤 장단점이 있을까? 예를 들어 '공연 입장권'을 NFT로 발행하는 경우를 떠올려보자. 공연 기획사들은 '위조 티켓'을 가려내기 위하여 공연장 입장 전 인력을 투입하여 본인확인 및 검표행위를 하고 있다. 그런데 만약 위조가 불가능한 NFT를 이용하면 검표를 위한 대기시간도 훨씬 줄어들고, 위조 티켓을 보다 쉽게 가려낼 수 있을 것이다. 실제로 부산국제영화제 티켓사업을 담당하는 CJ올리브네트웍스는 2021 부산국제영화제에 NFT를 활용한 발권 시스템을 도입하였고, 이를 이용하여 성공적으로 행사를 진행하였다.

블록체인 기술을 접목한 NFT 티켓 과정

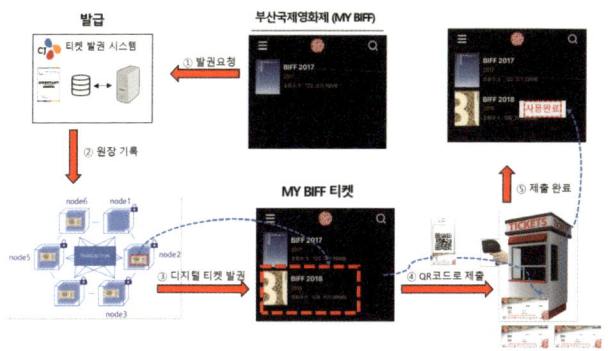

출처 : 채널 CJ 2021년 11월 25일 인터뷰 기사

또한 NFT 공연 티켓이 양도를 거듭하는 경우 원발행자에게 티켓 양도(resell, 리셀)에 대한 수익분배가 이루어질 수 있어 공연기획사 등에도 유리한 점이 있다는 견해가 있다. 나아가 공연 티켓 또는 영화 티켓에 포토카드 등을 삽입하여 발매하는 경우, 이를 소장하고자 하는 팬들의 욕구를 충족시킬 수 있고, 공연이 종료된 후에도 티켓 재판매가 이루어지는 등 새로운 시장이 열릴 가능성이 있다는 점에 주목해야 한다는 전망도 있다.

한편, NFT를 결제수단으로 사용하는 경우의 예상되는 단점은 다음과 같다.

결제수단NFT를 타인에게 양도하기 위해서는 블록체인 네트워크 이용 수수료를 지불해야 하므로, 일단 NFT를 발행하고 나면 제3자에게 재양도 시 수수료가 추가로 발생하게 된다.

또한 NFT 구매자가 결제수단NFT에 대한 접근권한이나 접근권한이 있는 매체(지갑 등) 자체를 제3자에게 양도하는 경우, NFT 발행자 입장에서는 해당 NFT 보유자가 직접 NFT를 구매한 사람인지 아니면 양수인인지 여부를 알 수 없게 되고, 실제로 얼마에 샀는지도 알 수 없게 된다. 결국 결제수단NFT를 사용하더라도 암표 매매를 원천적으로 방지하기는 어려울 것으로 예상된다.

일단 NFT를 발행하고 나면 이를 수정하는 것이 불가능하므로(Q32 참조), 해당 NFT가 표방하는 이용권 또는 혜택의 내용을 변경할 수 없게 되는 것 또한 단점이다. 이를 변경하기 위해서는 새로운 NFT를 발행해야 하는 번거로움이 있으며, 이때 추가적인 수수료도 발생하게 된다.

이상에서 살펴본 바와 같이, 결제수단NFT는 아직까지는 제한적, 실험적으로 이용되고 있다. 하지만 금융업계나 유통업계에서 가장 주목하고 있는 NFT의 활용 방법이 바로 '결제수단NFT'이며, 각 업계별 특색에 맞추어 다양한 서비스를 개발하고 있다. 앞으로 실생활에서 가장 자주 접하게 될 NFT가 결제수단NFT일 것으로 예상되는 만큼, 결제수단NFT의 특성을 이해하는 것이 중요할 것이다.

NFT 아트를 향유하는 방법이 무엇일까?

저작권법은 "미술저작물 등의 원본의 소유자나 그의 동의를 얻은 자는 그 저작물을 원본에 의하여 전시할 수 있다. 다만, 가로·공원·건축물의 외벽 그 밖에 공중에게 개방된 장소에 항시 전시하는 경우에는 그러하지 아니하다"고 규정하여(저작권법 제35조 제1항), 미술저작물의 저작권과 소유권이 각기 다른 사람에게 속할 경우, 저작권자가 아닌 원본 작품의 소유권자가 저작권의 하나인 전시권을 행사할 수 있도록 하여 상호 간 이익을 조정하고 있다.

앞서 서술한 대로 NFT 아트 구매자가 저작물의 소유권을 취득한 것으로 볼 것인지에 대하여는 명문 규정이나 판례 등이 존재하지 않는다.

만약 NFT 아트의 구매자가 저작물의 소유권을 취득하는 것은 아니라고 본다면, NFT 아트 구매자에 대하여 저작권법 제35조 제1항이 적용될 여지는 없다. 따라서 본인이 NFT 아트 구매자라 하더라도 전시권을 행사할 수 없는 것이다. 그리고 이러한 해석은 NFT의 소유권 취득 여부에 따른 것이 아닌, 저작권법에 의해서도 가능하다. 저작권법은 '전시'의 의미를 별도로 규정하고 있는 것은 아니나, 대법원은 "저작물이 화체되어 있는 유형물을 일반인들이 자유롭게 관람할 수 있도록 진열하거나 게시하는 것을 의미한다"고 하여, 미술저작물 등의 원본이나 그 복제물 등의 유형물을 아무런 매개체 없이 관객들이 관람할 수 있도록 진열하거나 게시하는 것에 한정한다고 보고 있다. 따라서 디지털 콘텐츠 형태로 제작된 NFT 아트 역시 일상 표현에 있어서는 '전시'라고 부를지언정 저작권법상으로는 '전시'가 아니라 '공연'의 대상에 해당하는 것으로 해석함이 타당할 것이다. 특히 저작권법은 '공연'을 저작물 등을 상연, 연주, 가창, 구연, 낭독, 상영, 재생 그 밖의 방법으로 공중에게 공개하는 것을 말한다고 규정하고 있으므로(저작권법 제2조 제3호), 이러한 규정에 따르더라도 NFT 아트를 전시하는 행위는 디지털 콘텐츠를 시각화하는 매개체를 통해 관객들의 관람을 가능케 한다는 점에서 저작권법상 '공연'에 가깝다고 볼 수 있다.

한편, NFT 아트는 오프라인뿐만 아니라 메타버스 등 가상공간까지 다양한 형태의 전시가 가능하다. 실제로 미국 시애틀에서는 2022년 1월경 NFT 아트 판매 등을 위한 오프라인 전시가 열린 바 있다. 이와 같이 NFT 아트를 이용한 전시가 이뤄지고 있고, 메타버스 전시 등 활용 가능성이 다양해지는 것과 달리 NFT 아트 소유권을 인정할 것인지에 대한 국내 법규나 명시적 유권해석이 존재하지 않는 것이 현실이다. 이러한 상황에서 NFT 아트의 판매자, 구매자 등 관련 당사자들은 매매계약상 소유권이 누구에게 있는지를 명확히 하여 해석상 분쟁이 발생할 위험을 최소화할 필요가 있을 것이다.

Q37. 증권형 NFT로 조각투자를 할 수 있을까?

누군가 미술품 기반의 NFT를 발행하고자 하는 경우, 해당 NFT는 단순히 그 미술품의 디지털 사본으로 수집 대상이 될 수도 있지만, NFT를 보유함으로써 미술품 투자에 따른 수익을 기대하는 경우도 있을 수 있다. 이와 같은 NFT가 자본시장법이 규정하고 있는 '증권'에 해당하여 자본시장법상 규제 대상이 되는 것이 아닌지 문제 된다.

자본시장법은 '증권'을 "내국인 또는 외국인이 발행한 금융투자상품으로서 투자자가 취득과 동시에 지급한 금전 등 외에 어떠한 명목으로든지 추가로 지급의무(투자자가 기초자산에 대한 매매를 성립시킬 수 있는 권리를 행사하게 됨으로써 부담하게 되는 지급의무를 제외한다)를 부담하지 아니하는 것"이라고 규정하고 있으며(자본시장법 제4조 제1항), 같은 조 제2항에서 증권의 종류를 채무증권, 지분증권, 수익증권, 투자계약증권, 파생결합증권, 증권예탁증권으로 구분하고 있다.

> ### ••• 자본시장과 금융투자업에 관한 법률
>
> **제4조(증권)**
> ① 이 법에서 "증권"이란 내국인 또는 외국인이 발행한 금융투자상품으로서 투자자가 취득과 동시에 지급한 금전 등 외에 어떠한 명목으로든지 추가로 지급의무(투자자가 기초자산에 대한 매매를 성립시킬 수 있는 권리를 행사하게 됨으로써 부담하게 되는 지급의무를 제외한다)를 부담하지 아니하는 것을 말한다. 다만, 다음 각 호의 어느 하나에 해당하는 증권은 제2편제5장, 제3편제1장(제8편부터 제10편까지의 규정 중 제2편제5장, 제3편제1장의 규정에 따른 의무 위반행위에 대한 부분을 포함한다) 및 제178조·제179조를 적용하는 경우에만 증권으로 본다.
> 1. 투자계약증권
> 2. 지분증권, 수익증권 또는 증권예탁증권 중 해당 증권의 유통 가능성, 이 법 또는 금융 관련 법령에서의 규제 여부 등을 종합적으로 고려하여 대통령령으로 정하는 증권
> ② 제1항의 증권은 다음 각 호와 같이 구분한다.
> 1. 채무증권
> 2. 지분증권
> 3. 수익증권
> 4. 투자계약증권
> 5. 파생결합증권
> 6. 증권예탁증권

NFT가 자본시장법상 '증권'에 해당할 경우에는 증권을 발행함에 있어 증권신고서와 투자설명서를 작성하여 금융위원회에 제출하고, 금융위원회의 신고 수리에 따라 해당 증권의 효력이 발생한 뒤에 비로소 그 거래가 가능하다. 또한 자본시장법에 따른 발행 공시 규제, 불공정거래행위 규제가 이루어진다. 구체적으로, 증권발행인에게 증권신고서 및 투자설명서 제출의무(제119조, 제123조)가 부과될 수 있고, 법인의 임직원 등은 미공개 중요 정보를 알게 되었을 때 해당 정보를 증권 매매 등에 이용하는 것이 금지되며(제174조), 위장거래 또는 허위표시에 의한 시세조종이 금지된다(제176조). 나아가 금융위원회는 증권신고서, 증권발행실적보고서 등이 제출되지 않거나 거짓 기재가 있는 경우 등에는

그 증권의 발행, 모집, 매출, 그 밖의 거래를 정지 또는 금지하는 등의 조치를 취할 수 있다(제132조).

이처럼 증권성 여부가 문제 되는 상당수의 NFT는 하나의 자산을 여러 개로 쪼개어 제작하는 경우들이 대부분이다. 이러한 형태의 사업 모델 내지 투자 방식은 이른바 '조각투자'로 불리는데, '조각투자'는 부동산이나 미술품과 같이 한 개인이 통째로 구매하기에는 비싼 자산을 여러 명이 나누어 투자하고, 투자자들은 자신의 지분에 따라 수익을 얻을 수 있다는 점에서 주목받기 시작했다.

예를 들어, 한정판 스니커즈 리셀 플랫폼 '리플(REPLE)'이 2022년 5월 한정판 스니커즈에 대한 조각 소유권을 거래할 수 있는 '플러스알파' 멤버십 서비스를 론칭하였다. 멤버십 상품을 구매한 고객은 NFT 인증서 형태로 한정판 스니커즈의 조각 소유권을 보유할 수 있고, 이를 거래할 수 있는 권리를 가지게 된다.

이와 관련하여 조각투자 개념을 자본시장법의 규율을 받는 제도권 안으로 편입한 첫 사례가 등장했다. 금융위원회 산하 증권선물위원회는 2022년 04월 20일 음악저작권 조각투자 플랫폼 주식회사 뮤직카우(이하 '뮤직카우')의 신종 투자자산인 '저작권료 참여청구권'의 증권성을 인정했다. 위 청구권을 자본시장법상 '투자계약증권'에 해당하는 것으로 본 것이다.

따라서 증권신고서 및 소액공모 공시서류를 제출하지 않고 증권을 모집·제출한 뮤직카우는 자본시장법상 공시 규제 위반에 따른 제재 대상이 될 수 있는 것이다. 다만 당국은 투자자 보호장치 마련을 조선으로 제재 절차를 6개월간 보류하기로 결정하여 뮤직카우는 영업정지라는 최악의 사태는 피하게 되었다. 이제 뮤직카우는 법령의 테두리 내에서 사업을 새롭게 시작해야 한다.

이에 더하여, 조각투자 중 현실 세계와 메타버스, 그리고 NFT에 이르기까지 가장 인기를 얻고 있는 것 중 하나는 부동산 분야이다. 블록체인 솔루션을 제공하는 앤드어스는 2021년 10월 블록체인 기반의 부동산 사업 진출을 위하여 '다비어스'를 설립했는데, 다비어스의 사업 모델은 주거형 부동산을 NFT로 발행하여 큰 목돈이 없더라도 부동산 투자가 가능한 생태계를 만드는 것에 그 목표가 있다. 구체적으로, 다비어스는 아파트 등 주거형 부동산의 지분을 쪼개 NFT로 발행한다는 계획이다. 위 사업 모델에 따르면 발행된 NFT의 지분을 가장 많이 보유한 자는 실제로 그 집에서 거주할 수 있는 권리를 가질 수 있다. 부동산 가격이 상승하면 자연스럽게 해당 부동산 NFT의 가격도 상승하고, NFT를 구매한 투자자들은 자신의 지분에 대한 양도차익을 통해 수익을 실현할 수 있다. 부동산 자체를 소유하기보다는 지분을 보유하여 부동산을 주식처럼 취급하게 되는 것이다. 이런 부동산 NFT 발행을 통해 부동산의 실소유자는 보다 저렴한 가격에 부동산을 구매할 수 있고, 그만큼 현금 유동성을 확보할 수 있다는 장점이 생긴다.

그리고 부동산 외에도 미술품이나 명품 역시 해당 작품 혹은 명품 브랜드의 제품을 NFT로 조각투자를 하여 현물의 판매에 따른 수익을 공유하는 서비스들이 등장하고 있다. 요컨대 이러한 서비스들은 단순히 NFT를 구매하고 보유함으로써 NFT의 효용가치가 끝나도록 하는 것이 아닌, 일종의 투자로서 NFT를 구매하고, 자신의 지분에 따라 수익을 얻을 수 있도록 한다는 점에서 앞서 살펴보았던 자본시장법상 '증권'에 해당하는지 여부가 문제 될 수 있는 것이다.

특히, 자본시장법은 증권의 종류를 6가지로 구분하고 있는데, 이 가운데 '투자계약증권'이 이러한 NFT의 유형과 가장 근접할 수 있다. 자본시장법 제4조 제6항은 "'투자계약증권'이란 특정 투자자가 그 투자자와 타인(다른 투자자를 포함한다) 간의 공동사업에 금전 등을 투자하고 주로 타인이 수행한 공동사업의 결과에 따라 손익을 귀속받는 계약상의 권리가 표시된 것을 말한다"고 규정하고 있다. 보다 구체적으로, 자본시장법상 투자계약증권은 공동사업에 금전 등을 투자할 것, 손익을 귀속받는 계약상의 권리가 있을 것을 그 본질적인 요소로 하고 있다.

또한 금융위원회와 금융감독원은 과거 유권해석을 통해 자본시장법상 투자계약증권으로 인정되기 위해서는 ① 투자자의 '이익 획득 목적'이 있을 것, ② 금전 등의 투자가 있을 것, ③ 주로 타인이 수행하는 공동사업에 투자할 것, ④ 원본까지만 손실 발생 가능성이 있을 것, ⑤ 지분증권, 채무증권, 집합투자증권 등 정형적인 증권에 해당되지 않는 비정형증권일 것이라는 요건들을 모두 충족해야 한다고 밝힌 바 있다.

앞서 언급한 바와 같이 최근 금융위원회가 음악저작권 조각투자 플랫폼 뮤직카우의 '저작권료 청구권'을 자본시장법상 '투자계약증권'으로 결론 내린 바 있다. 이에 따라 이와 유사한 NFT 또한 자본시장법상 '증권'으로 취급될지 여부에 관심이 모이고 있다. 아직 규제 당국의 명시적인 입장이 밝혀진 바는 없으나, 2022년 1월 25일 자본시장연구원이 진행한 〈2022년 자본시장 전망과 주요 이슈〉 토론회에서 금융위원회는 "전형적인 NFT는 투자자와 투자 대상이 1:1 관계라서 일반적인 증권이라고 볼 수 없으나, NFT를 분할해서 발행하거나 복수 발행하는 사례가 증가하고 있는 만큼 NFT의 특수성이 투자 결정에 중요하지 않다면 증권으로 볼 수 있다"고 밝힌 바 있다. 또한 금융위원회는 "투자계약증권이라면 공동사업에 투자하고 주로 타인이 수행한 사업 결과에 따라 손익을 귀속받는 계약상 권리가 표시된 것이라 증권에 해당하며, 이 경우 발행, 공시 규제와 불공정거래 규제를 받게 된다"고 하였다.

> ### ••• 하위 테스트(Howey Test)는 무엇인가?
>
> '하위 테스트(Howey Test)'란 미국 연방대법원의 판례에 의하여 도출된 증권성 판별 기준으로서{Securities and Exchange Commission v. W. J. Howey Co., 328 U.S. 293(1946)}, 미국 증권거래위원회는 특정 암호화폐가 Howey Test의 모든 판별 기준을 충족하는 경우 증권법(Securities Act)의 적용 대상이 되는 '증권'으로 판단한다.
> 미국 연방대법원이 제시한 Howey Test의 판별 기준은 다음과 같다.
>
> ① Investment of Money(금전의 투자)
> ② Reasonable expectation of profits from the investment(투자로부터 합리적 이익 기대)
> ③ Investment of money in a common enterprise(공동의 사업에 대한 투자)
> ④ Profits to be derived from the efforts of others(제3자의 경영상 노력으로 인한 수익 발생)

나아가 금융위원회는 최근 증권성을 판단하는 기준을 〈조각투자 등 신종증권 사업 관련 가이드라인〉을 발표하였다. 위 가이드라인은 크게 조각투자 상품의 증권성 판단 기준과 증권에 해당하는 조각투자 상품과 관련한 조각투자 사업가의 고려사항으로 구성되어 있다.

> ### 금융위원회의 「조각투자 등 신종증권 사업 관련 가이드라인」은 무엇인가?
>
> 금융위원회는 조각투자 상품의 증권성에 대해, 계약 내용 및 이용약관 등 투자·거래 관련 제반 사항을 종합적으로 감안하여 사안별로 판단한다.
> 가이드라인에 따르면, 투자계약증권 인정 가능성이 높은 경우는 다음과 같다.
> 투자자가 얻게 되는 수입에 사업자의 전문성이나 사업활동이 중요한 역할을 하는 경우로서,
>
> 1) 사업자 없이는 조각투자 수익배분 또는 손실 회피가 어려운 경우
> 2) 사업자가 운영하는 유통시장의 성패가 수익에 큰 영향을 미치는 경우
> 3) 투자자 모집 시 사업자의 노력·능력을 통해 사업과 연계된 조각투자 상품의 가격상승이 가능함을 합리적으로 기대하게 하는 경우
>
> 반면, 금융위원회는 위의 경우에 해당하지 않으면서 소유권 등을 직접 분할하거나 개별적으로 사용·수익·처분이 가능한 경우에는 증권에 해당할 가능성이 상대적으로 낮다는 기준을 제시하였다.
> 자세한 내용은 금융위원회 홈페이지(fsc.go.kr/no010101/77728)에서 확인할 수 있다.

한편, 증권형 NFT가 자본시장법의 적용 대상이 될 경우, 이러한 NFT를 발행하는 주체는 앞서 살펴본 바와 같이 투자자 보호를 위한 조치(증권신고서 등의 작성 및 제출)들을 이행하여야 한다.

NFT 보유자들의 경우 비록 자신들이 투자 대상이 된 자산에 대한 지분을 NFT 형태로 보유하고 있는 것이나, 자산에 대한 소유권 혹은 그 소유권의 지분을 보유한 것은 아닐 확률이 높다. 대부분의 경우 실물자산은 원소유자 등이 보유하면서, NFT 보유자들은 실물자산의 활용에 따른 수익을 분배받을 수 있는 권리만을 NFT와 함께 보유하고 있기 때문이다. 그러므로 이와 같은 경우에는 각자 고유한 지분 비율이 메타데이터에 표시되어 있으며, 해당 NFT의 지분만큼 투자 수익을 청구할 수 있는 권리(채권)를 보유함에 그치므로 일반적인 민법상 공유관계의 법리가 적용될 가능성은 높지 않을 것으로 보인다. 대신 NFT의 보

유 그리고 재판매와 별개로 자신의 투자 수익을 어떻게 실현할 수 있는지, 즉 누구에게 어떤 방식으로 투자 수익을 청구하여 지급받을 수 있으며, 이러한 내용이 NFT를 구매하는 시점에 명시적으로 마련되어 있는지 등을 유념하여 살펴볼 필요가 있을 것이다.

••• 조각투자 플랫폼의 법적 성질

현재 블록체인 기술을 활용한 '분할소유권 판매' 플랫폼 사업자들은 대부분 통신판매중개업자로 등록되어 있다. 회사의 홈페이지 내지 약관 등을 살펴보면 "주식회사 ○○는 통신판매중개자로서 서비스 내 마켓플레이스의 거래 당사자가 아니며 사용자가 등록한 상품정보 및 거래에 대해 주식회사 ○○는 일체 책임을 지지 않습니다"라고 기재되어 있다. 플랫폼들이 통신판매중개업자임을 표방하는 것은, 규제가 적은 「전자상거래 등에서의 소비자보호에 관한 법률」(이하 '전자상거래법'이라 한다)의 적용을 받고자 하는 취지이다.

한편, 증권성검토위원회가 조각투자 플랫폼들을 집합투자기구(자본시장법 제229조)에 해당하는 것으로 판단할 여지도 있다. 자본시장법상 '집합투자'란 "2인 이상의 투자자로부터 모은 금전 등을 투자자로부터 일상적인 운용지시를 받지 아니하면서 재산적 가치가 있는 투자 대상 자산을 취득·처분, 그 밖의 방법으로 운용하고 그 결과를 투자자에게 배분하여 귀속시키는 것"을 말한다(자본시장법 제6조 제5항). 만약, 위 플랫폼이 집합투자기구에 포함된다면 펀드운용 관련 행위, 집합투자증권 판매, 공모 발행, 기구 설립 및 운영, 재산의 보관 및 관리 등 집합투자기구의 각종 행위에 관하여 자본시장법상 규제를 받게 된다.

••• DABS가 무엇인가?

DABS란 Digital Asset Backed Securities의 줄임말로 '디지털자산유동화증권'을 의미한다. 이는 특정한 부동산 관리처분신탁의 수익권을 나누어 파는 조각투자의 일종이다. 이는 소액투자자들이 부동산 투자법인의 지분을 소유하거나 그러한 투자사가 발행하는 금융상품에 투자함으로써 간접투자에 따른 수익분배를 받는 리츠(REITs)와는 다른 개념이다.

DABS는 기존 부동산 조각투자에 블록체인 기술을 결합하여 부동산에 대한 직접 소액투자를 실현하는 것을 그 목적 내지 내용으로 한다. DABS는 한국토지신탁 등 신탁사가 거래를 주관하고, 부동산에 관한 별개의 증권거래소 플랫폼에서 이용자들 간 증권거래가 이루어지는 구조이다. 이 경우 DABS는 자본시장법상 '수익증권'에 포섭될 수 있을 것으로 판단된다.

현재 대표적으로 카사코리아, 루센트블록 같은 기업이 DABS 사업을 운영하고 있거나 준비 중인 것으로 알려져 있다. 금융위원회는 금융규제 샌드박스(새롭고 혁신적인 금융 서비스에 대해 금융법상 인허가 및 영업행위 등 규제를 최대 4년간 적용유예·면제해주는 제도)를 통해 자본시장법상 규제를 유예하였다.

구체적으로, 금융위원회는 ① 2019년 12월 18일경 카사코리아 및 국민은행, 하나은행, 코람코자산신탁, 한국자산신탁, 한국토지신탁에 대해 '부동산 유동화 수익증권 유통 플랫폼'이라는 과제를 설정하고, '블록체인 기반 분산원장 방식을 활용하여 부동산 유동화 수익증권을 일반투자자에게 발행·유통하는 서비스'를 운영하되, '크라우드펀딩 제한적 허용, 타사 플랫폼 제휴영업 금지, 다자간상대매매방식으로 한정, 총유동화증권 발행 규모를 5,000억 원으로 한정, 투자자당 연간 투자 한도를 2,000만 원(소득적격투자자는 4,000만 원)으로 한정, 투자자 1인당 1일 매매회전율이 100% 이하로 제한'이라는 조건을 부과하였다. 또한 ② 2021년 4월 14일경에는 루센트블록 및 6개 신탁회사의 '블록체인 기반 부동산 수익증권 거래 플랫폼'에 대해 규제 샌드박스 진입을 허용하면서, 위와 유사하게 보안체계 등 물적 설비 구현, 계좌관리기관의 거래내역 및 총량 확인, 업무규정·상장규정·시장감시규정·공시규정 마련, 다자간상대매매방식으로 한정, 사업규모제한 등의 조건을 걸었다. ③ 2021년 5월 26일에는 펀드블록글로벌 및 4개 신탁회사에 대해 위와 유사한 내용으로 규제 샌드박스를 적용하였다.

DABS는 아직까지 실험 단계에 있으나, 앞으로 부동산 투자시장 블록체인 기술을 응용하여 소액직접투자 시장이 활성화될 수 있다는 기대를 갖게 하는 조각투자의 하나의 모습이다.

NFT 발행 시 유의점

Q38 저작자를 따로 표시해야 할까?

　저작자가 따로 존재하는 저작물을 NFT화할 경우, NFT 발행인은 저작자의 성명표시권에 따른 저작자 표시를 유의할 필요가 있다. 저작권법은 "저작자는 저작물의 원본이나 그 복제물에 또는 그 저작물의 공표 매체에 그의 실명 또는 이명을 표시할 권리를 가진다"고 규정하여 '성명표시권'을 인정하고 있기 때문이다(저작권법 제12조 제1항). 한편 저작권법은 동시에 저작자 표시의 예외로서 "저작물을 이용하는 자는 그 저작자의 특별한 의사표시가 없는 때에는 저작자가 그의 실명 또는 이명을 표시한 바에 따라 표시하여야 하지만, 저작물의 성질이나 그 이용의 목적 및 형태에 비추어 부득이하다고 인정되는 경우에는 저작자 표시를 하지 않아도 된다"는 취지의 규정을 두고 있다(저작권법 제12조 제2항).

　NFT의 경우, 검증 가능한 데이터로만 표시하면 되는 것인지, 아니면 인간이 감득 가능한 상태로서(메타데이터 혹은 오프체인 링크상에 별도로 표시하는 방법 등) 표시하여야 하는 것인지가 문제 될 수 있다. 하지만 NFT의 원본 증명의 특성상 검증 가능한 해시로만 표현하면, 저작권법상 성명표시에 있어서도 '저작물의 성질이나 이용 목적, 형태 등에 있어 부득이한 경우'에 해당할 가능성도 있을 것이다. 이 경우 저작자 표시를 별도로 하지 않아도 된다. 그러나 감상 가능한 상태의 원본이 함께 제시되는 경우에는, 적절한 방법으로 저작자의 성명 등을 표시하여야 할 것이다.

한편, 저작권법은 "저작자 아닌 자를 저작자로 하여 실명, 이명을 표시하여 저작물을 공표한 자는 1년 이하의 징역 또는 1,000만 원 이하의 벌금으로 처벌할 수 있다"고 규정하고 있다(저작권법 제137조 제1항 제1호). 따라서 저작물을 NFT화하면서 위와 같은 방법으로도 저작자를 표시하지 않거나, 허위로 표시한 경우에는 저작권법상 범죄에 해당할 수 있다. 이와 관련하여, 법원은 "저작자 아닌 자를 저작자로 표시하여 저작물을 공표한 이상 위 규정에 따른 범죄가 성립할 뿐 아니라, 위 조항의 취지가 저작자 명의에 관한 사회 일반의 신뢰도 보호 목적에 있는 것이므로 그러한 공표에 저작자 아닌 자와 실제 저작자의 동의가 있었더라도 마찬가지로 저작권법 위반에 해당한다"고 판단한 바 있다(대법원 2017. 12. 26. 선고 2016도16031 판결). 이러한 법원 판결에 의하면, 설령 저작자의 동의가 있는 경우라도 저작자가 아닌 사람을 저작자라고 허위표시를 한 경우 저작권법 위반에 해당할 가능성이 높고, 만약 마켓플레이스 운영자가 이를 인식하고도 직접 표시하거나 또는 알면서도 허위표시를 돕거나 방치한 경우라면, 그 또한 형사책임을 지게 될 수 있다.

더불어 NFT에 부착된 저작물 식별정보, 보호받는 권리를 가진 자에 대한 정보, 이용허락 범위 등 정보(이른바 '메타데이터')는 권리관리정보(저작권법 제2조 제29호 나목)에 해당할 수 있다. 한편, 저작권법은 '업으로 또는 영리 목적으로 권리관리정보를 고의로 제거, 변경하거나 허위로 부가하는 행위'는 3년 이하의 징역 또는 3,000만 원 이하의 벌금에 처하거나 병과할 수 있다고 규정하고 있다(저작권법 제104조의3 제1항, 제136조 제2항 제3의4호). 즉, 위 규정에 따르면 판매(영리) 목적으로 권리관리정보를 제거 또는 변경하는 경우 형사처벌을 받을 가능성이 있다. 우리나라에서 메타데이터를 저작권법상 권리관리정보로 보아 이에 대한 무단 변경 등에 대하여 처벌한 사례는 아직까지 없는 것으로 확인되나, 독일 고등법원의 최근 판례 중 '디지털 사진의 메타데이터를 삭제한 후 배포하는 행위는 권리관리정보(저작권법 제95조) 제거금지의무 위반'이라는 취지로 판결한 것이 있다(OLG Köln, Urteil vom 20.01.2017 - Az: 6 U 105/16).

NFT가 발행되기 전까지 공표되지 않았던 저작물은 언제 대중들에게 공표된 것으로 볼 수 있는가?

만약 저작자가 본인의 저작물을 NFT화하려는 발행인에게 저작자 표시 등 이용허락을 한 경우라면, 이는 저작물이 비공표된 것이라 하더라도 NFT가 발행될 때 저작물 공표에 대한 동의가 있는 것으로 추정된다는 점을 유의할 필요가 있다.

저작권법은 '저작자가 자신의 저작물에 대해 그 공표의 시기와 방법을 결정할 수 있는 권리'로서 공표권을 인정하고 있다(저작권법 제11조 제1항). 한편, 저작권법은 저작자가 공표되지 않은 저작물의 지적재산권을 양도, 이용허락하는 경우, 그 상대방에게 저작물의 공표를 동의한 것으로 추정한다(동법 동조 제2항). 이러한 추정 조항에 대하여 법원은 "저작자가 일단 저작물 공표에 동의하거나 미공표 저작물의 저작재산권을 양도 또는 이용허락을 한 경우에는 저작권법 제11조 제2항에 따라 상대방에게 저작물의 공표를 동의한 것으로 추정되는 이상, 비록 그 저작물이 완전히 공표되지 않았다 하더라도 그 동의를 철회할 수 없다"고 보아, 동의의 철회가 불가능하다는 취지로 판단한 바 있다(대법원 2000. 6. 13. 선고 99마7466 판결). 이러한 법원의 판단에 따르면, 원저작물의 저작자가 미공표된 저작물의 NFT 발행에 대한 동의를 하였다면, 실물의 양도가 없었더라도 NFT 발행 시 저작물이 공표되는 것에 대해서도 동의를 한 것으로 추정되며, 이를 철회하는 것이 불가능하다 할 것이다.

Q39. 저작권자의 사전 이용허락을 받아야 할까?

NFT를 발행하기 위해서는 원저작물을 바탕으로 민팅하는 작업이 필요한바, 기본적으로 원저작물 저작권자의 이용허락이 필요하다.

한편, 밈(Meme)과 같이 원저작자가 아닌 일반인들을 통해 원저작물의 변형 내지 수정이 이루어지고, 그와 같은 이미지가 대중들에게 친숙해진 경우에는 과연 누가 해당 밈 이미지 등에 대한 권리를 보유하는지가 문제 될 수 있다.

개구리 페페, 잔망 루피 등이 인터넷에서 대표적인 밈의 사례로 들 수 있는데, 결국 밈화(化)된 저작물들은 기본적으로 원저작물인 캐릭터의 본래 모습 등이 유지된 범위 내에서 일부 수정 내지 변형이 이루어진 것에 불과하여 원저작물 캐릭터의 복제물에 해당할 가능성이 높다(다만, 원저작물인 캐릭터를 바탕으로 아예 새로운 창작물을 만드는 수준에 이른다면 2차적저작물로 인정될 여지도 있다).

Matt Furie 원작 개구리 페페(Boy's Club)

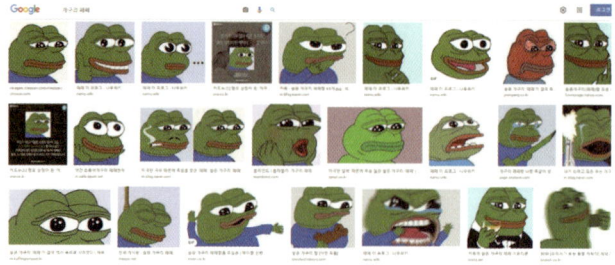

다양한 밈으로 변형되어 사용되고 있는 개구리 페페의 모습

애니메이션 <뽀롱뽀롱 뽀로로>의 캐릭터 '루피'

'잔망 루피'로 변형되어 사용되고 있는 루피

> ••• 잔망 루피
>
> 루피 캐릭터의 공동저작권을 행사하는 주식회사 아이코닉스는 '잔망 루피'가 인기를 얻자, 공식 라이선스를 신청하여 사업을 진행하도록 유도하고 있다.

이러한 밈 제작 행위 등은 사실 저작권자의 허락 없이 이루어지는 이상 저작권자의 복제권, 동일성유지권, 2차적저작물작성권을 침해할 여지가 있다.

　개구리 페페나 잔망 루피의 경우, 권리자들이 이를 허락하거나 용인하였기 때문에 저작권 침해 등이 문제가 되지 않았던 것이지만, 원칙적으로는 밈의 NFT화 역시 저작권 침해에 해당한다. 따라서 인터넷에서 유행하는 밈이라고 할지라도 이를 무분별하게 NFT화하는 경우에는 저작권 침해로 이어질 수 있다는 점을 유의하여야 한다.

　한편, 밈으로 제작된 콘텐츠가 아예 새로운 창작물로서 원저작물과 별도의 저작물로 인정될 경우에 이른 것이라면, 이는 2차적저작물에 해당한다. 따라서 '밈으로 제작된 콘텐츠'를 다시 NFT로 발행하기 위해서는 원저작자뿐만 아니라 2차적저작물작성자인 밈의 제작자로부터도 별도의 이용허락을 받아야 할 것이다.

Q40 초상권과 퍼블리시티권도 문제가 될 수 있을까?

연예인, 스포츠 스타 등이 등장하는 이미지를 NFT화할 경우, 가장 유의할 것은 초상권 또는 퍼블리시티권의 침해 문제이다. 퍼블리시티권(Right of Publicity)이란 '사람이 그가 가진 성명, 초상이나 그 밖의 동일성(Identity)를 상업적으로 이용하고 통제할 수 있는 배타적 권리'를 일컫는데, 우리나라는 퍼블리시티권을 명문 규정으로 인정하고 있지는 않았으나, 일부 하급심 판례는 인격권의 일종인 초상권과 구별하여 재산적 권리로서 이를 인정한 경우도 있었다. 한편, 최근 부정경쟁방지법이 개정되면서 부정경쟁행위의 일종으로 퍼블리시티권 침해 개념이 도입되었으며, 과거 퍼블리시티권을 인정할 수 없다는 입장에 따르더라도 인격권의 일종으로서 초상권이나 성명권, 음성권 침해는 인정되는 것이므로, 연예인 등 타인의 사진이나 영상을 허락 없이 NFT의 소재로 삼을 경우에는 초상권, 성명권, 음성권 또는 퍼블리시티권 침해에 해당할 가능성이 높다는 점에는 이견이 없을 것이다. 따라서 특정인의 얼굴, 성명 등 개인의 동일성을 식별할 수 있는 정보를 NFT에 담을 경우에는 미리 그러한 사용에 대한 이용허락을 명시적으로 받을 필요가 있다.

참고로, 미국에서는 개인의 퍼블리시티권과 표현의 자유가 충돌할 경우에 퍼블리시티권이 어느 정도까지 제한될 수 있는지가 문제 되고 있다. 미국 캘리포니아 대법원은 '변형적 이용 검증'이라는 개념을 사용하여 표현의 자유 영역과 퍼블리시티권 보호의 영역을 구분한 바 있다. '변형적 이용 검증'이란 유명인의 얼굴 등을 담은 제품이 창작자의 예술적 표현으로 인식될 수 있을 만큼 변형될 경우, 퍼블리시티권 침해에 해당하지 않는다는 것이다. 이는 다른 사람의 얼굴에 일정 정도 변형을 가하여 새로운 창작물을 만들어낸 정도에 이른다면 초상권 등 침해에 이르지 않는다는 취지이나, 변형의 기준이 모호하고, 구체적 개별적 사안마다 판단이 달라질 수 있다는 점에서 모든 사안에서 동일하게 적용되기는 어려울 것으로 보인다.

한편, 부정경쟁방지법은 "국내에 널리 인식되고 경제적 가치를 가지는 타인의 성명, 초상, 음성, 서명 등 그 타인을 식별할 수 있는 표지를 공정한 상거래 관행이나 경쟁질서에 반하는 방법으로 자신의 영업을 위하여 무단으로 사용함으로써 타인의 경제적 이익을 침해하는 행위"를 부정경쟁행위로 규정하고 있다(부정경쟁방지법 제2조 제1호 타목).

위 규정에 따르면 국내에 널리 인식되고 경제적 가치가 있는 유명인 등의 성명, 초상, 음성, 서명 등 그 타인을 식별할 수 있는 표지를 무단으로 NFT화하는 행위는 타인의 퍼블리시티권을 침해하는 부정경쟁행위가 될 수 있게 된 것이다.

다만, 부정경쟁방지법에 따른 부정경쟁행위로 인정되기 위해서는 '자신의 영업을 위하며 무단으로 사용함으로써 타인의 경제적 이익을 침해'해야 하는바, 만약 비영리 목적으로 NFT를 발행하는 경우에는 부정경쟁방지법 적용이 어려울 가능성도 있으나, 비영리적 목적이라도 여전히 일반적 인격권의 일종인 초상권, 성명권 등의 침해에는 해당할 수 있다는 점에서 주의가 필요하다.

Q41 상표권 침해가 문제 될 수 있을까?

타인의 상표를 포함한 NFT를 발행할 경우, 상표권 침해가 문제 될 가능성이 높다. '상표'란 자기의 상품과 타인의 상품을 식별하기 위하여 사용하는 기호, 문자, 도형, 소리 등으로서 그 구성이나 표현 방식에 상관없이 상품의 출처(出處)를 나타내기 위하여 사용하는 모든 표시를 의미한다(상표법 제2조 제1항 제1호, 제2호).

실제로 미국의 디지털 아티스트 메이슨 로스차일드는 프랑스 명품 브랜드 에르메스의 버킨백 그림에 화려한 소재와 색을 입히는 방식으로 NFT를 제작, 오픈씨에 올렸고, 약 10억 원 이상의 수익을 얻었다. 하지만 로스차일드는 버킨백의 이미지를 일방적으로 차용한 것으로, 에르메스가 이러한 가상 버킨백을 제작한 로스차일드에 대하여 상표권 침해를 주장하며 소송을 제기하였다. 로스차일드는 '메타버킨스'라는 이름이 실제 '버킨'백과 혼동을 일으키지 않을 만큼 충분히 다르다고 주장하는 한편, 미국 수정 헌법 제1조에 따른 창작의 자유를 주장하고 있다. 아직 소송의 결과는 나오지 않았지만, 에르메스의 소송제기로 인하여 이미 해당 NFT의 가치는 떨어졌고, 로스차일드는 "NFT 거래를 완료한 구매자들에게 돈을 돌려줄 수 없다"고 밝히며 투자자들은 별다른 구제를 받지 못하고 있는 상황에 이르렀다.

나이키 역시 NFT에 의한 상표권 침해 분쟁을 겪고 있다. 미국의 리셀 플랫폼 스탁엑스(StockX)는 '볼트 NFT' 상품 판매를 시작하였는데, 이는 NFT상의 상품은 실물 상품과 연동되며, 소비자가 특정 NFT 상품을 구입한 후 우편으로 수령하면 동 NFT는 소비자의 스탁엑스 계정에서 삭제되는 방식이다. 그 과정에서 스탁엑스는 "100% Authentic"이라는 문구와 함께 자사 웹사이트, 소셜 미디어, 광고에 나이키의 등록상표 및 상품 이미지 등을 사용하였다. 이에 나이키는 상표권 침해를 주장하며 법원에 손해배상 및 판매 중지를 청구한 것으로 알려졌다.

NFT로 인한 상표권 침해 사례가 늘어나면서, 일부 기업들은 선제적으로 NFT 관련 상표권을 출원하며 NFT 사업 진출을 준비하고 있다. 세계 최대의 종합 화장품 기업인 로레알(L'Oréal)은 2022년 2월 자회사 키엘, 메이블린, 퓨얼로지 등을 통해 NFT 관련 상표권을 출원한 바 있으며, 미국의 월마트, 맥도날드, 파네라 브레드 같은 브랜드들이 메타버스 내의 가상 매장, 상품에 대한 상표권 등록을 추진하고 있는 것으로 알려져 있다.

현재 문제가 되고 있는 에르메스나 나이키의 상표권 침해 분쟁 역시 상표권자의 허락 없이 상표를 NFT 홍보에 활용하고 있는 사례인 것으로 보인다. 따라서 만약 타인의 상표를 포함한 NFT를 발행할 경우, 상표권자의 허락 등을 받아야 상표권 침해로 인한 책임을 면할 수 있을 것이다. 이를 위하여 NFT 발행에 사용하고자 하는 기호, 문자 등 표시가 상표권으로 등록되어 있는지를 특허청에서 제공하는 특허정보서비스인 키프리스(http://www.kipris.or.kr) 등을 통해 미리 검색해 보는 것도 필요하다.

한편, 상표권 침해가 인정되려면 지정 상품과 동일·유사한 상품에 등록상표와 동일·유사한 상표를 사용하여야 한다. 따라서 현실 상품만을 지정 상품으로 하여 상표등록한 경우, 등록된 상표를 누군가 NFT 콘텐츠에서 무단 사용하는 경우에도 현실 상품과 NFT 상품이 상표법상 비유사한 상품으로 판단되어 상표권 침해가 인정되지 않을 가능성이 있다. 특허청 상표디자인심사국이 2022년

3월 24일 개최한 상표법 개정 공청회 발표자료(메타버스 상표 분야 쟁점 및 상표법 개정안)에서는, 문제가 되는 유형에서 상표권자가 실제 상품만 등록하였는데 가상상품이 등장한 경우 가상 상품만 등록(제9류; 디지털 파일)하였는데, 현실 상품에 동일 상표를 사용하는 경우를 구분하면서, 어느 한쪽만 등록된 경우에는 상표권 침해를 주장하기 어렵게 된다는 점을 지적하기도 하였다. 기업 입장에서 가상현실에서의 상표권 침해를 예방하고, 선제적으로 대처하기 위해서는 디지털 콘텐츠 관련 상품까지 빠짐없이 지정 상품으로 정할 필요가 있을 것으로 보인다. 실제로 최근 가상 상품과 기존 상품에 대한 상표를 함께 출원하는 경우가 늘고 있는 것으로 보인다.

> **••• 상표등록을 하지 않은 표장이나 상호는 마음대로 사용할 수 있을까?**
>
> 상표등록을 마치지 않은 경우에는 부정경쟁방지법이 보충적으로 적용될 수 있다. 국내에 널리 인식된 타인의 상표, 성명, 상품의 용기, 기타 타인의 상품임을 표시한 상품표지 또는 영업표지와 동일·유사한 것을 사용하여 타인의 상품 또는 영업과 혼동을 일으키는 행위는 부정경쟁행위에 해당한다(부정경쟁방지법 제2조 제1호 가목 및 나목).
>
> 이와 관련하여 법원은 에르메스 '켈리'백과 같은 상품에 대해서도 일응 식별력과 주지성이 인정된다고 판시한 바 있다(서울중앙지방법원 2016. 6. 1. 선고 2015가합549354 판결). 또한 법원은 일반 수요자를 기준으로 혼동 가능성을 판단하고 있는데, NFT 발행자가 유명 상품, 영업의 주체이거나 적어도 컬래보레이션을 진행한다고 오신할 정도라면 부정경쟁행위에 해당할 가능성이 있다(대법원 2011. 12. 22. 선고 2011도9822 판결 참조).

••• NFT로 발행한 디지털 콘텐츠가 디자인권 침해에 해당할 수 있는가?

만약 NFT로 발행한 디지털 콘텐츠가 현실에 존재하는 상품과 유사한 디자인을 사용한다면, 해당 NFT는 위 상품의 디자인권을 침해하는 것일까?

디자인권은 등록디자인 또는 이와 유사한 디자인을 실시할 권리를 독점하는 권리이다(디자인보호법 제92조). 디자인권자는 동일·유사한 '물품'에 자신의 디자인을 실시하여 디자인권을 침해하는 자에 대하여 민사상 침해금지청구 내지 손해배상청구를 할 수 있다(동법 제113조 제1항, 제115조 제1항).

이때, 우선 현실의 물품과 NFT 콘텐츠가 '유사물품'에 해당할 수 있는지가 문제 된다. 2021년 개정된 특허청 '디자인 심사기준'에 의하면, "동일물품"이란 용도와 기능이 동일한 것을 말하고, "유사물품"이란 용도가 동일하고 기능이 다른 것을 말하는데, 비유사물품인 경우에도 용도상으로 혼용될 수 있는 것은 유사한 물품으로 볼 수 있다. 이때 "용도"는 물품이 실현하려는 사용 목적을, "기능"은 용도를 실현할 수 있는 구조·작용 등을 말한다. 이러한 기준을 고려한다면, 일반적인 경우 현실의 물품은 NFT와는 용도와 기능이 모두 다르다고 볼 여지가 크므로, 디자인보호법에 따라 NFT 콘텐츠와 유사한 물품이라고 판단하기는 어려울 것으로 예상된다.

다음으로, 디자인의 실시행위를 어디까지 인정할 것인지도 문제 된다. 디자인의 대상인 물품을 생산·사용·양도·대여·수출 또는 수입하거나 그 물품을 양도 또는 대여하기 위하여 청약하는 행위는 "실시행위"로 보는데(동법 제2조 제7호 가목), 현실의 물품 디자인을 디지털 콘텐츠에 활용하는 것은 위 조항에서 말하는 '실시'에는 해당하기 어려울 것으로 보인다.

마지막으로, 2021년 4월 20일 법률 제18093호로 개정된 디자인보호법은 '공간 시계, 레이저 가상 키보드, 홀로그램 등 신기술을 기반으로 하는 디자인이 출현하고 있으나, 현행법상 이러한 신기술 디자인은 물품의 외관 형태가 없거나 물품에 표시된 형태가 아니어서 디자인 그 자체로서 보호받기 어려운 실정'이라는 점을 들어 '화상 디자인'을 보호 대상에 포함시켰다. 개정 디자인보호법에 따르면 '화상'이란 디지털 기술 또는 전자적 방식으로 표현되는 도형·기호 등을 말하고(동법 제2조 제2의2호), 유형물에 화체된 형상·모양·색채 등은 여전히 종전 '디자인'에 포함된다. 또한 '화상 디자인'을 전기 통신회선을 통한 방법으로 제공하는 경우를 실시행위로 규정하였다(동법 제2조 제7호 나목).

이상의 내용을 종합하면, 최근의 디자인보호법의 규정과 특허청의 심사기준을 고려하였을 때, ① 현실의 물품 디자인을 디지털화하여 NFT로 발행하는 것은 유사물품에 해당하지 않고, 실시행위도 없는 것으로 보아 디자인권 침해 성립이 어려울 것으로 판단되나, ② UX/UI 디자인이나 가상공간 디자인(예를 들어 메타의 호라이즌 워크룸) 등이 등록된 경우, 이를 NFT화하는 것은 디자인권 침해행위에 해당할 가능성이 있다.

Q42 오라클(Oracle) 문제란 무엇일까?

'오라클(Oracle)'은 블록체인 밖(Off-chain)의 데이터를 블록체인 안(On-Chain)으로 가져오는 행위 또는 기술을 의미한다. 온체인 내부에서는 데이터의 위·변조에 대한 검증이 가능한 것과 달리, 이미 법적 문제를 지닌 기초자산, 디지털 파일 등이 처음 온체인에 들어올 때 이를 자동적으로 검증하는 기술은 아직 존재하지 않는다. 사실 작품 또는 데이터가 제3자의 권리를 침해하는 것인지 여부는 법적인 문제로서, 법률전문가의 입장에서도 판단이 쉽지 않은 문제이다. 따라서 오프체인상 존재하는 작품 또는 데이터가 타인의 권리를 침해하는지 여부를 기술적으로 검증하는 것은 앞으로도 쉽지 않을 것으로 예상된다. 이처럼 '오라클 문제'란 블록체인에 탑재된 데이터라 하더라도 오프체인에서 위·변조 행위 등이 있었는지 여부를 알 수 없으므로 해당 데이터를 무한정 신뢰할 수 없다는 것을 의미하며, 블록체인 기술 자체의 한계라고 이해할 수 있다.

다만, NFT 마켓플레이스들의 운영 방식에 따라 오라클 문제가 간접적으로 해결될 수도 있다. 일부 NFT 마켓플레이스들은 디지털 파일의 위·변조 여부, 진품 여부를 자체적으로 검증한 후 NFT를 발행하도록 허용하고 있기도 하다(이를 이른바 '선별형' 또는 '폐쇄형' NFT 마켓플레이스라고 부르기도 한다). NFT 작품의 위·변조 여부를 판별하기 어려운 매수자 입장에서는 위·변조를 판별할 수 있는 감정평가인 등 전문가의 검증을 거친 작품만 유통하는 '선별형' NFT 마켓플레이스를 이용하는 것이 안전할 것이다.

Q43 개인정보와 사생활 침해가 문제 될 수 있을까?

　NFT의 기반이 되는 블록체인 기술은 투명성이 보장되고, 불특정 다수가 참여할 수 있다는 점에서 정보의 위조, 변조가 어려워 보안에 강점을 갖는다. 하지만 이러한 블록체인 기술은 역으로 개인정보 유출의 위험성을 높이기도 한다. 블록체인에 기록되는 데이터는 기본적으로 공개가 원칙이기 때문에 누구나 열람이 가능할 수 있다. 따라서 만약 블록체인 네트워크에 개인정보가 기록된 블록이 생성되었다면 이를 다시 수정, 삭제하는 것이 어려우므로 개인정보나 사생활 침해로 이어질 가능성이 있다. 아직까지 구체적인 사례가 발생한 것은 아니지만 사적인 생활이 담긴 사진을 NFT화하거나, NFT에 주민등록번호, 전화번호 등 개인정보를 포함하여 무단 발행할 경우, 이는 사생활 침해로서 불법행위에 따른 손해배상책임이 발생할 가능성도 있다. 따라서 NFT 발행 시 타인의 개인정보나 사생활에 대한 정보가 포함되어 있는지 유의하여야 할 것이다.

Q44 NFT 발행 후, 내용 변경이나 발행 취소는 가능할까?

NFT를 발행한다는 것은 블록체인 네트워크상의 스마트 계약을 실행시켜, 해당 NFT가 블록체인 네트워크에서 유통될 수 있게 한다는 것을 의미한다는 점은 앞서 살펴보았다. 즉, NFT를 발행하기 위해서는 상대방이 해당 블록체인 네트워크의 수수료를 지불하고, 일정량의 코인 또는 토큰을 전송하여 스마트 계약의 조건을 만족하도록 해야 한다.

EtherScripter.com의 Sales Contract 샘플 화면

NFT 발행자 입장에서 보면, NFT 발행은 블록체인 네트워크의 TPS(Transaction Per second, 네트워크의 초당 처리속도)에 따라서 약간의 시간 차이를 두고 이루어질 수도 있으나, 일단 스마트 계약 실행이 블록체인에 기록되고, 조건이 만족되었다면 NFT 발행은 필연적으로 이루어지게 될 것이다. 따라서 일단 매수자가 구매 의사를 표시하면서 토큰을 전송하거나 스마트 계약이 실행되기 위한 조건을 이행하는 경우에는 발행자가 스마트 계약의 내용이나 조건을 변경할 수 없게 된다.

민팅 실패 메시지 예시

■ 내용:
민팅에 실패하였습니다.
You have failed to mint.

확인

 이와 반대로 NFT 매수 희망자가 NFT 민팅을 위해 토큰을 전송했음에도 NFT 민팅이 이루어지지 않은 채 '취소'되었다는 메시지가 출력되는 경우가 있다. 거래가 취소되었다는 것은 NFT가 이미 다른 사람에 팔렸거나(sold-out), 네트워크에 오류가 발생하여 트랜잭션 자체가 실행되지 않았다는 의미이다. 이러한 경우는 NFT 발행을 위한 단계를 처음부터 다시 거치면 되므로, 발행자가 스마트 계약의 조건을 변경할 수도 있을 것이다. 즉, NFT 발행 시기는 '스마트 계약 체결' 시기이며, 스마트 계약 체결 전까지는 그 내용이나 조건을 변경할 수 있다고 보아야 한다.

 한편, NFT 마켓플레이스를 통해 NFT를 매매하려는 경우에는 권리관계가 달라진다. 일부 NFT 마켓플레이스는 NFT 발행자가 직접 발행수수료를 지급하여 NFT 발행을 위한 스마트 계약을 실행하는 것을 돕기도 한다. 즉, 발행자가 NFT 마켓플레이스에 이미지를 업로드하면 NFT 마켓플레이스와 제휴한 IPFS 또는 서버·클라우스토리지에 해당 이미지를 자동 업로드한 후, 특정 블록체인 네트워크에서 '발행자를 매수인으로 하는' 트랜잭션을 실행시키고, 이에 따른 토큰 발행 내역을 받아와 이를 조합하여 NFT 마켓플레이스 서버에 저장 후 표시하는 과정을 거치게 된다. 이때는 NFT 발행자와 NFT 마켓플레이스가 스마트 계약의 당사자가 되는 셈이며, NFT 매수인을 기다리지 않고 NFT가 발행된다. 일반적인 NFT 발행자 입장에서는 NFT가 발행된 후에는 이미 실행 완료된 스마트 계약의 내용을 변경하기 어렵다는 점을 이해하면 족할 것으로 보인다.

••• NFT 매수자 입장에서 이더리움 가스비(Gas Prices)를 계산하는 방법과 유의할 점

아래 그림은 이더리움의 실시간 가스비를 시각화해서 표현한 TxStreet 서비스(https://txstreet.com/d/gas) 캡처 화면이다.

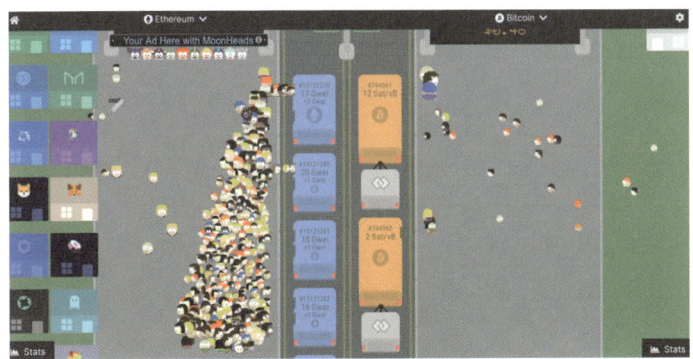

이를 보면, 거래가 체결되는 수수료가 얼마인지 확인할 수 있고, 현 시간 $75 미만으로 수수료를 지불할 것을 청약한 거래는 체결되지 않고 있다는 점도 알 수 있다. 이처럼 수수료가 적을 경우 트랜잭션이 발생하지 않을 수도 있는데, 거래가 체결되지 않고 지연 중인 현상을 흔히 '펜딩(Pending)에 걸린다'고 표현하기도 한다.

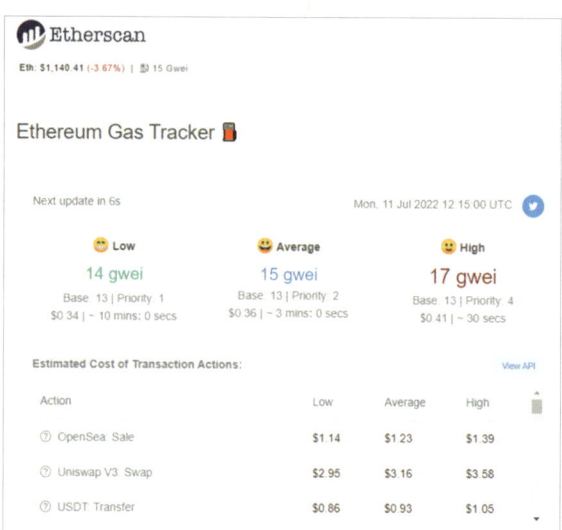

한편, Etherscan의 Gas Tracker 서비스(https://etherscan.io/gastracker)를 통해 실시간 수수료를 확인할 수도 있다. 한국시간 2022년 7월 11일 21:00 기준, 이더리움 가스비는 14~17Gwei로 책정되고 있다. wei는 이더리움의 최소 단위로, wei는 0.000000000000000001이더리움(ETHER)을 의미하고, Gwei는 0.000000001이더리움을 말한다). 여기에 가스 한도(limit)값을 곱해주면 예상 수수료가 산출되어 나오게 된다. 이더리움 거래 시 가스 한도는 실제 사용된 만큼 차감되므로 높게 설정하더라도 문제가 없다.

••• NFT를 수정할 수 없다면 어떤 문제가 발생할 수 있는가?

NFT는 스마트 계약 실행 후 변경 불가능하다는 성질로 인해 일반적인 경우보다 오히려 더 큰 손해가 발생할 수도 있다. 예를 들어, 공연 티켓 수만 장을 NFT로 발행하여 두었는데, 공연이 무산된다면 해당 NFT는 무용지물이 되고, 주최사는 네트워크 이용 수수료 상당의 손해를 입게 될 수 있다. 대부분의 공연사가 불가항력이 아닌 한 공연 취소 시 티켓 판매 비용 및 환불 비용도 부담하기는 하나, NFT는 기존 티켓 판매 비용보다 발행수수료가 비싼 편이므로 종전에 비해 손해 규모가 커질 수 있다. 이더리움 네트워크를 활용하여 민팅을 하는 경우, 시간별로 다르기는 하나 2022년 5일 기준으로 1건당 약 20~100달러의 수수료를 지불해야 한다(폴리곤 네트워크를 통해 민팅하는 경우는 1건당 약 2,000원 정도의 수수료가 발생한다).

이러한 점을 방지하기 위해, 공연 티켓을 NFT로 발행하는 경우에는 최대한 공연과 가까운 날 NFT를 발행하거나 현장 티케팅을 진행하는 방법을 고려해 볼 필요가 있을 것이다. 또한 공연 티켓 NFT 발행 시에는 수수료 부담이 보다 적은 소규모 네트워크를 이용하도록 유도하는 것이 유리할 것으로 보인다.

한편, 결제수단NFT 통해 '특정한 서비스 이용권'을 구매하고자 하는 NFT 매수인이, NFT 마켓플레이스 또는 NFT 발행자의 사이트나 앱을 통해 거래를 진행하기로 하였다가, 돌연 마음을 바꾸어 구매를 취소하면 이미 발행된 NFT 발행수수료는 누가 부담해야 하는가? 대법원은 "제작물 공급계약에서 물건이 특정의 주문자의 수요를 만족시키기 위한 부대체물인 경우에는 당해 물건의 공급과 함께 그 제작이 계약의 주목적이 되어 도급의 성질을 띠게 된다"라고 판시한 바 있다(대법원 2006. 10. 13. 선고 2004다21862 판결). 이를 유추하여 보면, NFT를 주문한 사람의 수요를 만족시키기 위해 일단 NFT가 발행된 이상, NFT 발행자는 자신의 의무를 다하였다고 볼 것이므로 도급인의 보수(민법 제665조)에 준하여 NFT 매수인에게 발행수수료를 청구할 수 있는 여지가 있다고 본다. 다만, 대부분의 경우에 약관으로 이런 경우의 수수료를 누가 부담하는지에 대해서 정하고 있을 것이다.

••• 게으른 민팅이 무엇인가?

'게으른 민팅(Lazy Minting)'은 오픈씨에 적용되는 기술로, 오픈씨 공동창립자인 알렉스 아탈라(Alex Atallah)는 오픈씨 FAQ란에서 다음과 같이 밝히고 있다.
"The new OpenSea collection manager(Lazy minting) allows creators to make NFTs without any upfront gas cost, as the NFT isn't transferred on-chain until the first purchase or transfer is made."

즉, 오픈씨에서는 '첫 구매' 또는 '첫 전송'이 이루어질 때까지 온체인에 NFT를 기록하지 않으므로, 발행자가 NFT를 발행하고 판매 리스트에 등록되더라도 이는 엄밀히 말하면 NFT를 발행한 것이 아니다. 단지 오픈씨 서버에 저장되어 있을 뿐이다. 위 FAQ의 다른 질문(Will NFTs I created on OpenSea be visible on other platforms?)에 대한 대답도 같은 취지인데, 첫 구매 또는 전송이 이루어지기 전까지 다른 NFT 마켓플레이스(또는 플랫폼)에서는 위 NFT를 확인할 수 없게 된다.

CHAPTER
03

NFT 판매와 책임

NFT는 판매자와 구매자가 직접 거래를 할 수 있다는 점이 매력적이지만, 대부분의 거래는 플랫폼인 'NFT 마켓플레이스'에서 이루어지고 있다. 디지털 세상에서 익명으로 거래되는 NFT는 판매와 활용 단계에서 원작자, 발행인, 매도인, 매수인, 플랫폼, 네트워크 운영주체, 제3자(해커, 무단이용자) 등 다양한 행위 주체 간의 관계가 중요하다. 이 챕터에서는 NFT 거래에 있어 각 행위자가 부담할 수 있는 책임을 중심으로 살펴보기로 한다.

발행인 또는 매도인의 책임

Q45 발행인 또는 매도인이
유의할 점은 무엇일까?

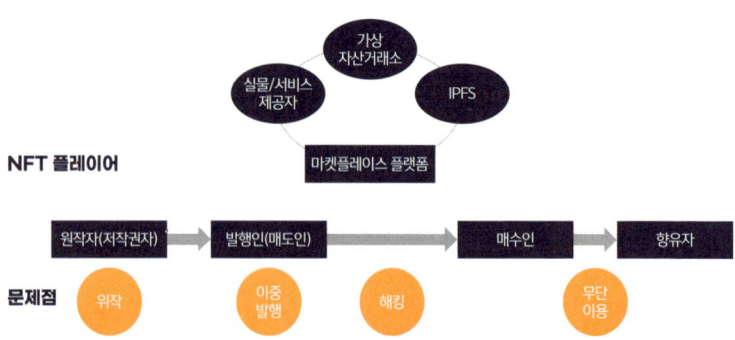

앞서 NFT 발행자가 유의할 점은 앞서 Q38 내지 Q44에서 자세히 살펴보았다. 한편, 문화체육관광부와 한국저작권위원회, 그리고 한국저작권보호원은 2022년 6월 14일경 〈NFT 거래 시 유의하여야 할 저작권 안내서〉를 발간하였다. 해당 안내서에 게시된 '매도인의 유의사항'을 종합해보면 다음과 같다.

> **••• NFT 발행인 또는 매도인이 유의할 점**
>
> 1) 저작자이거나 저작재산권을 양수한 자가 NFT를 발행하여 판매하는 경우
>   - 권리관계 분쟁을 방지하기 위해 NFT의 원본 저작물을 한국저작권위원회에 등록해 둘 것을 권장
>   - 공동저작물의 경우 저작권자 전원의 동의가 있었는지 확인
>   - 저작인접권자(실연자, 음반제작자 등)가 있는 경우 저작인접권자의 동의를 얻었는지 확인
>
> 2) 저작재산권 이용허락을 받아 NFT를 발행하여 판매하는 경우
>   - NFT 발행 및 판매 여부, 저작물 이용 범위(복제권, 전송권 등), 판매 조건에 대해 저작권자로부터 별도의 이용허락을 얻었는지 확인
>   - 저작인격권 침해가 일어나지 않도록 유의(원저작물의 본질적인 부분을 변형하는 경우 저작자의 동의를 받을 것)
>
> 3) NFT 매수인이 이를 재판매하는 경우
>   - 이용허락을 받아 제작된 NFT인 경우, 원칙적으로 저작물을 이용할 권리를 제3자에게 양도하기 위해서는 저작권자의 동의 필요(저작권법 제46조 제3항)
>   - 단, ① 원권리자(최초판매자)가 저작물 이용권리는 전전매수인(다음 구매자)에게 이전된다고 밝힌 경우, ② 또는 NFT를 매수한 자가 별도로 원권리자에게 허락을 받은 경우는 예외
>
> 4) 저작권 외에도 다른 사람의 권리를 침해하지 않도록 유의
>   - 초상권과 퍼블리시티권을 침해하지 않도록 주의할 것
>   - 상표권 및 디자인권 등을 침해하지 않도록 주의할 것
>   - 오라클 문제를 주의할 것

(이상 〈NFT 거래 시 유의해야 할 저작권 안내서〉, 2022, 9면 참조)

Q46. NFT가 판매 중단된 경우 매도인의 책임은 무엇일까?

발행자 또는 매도인 외에 원본의 저작권자가 별도로 존재하는 경우, 발행자 또는 매도인은 저작권자에게 저작권 양도 또는 이용허락을 받아야 한다. 이때 주의할 것은, 저작물에 대한 이용허락을 받은 상태라고 하더라도, 위 이용허락에 해당 저작물을 NFT로 발행하기 위한 권리가 포함되어 있는지 다시 확인해 보아야 한다는 것이다.

만약 이용허락을 받지 않고 NFT를 발행한 경우, 저작권자는 NFT 마켓플레이스 또는 NFT 보유자에게 '저작권침해금지'를 청구할 수 있다(저작권법 제123조 제1항 및 2항). 구체적으로, 저작권자는 NFT 게시 및 거래 중단을 요청할 수 있고, 저작권을 침해하는 물건의 폐기나 그 밖의 필요한 조치를 구할 수도 있다. '그 밖의 필요한 조치'에는 NFT 완전삭제, 오프체인 링크 삭제 등의 청구가 포함될 수 있을 것이다.

그런데 NFT 매수인이 원본의 저작권을 함께 구매하는 것으로 알고 NFT를 구매한 경우에는 상황이 더 복잡해질 수 있다. 원본 저작권자는 NFT 매도인이나 매수인에게 직접 저작권침해금지를 청구할 수도 있지만, 연락처를 알기 쉬운 NFT 마켓플레이스에 대해 침해금지청구를 할 가능성도 있다. 만약 NFT 마켓플레이스에게 이용약관에 따라 제3자로부터 저작권침해금지청구를 당한 NFT 프로젝트를 임의로 삭제할 권리가 있고, 저작권자의 청구를 받아들여 NFT 프로젝트를 삭제한 경우, 매수인 입장에서는 많은 돈을 지불하고 구매한

NFT가 항변할 기회도 없이 삭제될 수 있다는 것을 의미한다.

이때 NFT 매수인은 NFT 마켓플레이스에 대해 ① 삭제 또는 거래 중단된 NFT를 원상회복하도록 요청해 보거나, NFT 마켓플레이스 또는 매도인(판매자)에 대해 ② 거래 중단 혹은 삭제로 인해 발생한 손해(구매액 상당)의 배상을 구하는 방법을 고려해 볼 수 있다. 근본적으로 저작권 이용허락을 받지 못한 NFT는 이를 일시적으로 복구하더라도 여전히 다시 삭제될 가능성은 남아 있게 된다. 따라서 NFT 매수 비용을 환불 또는 손해배상받는 것이 보다 현실적인 방법이 될 수 있을 것으로 보인다. 다만, 환불 또는 손해배상을 청구하는 경우에도 '누구에게', '어떤 법적 근거로' 할 것인지 고민이 필요하다. 가장 먼저 떠오르는 것은 NFT 마켓플레이스에 환불을 요청하는 것인데, 이는 아래 'NFT 마켓플레이스의 책임'에서 보다 자세히 살펴보기로 하고, 여기서는 발행인 또는 매도인에게 물을 수 있는 법적 책임을 살펴보도록 한다.

채무자가 채무의 내용에 좇은 이행을 하지 않는 것을 '채무불이행'이라 하며, 이때 채권자는 채무자의 채무불이행으로 인하여 발생한 손해에 대해 채무자에게 그 배상을 청구할 수 있다(민법 제390조). 이때 ① NFT를 특정물로 보고, 매도인에게 '하자 없는 NFT를 인도할 의무'가 있는 것으로 해석하여, '불완전 급부로 인한 채무불이행책임'을 인정할 수 있다고 보는 견해(이 견해는 아래에서 살펴볼 담보책임과의 청구권경합을 인정한다)와 ② 매도인은 NFT를 인도함과 동시에 채무이행을 완료하였으므로 채무불이행은 성립하지 않는다는 견해가 있다. 또한 ③ NFT의 법적 성질이 명확히 정해지지 아니한 현 상태에서는 매도인이 '권리관계에 하자 없는 NFT임'을 명시적으로 진술 및 보장하는 경우에만 이를 위반한 책임을 물을 수 있다는 견해도 있다. 이러한 견해의 대립은 NFT를 법적인 관점에서 어떻게 바라보는지에 따라 발생한다고 볼 수 있는데, 향후

NFT를 직접적으로 규정 및 규제하는 법령이나 제도가 마련되면 보다 명확한 해석이 이루어질 수 있을 것으로 보인다.

　나아가 매수인이 계약을 해제하거나 취소한다면 매도인은 더 이상 NFT 매매대금을 보유할 권원이 없게 되었으므로 매수인에게 위 대금을 반환해야 할 것이다. 그러나 매도인이 해외에 있거나 신원을 확보할 수 없는 경우 계약 해제의 의사를 표시하고 대금을 반환받는 것은 현실적으로 쉽지 않을 것으로 예상된다.

　결국 위와 같은 사례에서, 매수인은 계약 이행 이후 권리 일부가 타인에게 속하였다는 점을 알게 된 것이므로, 민법상 담보책임을 물을 수 있을 것으로 보인다. 민법 제572조는 ① 매매의 목적이 된 권리의 일부가 타인에게 속함으로 인하여 매도인이 그 권리를 취득하여 매수인에게 이전할 수 없는 때에는 매수인은 그 부분의 비율로 대금의 감액을 청구할 수 있고, ② 잔존한 부분만이면 매수인이 이를 매수하지 아니하였을 때에는 선의의 매수인은 계약 전부를 해제할 수 있고, ③ 선의의 매수인은 감액청구 또는 계약 해제 외에 손해배상을 청구할 수 있다는 취지를 규정하고 있다. 단, 계약을 해제하거나 손해배상을 청구하기 위해서는 매수인이 '선의'였다는 점이 입증되어야 한다. 즉, 매수인은 저작권자가 따로 존재한다는 사정을 알지 못하였어야 한다. 담보책임을 묻는 경우에도 매수인에게 선의에 대한 입증 부담이 존재한다고 볼 수 있다.

　한편 대법원은, "민법 제572조의 규정은 단일한 권리의 일부가 타인에 속하는 경우에만 한정하여 적용되는 것이 아니라 수 개의 권리를 일괄하여 매매의 목적으로 정한 경우에도 그 가운데 이전할 수 없게 된 권리 부분이 차지하는 비율에 따른 대금 산출이 불가능한 경우 등 특별한 사정이 없는 한 역시 적용된다"고 판시한 바 있다(대법원 1989. 11. 14. 선고 88다카13547 판결). 대법원의 이러한 입장을 고려한다면, 매도인은 NFT의 소유권과 원본 저작권을 일괄하여 매도하였음에도, 그중 일부인 저작권(NFT 발행을 위한 복제·공중송신권 등)을 이전할 수 없게 되었으므로, 민법 제572조의 규정이 직접 적용되거나, 유추적용될 수 있을 것으로 판단된다.

마지막으로, 매도인이 원작자로부터 이용허락을 받지 않았다는 것을 알고 NFT를 발행·판매한 것이라면 형사상 사기죄(형법 제347조)도 성립할 수 있을 것이다.

Q47 NFT 매수인은 매매계약을 취소할 수 있을까?

　NFT는 재산의 일종으로 매매의 대상이 될 수 있고, 실제로 NFT 매매계약은 빈번히 이루어지고 있다. 그렇다면 NFT 매매계약도 일반적인 매매계약처럼 '취소'할 수 있을까?

　법률상 '취소'란 일단 유효하게 성립한 법률행위의 효력을 행위 시에 소급하여 소멸시키는 의사표시를 말하고(민법 제141조), 그러한 의사표시를 할 수 있는 권리를 '취소권'이라 한다. 취소권은 법률상 근거가 있어야 효력이 있다.

　이하에서는 ① 우선 법률상 취소권의 근거 규정이 무엇인지 확인해 보고, 나아가 ② 스마트 계약이 매개된 매매계약도 법률상 취소할 수 있는지, 취소가 가능하다면 다른 매매계약을 취소한 것과 동일한 효과가 발생하는지 간략히 살펴보기로 한다.

　민법 제140조는 "취소할 수 있는 법률행위는 제한능력자, 착오로 인하거나 사기·강박에 의하여 의사표시를 한 자, 그의 대리인 또는 승계인만이 취소를 할 수 있다"는 취지로 규정하고 있다. 이에 따르면 NFT 매수인이 매매계약을 취소할 수 있는 경우는, NFT 매수인이 ① 제한능력자인 때, ② 착오에 빠졌을 때, ③ 사기·강박을 당한 때로 한정된다. 이를 '협의의 취소'라고 부르기도 한다.

　'제한능력자'란 현행 민법에서 미성년자(민법 제5조) 또는 성년후견개시 등의 심판을 받은 자(민법 제9조 내지 제14조의3)를 의미한다. 매도인이 성년후견개시 등의 심판을 받은 것은 매우 특수한 경우이므로, 일반적으로는 매수인이 미성년자(만 19세 미만인 자, 민법 제4조)인 경우의 취소가 문제 될 것으로 보인다.

한편, 착오에 의한 취소(민법 제109조)는 계약 내용의 중요한 부분에 착오가 있을 것을 요건으로 한다. 법원은 위작을 진품으로 알고 매수한 매수인이 착오를 이유로 매매계약을 취소하는 것은 가능하다고 판시한 바 있으므로(대법원 2018. 9. 13. 선고 2015다78703 판결), 위작 NFT를 구매한 매수인이 이와 같이 착오 취소를 주장하고, 매매대금의 반환을 구하는 것도 가능할 것으로 예상된다. 한편, 시가에 대한 착오는 중요 부분의 착오가 아니라는 것이 기존 판례의 입장이므로(대법원 1991. 2. 12. 선고 90다17927 판결), NFT를 시가보다 높은 가격에 구매하였더라도 특별한 사정이 없는 한 착오가 있었던 것이라고 주장하기는 어려울 것이다.

그리고 사기 또는 강박에 의한 취소(민법 제110조) 중 '강박'은 정상적인 의사표시가 불가능할 정도로 공포심을 느낄 만한 해악을 고지할 때 성립하는데, 통상적인 NFT 매매계약은 거의 모든 경우 비대면으로 이루어지고 몇 번의 클릭만으로 체결된다는 점에서 '공포심을 느낄 만한 해악의 고지'가 있다는 것을 인정하기는 쉽지 않을 것이다. 한편, '사기'란 적극적인 기망으로 상대를 착오에 빠뜨리는 행위를 의미하는데, 거래 상대방이 계약, 관습, 조리상 고지 의무가 있다고 인정될 만한 중요한 사실을 고지하지 않은 경우에도 기망행위가 인정될 수 있다(대법원 2006. 10. 12. 선고 2004다48515 판결). 실무상 '사기'는 상대방의 고의 여부나 고지 의무의 존재 여부가 주로 쟁점이 되는데, 이를 모두 입증하는 것은 쉽지 않다. 특히 NFT 매매계약에서는 상대방에게 위작NFT를 판매하는 것이 기망행위에 해당한다고 볼 가능성이 있겠으나, 직전 매도인이 NFT를 직접 발행한 자가 아니라면 판매한 NFT가 위작이라는 점을 알지 못하고 판매하였을 가능성도 상당하므로, 매수인 입장에서 사기 취소를 주장하는 것이 어려울 수 있다.

이상의 내용을 종합하여 볼 때, NFT 매매계약에서 '취소'는 ① 미성년자가

처분 가능한 소득수준을 넘는 고가의 NFT를 구매한 경우, ② 위작인 NFT를 진품으로 알고 구매한 경우에 실익이 있을 것으로 보인다.

한편, NFT 매매계약의 취소를 위해 의사표시를 할 상대방은 누구인가? 일반적인 매매계약은 거래 상대방이 명확하게 존재하므로, 계약 상대방에게 취소 의사표시를 하면 족하다. 그런데 NFT 매매계약이 스마트 계약으로 구성되어 있다면 스마트 계약의 관리자, 즉 NFT 마켓플레이스를 상대로 취소권을 행사하여야 하는 것이 아닌지 의문이 든다. 예를 들어 자판기에서 음료수를 구매하는 경우, 계약 상대방은 음료수 제조업체가 아니라 자판기 관리인으로 보는 것이 자연스럽기 때문이다. 그런데 스마트 계약이 매개되었다면, NFT 매매대금은 곧바로 판매자에게 지급될 것이므로, 부당이득의 주체이자 매매대금 반환을 구할 상대방은 NFT 매도인이 된다. 이처럼 스마트 계약을 이용하는 경우 정확한 계약 상대방이 누구인지 불분명한 면이 있어, 취소권 행사에도 다소간 혼란이 발생할 수 있을 것으로 보인다. 다만, NFT 매수인은 NFT 매도인이 누구인지 알기 어려운 경우가 대부분이어서 NFT 매도인에게 직접 의사표시를 도달시키는 것이 곤란하다는 점을 고려하면, NFT 마켓플레이스를 매매계약의 상대방 또는 취소권 행사의 상대방으로 해석하여 일정한 책임을 지우도록 해야 한다는 견해가 있으나, 명확한 법률상 근거가 없으므로 입법적으로 해결되어야 할 문제로 판단된다.

마지막으로, 취소권을 행사하면 원상회복을 하여야 할 것인데, 매수인 입장에서는 매매대금으로 지급한 가상자산의 시가 상당액을 명목화폐로 되돌려받는 것도 가능할 것으로 보이나(일종의 가액배상), 매매계약과 법적 효과가 반대되는 새로운 스마트 계약을 체결(즉, NFT 매도인이 다시 NFT를 매수하는 것 같은 외관이 형성될 것이다)하여 가상자산을 다시 현물로 돌려받는 방법도 고려해 볼 수 있을 것이다(강제집행 가능성에 대해서는 Q77 참조).

Q48. NFT 내용을 허위로 작성하면 형사적 책임이 있을까?

NFT의 내용을 허위로 작성한다는 것은, 원작과는 다른 내용을 NFT에 입력하거나, 블록체인 검증기록과 다르게 거래내역을 위조하는 행위 등을 상정해 볼 수 있고, 이 경우 아래와 같이 형사처벌될 가능성이 있다.

형법 제232조의2는 "사무처리를 그르치게 할 목적으로 권리·의무 또는 사실 증명에 관한 타인의 전자기록 등 특수매체기록을 위작·변작한 자는 5년 이하의 징역 또는 1,000만 원 이하의 벌금에 처한다"고 규정하고 있다. 이를 '사전자기록위작·변작죄'라 한다.

대법원은 가상자산사업자의 거래소 시스템이 '컴퓨터 등 정보처리장치를 이용하여 전자적 방식에 의한 정보의 생성·처리·저장·출력을 목적으로 전산망 시스템을 구축하여 설치·운영하는 경우'로서, '타인의 전자기록 등 특수매체기록'에 해당할 수 있다고 판시하였다(대법원 2020. 8. 27. 선고 2019도11294 판결). 위 사안은 가상자산 거래소에 차명계정을 만들어 허위 포인트를 입력한 사건이었는데, 대법원은 사전자기록위작죄를 인정하였다.

NFT는 거래와 동시에 다수의 컴퓨터(node, 노드)에 기록된다는 점에서 사실증명 기능을 가진 타인의 전자기록으로 해석될 여지가 상당하다. 따라서 위 판례는 NFT 마켓플레이스와 NFT 발행행위에도 그대로 유추적용될 수 있을 것으로 판단된다.

추가적으로, NFT 마켓플레이스에 고의로 허위정보(부정한 명령)를 입력하는 행위는 NFT 마켓플레이스의 업무를 그르치게 할 우려가 있으므로, 컴퓨터 등장애업무방해죄(형법 제314조 제2항)에 해당할 가능성도 있다.

> ••• **형법**
>
> **제314조(업무방해)**
> ② 컴퓨터 등 정보처리장치 또는 전자기록 등 특수매체기록을 손괴하거나 정보처리장치에 허위의 정보 또는 부정한 명령을 입력하거나 기타 방법으로 정보처리에 장애를 발생하게 하여 사람의 업무를 방해한 자도 제1항의 형(5년 이하의 징역 또는 1,500만 원 이하의 벌금)과 같다.

플랫폼의 책임

Q49 NFT 마켓플레이스의 책임은 무엇일까?

NFT 마켓플레이스는 기본적으로 온라인으로 NFT를 직접 판매하거나, NFT를 거래할 수 있는 가상의 영업장을 운영한다는 점에서 전자상거래법에 따른 '통신판매업자' 혹은 '통신판매중개자'에 해당할 수 있다.

> ••• 전자상거래 등에서의 소비자보호에 관한 법률
>
> **제2조(정의)**
> 이 법에서 사용하는 용어의 뜻은 다음과 같다.
> 3. "통신판매업자"란 통신판매를 업으로 하는 자 또는 그와의 약정에 따라 통신판매업무를 수행하는 자를 말한다.
> 4. "통신판매중개"란 사이버몰(컴퓨터 등과 정보통신설비를 이용하여 재화 등을 거래할 수 있도록 설정된 가상의 영업장을 말한다)의 이용을 허락하거나 그 밖에 총리령으로 정하는 방법으로 거래 당사자 간의 통신판매를 알선하는 행위를 말한다.

오픈씨(OpenSea)를 필두로, 다양한 NFT의 거래 플랫폼인 대부분의 NFT 마켓플레이스는 통신판매중개자, 이른바 '오픈마켓'에 해당하는 것으로 이해할 수 있다. 우리 법원은 '오픈마켓'을 "다수의 판매자와 구매자가 온라인상에서 거래를 함에 있어서, 까다로운 입점 조건 없이 누구나 판매자 및 구매자가 될 수 있는 시장 또는 그러한 시장의 운영 형식"이라고 정의한 바 있다(서울고등법원 2008. 8. 20. 선고 2008누2851 판결).

이처럼 오픈마켓 혹은 마켓플레이스로 대중들에게 잘 알려진 통신판매중개업자는 단순히 판매자와 마켓의 이용에 대한 계약을 체결할 뿐, 마켓에서 제품을 구매하는 소비자와는 별도의 명시적인 계약을 체결하지 않는다는 점에 그 특징이 있다. 그렇기 때문에 전자상거래법은 통신판매업자와 통신판매업중개업자에 대하여 아래와 같은 의무를 규정하고 있다.

먼저, 통신판매업자는 전자상거래법상 다음과 같은 의무를 부담한다.

> ••• **전자상거래법상 통신판매업자의 의무**
>
> 1. 신고 의무(제12조)
> 2. 표시광고에 신원정보 포함(제13조 제1항)
> 3. 거래 조건 등 계약 전 고지 및 서면교부(제13조 제2항)
> 4. 미성년자와 계약 시 고지 의무(제13조 제3항)
> 5. 신의성실 의무(제13조 제5항)
> 6. 청약확인 의무(제14조)
> 7. 재화 등의 공급 등(제15조)
> 8. 구매안전서비스 제공(제24조)
> 9. 휴업기간 청약철회 업무처리(제22조 제1항)
> 10. 거래기록 보존(제6조)
> 11. 공정한 소비자정보 수집 및 이용(제11조)

오픈마켓과 같은 통신판매중개업자는 다음과 같은 의무와 책임을 부담한다.

> ••• **전자상거래법상 통신판매중개업자의 의무**
>
> 1. 거래 기록 보존(제6조)
> 2. 사전 고지 의무(제20조 제1항)
> 3. 사전 고지 의무 위반 시 연대배상책임(제20조의2 제1항)
> 4. 정보제공 의무(제20조 제2항)
> 5. 정보제공 의무 위반 시 연대배상책임(제20조의2 제2항)
> 6. 분쟁 해결을 위한 조치 의무(제20조 제3항)

만약 통신판매중개업자가 위와 같은 의무를 불이행하는 경우에는 전자상거래법 규정에 따라 소비자의 손해에 대하여 배상할 책임이 있다.

이 외에도 통신판매중개업자에게 민사상 불법행위책임이 인정될 수 있는지도 문제가 될 수 있다. 통신판매중개업자 혹은 오픈마켓에 해당하는 사안은 아니지만, 대법원은 온라인 게시 공간에 타인의 저작권을 침해하는 게시물이 게시되었던 사건에서 해당 게시 공간을 운영하던 사업자에게 방조에 의한 공동불법행위책임(민법 제760조 제3항)을 인정한 바 있다(대법원 2010. 3. 11. 선고 2009다5643 판결).

한편, NFT 마켓플레이스는 단순히 온라인 쇼핑몰, 오픈마켓처럼 재화를 판매 혹은 판매를 중개하는 것에 그치는 것이 아니다. NFT의 원본이 저작물이고, NFT의 매매를 통해 저작권의 양도가 수반되거나 원본의 거래가 함께 이루어지는 경우 등에는 저작물에 대한 거래행위가 있는 것으로서 저작권법이 적용될 여지가 있다. 저작권법은 온라인상에서 저작물의 전달 등과 관련한 서비스를 제공하는 자들을 '온라인서비스제공자'라고 규정하고 있으며, 이들에게 별도의 책임을 규정하고 있다(다만, NFT 그 자체가 현행 저작권법상 저작물로 인정되기 어려운 만큼, 저작권의 양도나 원저작물의 거래가 수반되지 않는 경우의 통상적인 NFT 거래 및 그 거래를 중개하는 NFT 마켓플레이스를 저작권법으로 규제하는 것은 쉽지 않을 것이다).

> ●●● **저작권법**
>
> **제2조(정의)**
> 이 법에서 사용하는 용어의 뜻은 다음과 같다.
> 30. "온라인서비스제공자"란 다음 각 목의 어느 하나에 해당하는 자를 말한다.
>   가. 이용자가 선택한 저작물 등을 그 내용의 수정 없이 이용자가 지정한 지점 사이에서 정보통신망을 통하여 전달하기 위하여 송신하거나 경로를 지정하거나 연결을 제공하는 자
>   나. 이용자들이 정보통신망에 접속하거나 정보통신망을 통하여 저작물 등을 복제, 전송할 수 있도록 서비스를 제공하거나 그를 위한 설비를 제공 또는 운영하는 자

온라인서비스제공자 중 카페, 블로그, 웹하드 등 일정한 자료를 하드디스크나 서버에 저장하여 사용할 수 있게 하는 서비스(이른바 '저장 서비스')는 저작권법이 규정하고 있는 온라인서비스제공자의 책임 중 저작권 침해에 대한 방조책임이 가장 빈번하게 문제되는 서비스이다(저작권법 제102조 제1항 제3호).

이러한 저장 서비스는 자신이 제공하는 서비스 내에서 저작권 침해의 사실을 알게 되거나, 복제, 전송의 중단 요구 등을 통해 저작권 침해가 명백하다는 사실 또는 그 정황을 알게 된 때에는 즉시 그 저작물 등의 복제와 전송을 중단시켜야 한다(서울고등법원 2016. 11. 3. 선고 2015나2049406 판결).

한편, NFT는 그 자체를 저작권법상 저작물이라고 보기 어려운 점, NFT는 원본 증명 기능이 있는 프로그램 내지 거래 기록(일종의 권리증명서)이라는 점, NFT의 거래는 이러한 증명서의 거래에 해당할 뿐이라는 점, NFT의 거래는 탈중앙화된 블록체인 네트워크상에서 이루어진다는 점에서 NFT 마켓플레이스

를 저작권법상 온라인서비스제공자 중 저장 서비스에 해당한다고 보는 것은 어려울 수 있다.

하지만 NFT 작품은 그 거래를 위해 마켓플레이스의 서버에 일단 저장되었다가 마켓플레이스 이용자들에게 제공되기도 한다는 점을 고려하면, 해당 마켓플레이스는 운영주체가 제공하는 저장 서비스를 바탕으로 이용자들의 이용이 이루어진다는 점에서 온라인서비스제공자로 해석될 가능성 또한 배제할 수는 없을 것이다.

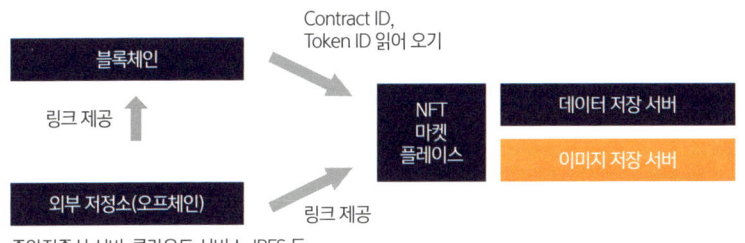

그렇다면 적어도 마켓플레이스 운영주체가 해당 NFT가 타인의 저작권을 침해 또는 무단으로 제작되어 거래되는 것임을 인지하거나 이용자들로부터 고지(notice)받은 경우, 운영주체에게 그에 따른 거래의 제한 내지 해당 게시물의 삭제(takedown) 등 필요한 조치를 취하도록 하는 의무를 온라인서비스제공자와 유사하게 부여함으로써 NFT 관련 시장의 건전한 발전을 도모할 필요가 있을 것이다. 즉, 현행 저작권법 규정에 비추어 NFT 마켓플레이스를 온라인서비스제공자로 해석하는 것은 어려울 것이나, 향후 이러한 특성들을 고려하여 온라인서비스제공자와 유사하거나 이에 준하는 수준의 책임을 부여하도록 입법이 이루어질 필요가 있다.

결국, 현행 법체계 하에서는 NFT 마켓플레이스에게 저작권법과 같은 일정한 면책 조항(저작권법 제102호 제11항)을 부여한다고 보기 힘들다. 그에 따라 현재 NFT 마켓플레이스들은 이용약관에서 자신들의 책임을 제한하고 있는 것으로 보인다. 실제로 '크로스(CROSS)'라는 마켓플레이스는 NFT 도용 논란이 발생하였을 때도 자신들에게 삭제 권한이 없음을 이유로 그 NFT를 삭제할 수 없다는 의사를 내비친 바 있다. 즉, 자신들은 탈중앙화 플랫폼이기 때문에 개인이 올린 작품을 삭제할 수 없다는 것이었다. 이와 달리 '오픈씨(OpenSea)'는 저작권자의 요청에 따라 저작권 침해 등의 문제가 발생한 NFT에 대해서 삭제 조치를 하고 있으며, '니프티 게이트웨이(Nifty Gateway)'는 애초에 분쟁 방지를 위해 검수 시스템을 거친 작품들만을 판매하고 있다.

정리하자면, 현재 NFT 마켓플레이스들은 전자상거래법에 따라 일정한 책임을 부담한다고 볼 수 있다. 다만, 대부분의 마켓플레이스들은 오픈마켓 플랫폼들과 같이 자신들이 운영하고 있는 플랫폼에서의 이용약관 등 계약상의 일정한 요건 충족을 근거로 하여 적어도 불법이 아닌 계약상의 문제에 대해서는 자신들이 폭넓게 면책될 수 있음을 주장할 수 있을 것이다. 다만, Q50에서 살펴보듯이 약관법에 따르면 사업자의 과도한 면책 조항의 효력을 인정하고 있지 않다는 점을 유의해야 한다.

••• NFT 마켓플레이스에 대한 중국 법원 판결

중국 항저우 인터넷 법원은 2022년 4월 22일경 만화 캐릭터 작품에 대한 독점적 이용허락을 받은 회사가 NFT 마켓플레이스를 상대로 정보네트워크전파권(국내법상 전송권) 침해를 주장하며 손해배상을 구한 사안에서 원고 승소 판결을 하였다.

　　一、被告　　　　　　　公司立即停止侵害原告深圳奇策迭出文化创意有限公司《胖虎打疫苗》美术作品信息网络传播权的行为；
　　二、被告　　　　　　　公司于本判决生效之日起十日内赔偿原告深圳奇策迭出文化创意有限公司经济损失及合理支出4000元；
　　三、驳回原告深圳奇策迭出文化创意有限公司其他诉讼请求。

위 법원은 NFT를 발행 및 판매하는 행위에 대하여, 이는 유형물을 복사하는 경우에 해당하지는 않으므로 '복제'로는 볼 수 없으나, NFT가 발행되면 불특정 다수에게 공개되고 스마트 계약을 통해 거래되므로 '전송'으로 볼 수 있다고 판시하였다. 나아가 위 법원은 NFT의 기술적 특성상 NFT를 보유한 자는 디지털 자산을 사용, 수익, 처분할 수 있으므로 디지털 자산의 소유권이 이전되는 것이라고까지 판시하였다.

무엇보다 위 판례는 NFT 마켓플레이스는 반드시 유효한 지적재산권 심사 절차를 두어 NFT가 적법하게 발행된 것인지 확인할 의무가 있다고 보았다는 점에서 의의가 있다. 특히 이 사건에서 피고인 NFT 마켓플레이스는 사후적으로 NFT를 삭제하는 등 조치를 하였음에도 '사전적으로 심사할 주의 의무'를 위반하였다고 보아, NFT 마켓플레이스의 책임을 강하게 인정한 것으로 평가된다.

Q50 NFT 마켓플레이스의 약관은 유효할까?

대부분의 마켓플레이스는 NFT를 제작하거나 판매하는 당사자가 아니라는 점에서, 자신들의 공간에서 거래되는 NFT의 저작권을 비롯한 권리침해 문제에 대해 어떠한 책임도 부담하지 않는다는 내용의 이용약관을 마련하고 있는 것이 일반적이다. 이는 NFT 마켓플레이스뿐만 아니라 오픈마켓 형태로 이용자들 간의 제품 거래 등을 제공하는 대부분의 사업자들 역시 마찬가지이다.

한편, 마켓플레이스 이용자들은 회원 가입 당시 사업자가 미리 작성해 둔 이용약관에 동의하는 형태로 마켓플레이스에 가입하여 NFT 판매 등에 관한 서비스를 이용하는데, 이러한 이용약관은 계약의 일종으로 약관법에 따른 규제를 받게 된다.

'약관'은 그 성질상, 사업자가 일방적으로 만들어 둔 내용의 계약을 체결한다는 점에서 이용자들에게 불공정할 여지가 존재하므로, 약관법은 사업자로 하여금 고객이 약관의 내용을 쉽게 알 수 있도록 한글로 작성하고, 표준화·체계화된 용어를 사용하며, 약관의 중요한 내용을 부호, 색채, 굵고 큰 문자 등으로 명확하게 표시하여 알아보기 쉽게 약관을 작성해야 하며, 약관상 중요한 내용을 고객이 이해할 수 있도록 설명할 의무를 부여하고 있다(약관법 제3조 제1항 및 제3항).

나아가 약관의 내용이 고객에게 부당하게 불리하거나, 고객이 계약의 거래형태 등 관련된 모든 사정에 비추어 예상하기 어려운 경우에는 해당 조항은 공정성을 잃은 것으로 추정되며, 이와 같이 공정성을 잃은 약관 조항은 무효이다(약관법 제6조).

이 외에도 약관법은 사업자나 사업자의 피고용자의 고의 혹은 중대한 과실로 발생한 법률상의 책임을 배제하거나, 이러한 손해를 고객에게 떠넘기는 내용의 약관 조항들도 무효로 보고 있다(약관법 제7조).

대법원 역시 "보통 거래 약관은 신의성실의 원칙에 따라 당해 약관의 목적과 취지를 고려하여 공정하고 합리적으로 해석하되, 개개의 계약 당사자가 기도한 목적이나 의사를 참작함이 없이 평균적 고객의 이해 가능성을 기준으로 보험단체 전체의 이해관계를 고려하여 객관적·획일적으로 해석하여야 한다. 특히, 그 계약의 내용이 당사자 일방이 작성한 약관의 내용으로서 상대방의 법률상의 지위에 중대한 영향을 미치게 되는 경우에는 약관의 규제에 관한 법률 규정의 취지에 비추어 더욱 엄격하게 해석하여야 한다"고 판시하여(대법원 2011. 4. 28. 선고 2010다106337 판결), 약관의 내용을 판단함에 있어서는 평균적인 고객의 이해 가능성을 기준으로 하여 사업자에게 보다 엄격한 잣대로 규율하고 있음을 알 수 있다.

그런데 대부분의 마켓플레이스 약관은 선 세계의 이용자들을 대상으로 서비스가 제공되고 있음에도 불구하고, 거래되는 NFT의 진본성이나 저작권 등의 문제를 담보하고 있지 않으며, 단지 권리침해자의 주장으로 해당 NFT의 이용 및 유통의 중단을 요청할 수 있는 경우를 마련하고 있을 뿐이라는 점에서 고객인 이용자들의 권익을 충분히 보호하고 있는지에 대해서는 의문이 들 수 있다.

이와 관련하여 공정거래위원회는 올 초 2022년 주요업무 추진계획을 발표하며 메타버스, NFT 등의 서비스에 대해서도 현행 법제도하에서 소비자 보호장치가 제대로 작동하는지 여부에 대한 모니터링을 강화하겠다고 밝힌 바 있다.

NFT 마켓플레이스를 포함한 오픈마켓 형태 플랫폼의 사업자들은 단지 거래의 장을 마련하고 있을 뿐이라는 점에서 자신들의 약관을 통해 최소한의 책임을 부담해 오고 있다. 그러나 기존의 상품을 판매하는 전통적 오픈마켓들은 서비스 지역 범위가 대한민국으로 한정된 경우가 대부분이라는 점, 그리고 많은 경우 1회 판매 이후 이용자들 간 재판매가 이루어지는 일이 드물다는 점에서 NFT 마켓플레이스와 명백한 차이점이 존재한다. NFT 마켓플레이스는 전 세계 이용자들을 대상으로 서비스를 제공하며, 주된 목적이 NFT를 구매한 이용자들 간의 유통이라는 점에서 이용약관을 해석함에 있어서도 보다 엄격한 기준이 필요할 것이다.

NFT 마켓플레이스 거래 중단에 어떻게 대비할까?

Q51

　NFT 마켓플레이스를 통해 NFT를 거래하는 경우 특정 NFT의 저작권 침해 문제 등으로 인해 해당 NFT의 거래가 중단되거나, 마켓플레이스의 관련 법령 등의 위반 문제로 인해, 혹은 마켓플레이스가 이용하고 있는 블록체인 프로토콜의 문제 등으로 인해 거래 전체가 중단될 수 있다.

　마켓플레이스는 이러한 경우를 예정하여, 자신들의 이용약관에 이용자들을 보호하는 취지의 내용들을 담고 있으나, 대부분의 경우 거래 종료 n일 전에 이용자들에게 이러한 사실을 고지하여 NFT 내지 가상자산을 이전하거나 다운로드받아 이용할 수 있도록 하는 정도에 그치고 있다.

　한편, NFT 마켓플레이스 사례는 아니지만 최근 가상자산 거래소 해킹에 따라 가상자산의 거래가 중단되자, 투자자들이 거래소를 상대로 투자금의 반환을 청구했던 사건이 있었다. 해당 사건에서 투자자들은 거래소를 상대로 민법 제390조와 제395조를 주장하며 투자금의 반환을 청구하였고, 1심 법원은 투자자들의 이러한 주장을 받아들여 일부승소 판결을 내렸다(서울중앙지방법원 2021. 11. 5. 선고 2018가합567582 판결, 현재 거래소가 항소하여 항소심 진행 중이며, 2022년 10월 20일 판결 선고예정이다).

> ••• **민법**
>
> **제390조(채무불이행과 손해배상)**
> 채무자가 채무의 내용에 좇은 이행을 하지 아니한 때에는 채권자는 손해배상을 청구할 수 있다. 그러나 채무자의 고의나 과실 없이 이행할 수 없게 된 때에는 그러하지 아니하다.
>
> **제395조(이행지체와 전보배상)**
> 채무자가 채무의 이행을 지체한 경우에 채권자가 상당한 기간을 정하여 이행을 최고하여도 그 기간 내에 이행하지 아니하거나 지체 후의 이행이 채권자에게 이익이 없는 때에는 채권자는 수령을 거절하고 이행에 갈음한 손해배상을 청구할 수 있다.

또한 세계 최대의 가상자산 거래소인 바이낸스(Binance)는 거래소 해킹 등으로 인하여 거래소의 거래가 중단되는 등 이용자들에게 손해가 발생하였을 경우를 대비하여 2018년 7월부터 이용자들의 손해를 보전하기 위한 기금을 운영하고 있다. 바이낸스는 전체 거래수수료의 10%를 사푸(Secure Asset Fund for Users, SAFU) 펀드에 할당하고 있으며, 이를 바탕으로 거래 중단 등으로 인해 손해를 입은 이용자들의 손해배상에 이용할 계획을 가지고 있다.

이러한 사례들을 고려하건대, NFT 마켓플레이스의 경우에도 불측의 거래 중단으로 인해 이용자들에게 손해가 발생한 경우, 마켓플레이스가 단지 해당 NFT의 다운로드 등을 제공하도록 함에 그치는 것이 아니라, 실질적인 이용자 보호 제도를 구비할 수 있도록 제도적 뒷받침이 되어야 할 것이다. 특정금융정보법의 시행에 따라 가상자산사업자들의 신고가 이루어졌지만, 당시 대부분의 관심은 실명확인이 가능한 입출금계정에 관한 내용 내지 정보보호 관리체계를 구비하였는지 여부에 쏠려 있었다. 하지만 이러한 사업자들의 업무 수행 과정에서 이용자들에게 손해가 발생하는 경우 어떠한 책임을 부담해야 하는지, 사업자들이 최소한으로 부담해야 하는 책임의 범위 등에 대해서는 크게 논의가 이루어진 바가 없었다.

　가상자산 거래소를 비롯한 NFT 마켓플레이스의 경우 해외 이용자들을 포함한 거래가 이루어져 거래 중단 등으로 인하여 발생할 수 있는 손해의 범위가 광범위할 수 있는 만큼, 예금자보호법에 따른 예금보험 수준의 보호는 아닐지라도 바이낸스의 사례와 같이 거래소가 자체적으로 이용자들의 손해를 보전할 수 있게끔 하는 수준의 안전장치를 만들 필요가 있을 것이다.

Q52 NFT 마켓플레이스 이용에 어떤 제한이 있을까?

　NFT 마켓플레이스 중 국내 가상자산 거래소인 업비트, 코빗 등이 운영하는 마켓플레이스는 이용약관을 통해 만 19세 미만의 미성년자의 경우에는 서비스 이용이 제한됨을 밝히고 있다. 이는 정부가 2017년 말 가상자산 거래 과열을 방지하기 위하여 미성년자, 외국인에 대한 계좌 개설 및 거래 금지 조치를 취한 이래 국내 가상자산 거래소들이 취하고 있는 방침이기도 하다.

　나아가 특정금융정보법 제5조의2 및 같은 법 시행령 제10조의2에 따라 고객확인의무제도(Know Your Customer, KYC / Customer Due Diligence, CDD)가 시행되면서, 거래소에 실명계좌를 제공하는 각 시중은행은 개인 명의의 실명계좌를 통한 원화 입출금만을 허용하도록 권장되었고, 법인 명의의 가상자산 계좌 발행 또한 제한되고 있다. 물론, 최근 신한은행이 내부 심사를 통해 일부 법인을 대상으로 가상자산 계좌를 발행하여 준 것이 알려져, 향후 시중은행의 심사를 거쳐 가상자산 거래 주체가 확대될 가능성은 남아 있다고 볼 수 있다.

　한편, 해외 NFT 마켓플레이스 중 가장 큰 규모를 자랑하는 오픈씨의 경우에는 메타마스크 지갑 연동을 통해 NFT 거래를 하게 되는데, 메타마스크 지갑은 미성년자 여부를 떠나 누구나 자유롭게 생성할 수 있다. 그러므로 미성년자도 메타마스크 지갑을 오픈씨에 연결하여 NFT 거래에 활용할 수 있다.

　다만, 이 경우에도 NFT 제작 내지 거래를 위해 필요한 이더리움 블록체인의 이용을 위해서는 가상자산 거래소에서 가상자산의 이전이 필요하고, 대한민국 국적의 미성년자는 가상자산 거래소 가입이 어려우므로, 오픈씨를 이용함에 있어서도 간접적으로 일정한 제약이 발생할 수 있다(물론 부모가 가상자산을 자녀에게 전송하여 주거나, 무료인 폴리곤 네트워크를 사용하는 등의 방법을 통해서는 NFT 거래를 할 수 있다. 이 경우 발생하는 증여세 문제 등은 Q75를 참고).

이처럼 국내외 법 내지 제도 안에서는 미성년자의 NFT 마켓플레이스 가입 및 이용에 일정한 제한이 존재한다. 다만 오픈씨와 같은 해외 마켓플레이스는 지갑 개설을 위해 별도의 개인정보를 기입할 필요가 없이 누구나 지갑을 개설하고 이용할 수 있도록 하는 경우가 있다.

Q53. NFT 마켓플레이스가 준수해야 할 사항이 무엇일까?

아직까지 NFT 마켓플레이스를 특정하여 규율하는 법령은 존재하지 않으나, 문화체육관광부 및 한국저작권보호원, 한국저작권위원회는 〈NFT 거래 시 유의해야 할 저작권 안내서〉에서 NFT 마켓플레이스가 다음 내용을 준수할 것을 권장하고 있다.

① NFT를 이용한 저작물 거래에 대한 기본 사항을 약관 등을 통해서 사전 고지하고, 약관의 중요 사항은 거래 당사자에게 별도 고지할 것

② NFT 마켓플레이스에 대한 이의신청을 담당할 자를 지정하고 성명 및 연락처 등을 공지할 것

③ NFT의 Contract ID, Token ID, 블록체인 네트워크, 에디션 번호/총발행량을 게시할 것

④ 판매자에 대하여, 저작물의 주요 내용을 표시하도록 안내하고, 권리자임을 증명할 수 있도록 저작권등록증 또는 등록번호, SNS 등 게시를 도울 것

⑤ NFT 마켓플레이스가 발행을 돕는 경우 메타데이터에 저작자, 저작물 명칭, 원본 파일(링크)을 기재할 수 있도록 지원할 것

⑥ NFT 마켓플레이스가 직접 NFT를 판매하는 경우 매도인 유의사항을 준수할 것

●●● 거래소가 판매자에게 안내하는 게시글

√ 판매자가 NFT로 발행하려는 콘텐츠(미술품 등)에 대한 저작권자인가요?

√ 판매자가 콘텐츠(미술품 등)에 대한 저작권자가 아니라면, 저작권자로부터 콘텐츠를 NFT로 발행하여 판매하는 것에 대한 이용허락을 받았나요?

√ 판매자가 저작재산권자라도 저작자가 별도로 있다면 저작자의 저작인격권이 있으므로 저작권자는 저작자의 성명을 표시하고 작품의 동일성을 유지할 의무가 있습니다. 이를 준수했나요?

√ 음반(음원) 등을 NFT로 발행하여 판매할 때는 저작권자뿐만 아니라 저작인접권자의 동의도 필요합니다. 권리자 모두의 동의를 얻었나요?

√ 판매자는 NFT 구매자가 저작물에 대해 취득하는 권리 또는 저작물 이용 범위를 명확하게 안내했나요?

√ 구매한 NFT를 재판매하고자 하는 판매자의 NFT 구매로 얻은 저작물에 대한 이용 권리가 NFT 재구매자에게 이전되는지를 알려야 합니다. 이를 준수했나요?

√ 저작물 원본 파일이 NFT 거래소가 관리하지 않는 외부 저장소(IPFS 등)에 저장되었을 때 판매자는 해당 NFT가 유통되는 동안 해당 파일이 삭제되지 않도록 이를 유지해야 합니다. 이에 대해 동의하나요?

●●● 거래소가 구매자에게 안내하는 게시글

√ 구매자는 구매하고자 하는 NFT 콘텐츠의 주요 내용(창작자, 창작일, 판매 조건, 총발행량 등)을 확인했나요?

√ 구매자는 구매하고자 하는 NFT의 원본 저작물이 NFT 거래소가 관리하지 않는 외부 저장소에 저장되었을 때 원본 저작물의 존재를 확인했나요?

√ 구매자는 NFT 구매로 얻게 되는 저작물에 대한 권리를 확인했나요?

출처 : <NFT 거래 시 유의해야 할 저작권 안내서>, 2022, 10면 및 11면

네트워크 운영주체의 책임

Q54 코인 거래가 중단되어도
NFT 양도·판매가 가능할까?

NFT는 블록체인 네트워크를 특정하여 발행할 수 있다. 해당 블록체인(토큰)이 NFT 발행을 위한 프로토콜을 지원하여야 함은 물론이다. 또한 한번 발행된 NFT는 네트워크 간 스왑을 실행하지 않는 한 해당 블록체인 네트워크에 그대로 존재한다. 오픈씨에서 지원하는 블록체인 네트워크는 다음과 같다.

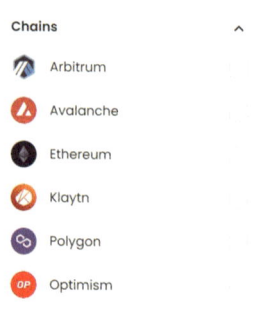

출처 : 오픈씨 홈페이지 캡처 화면

결국 NFT도 일종의 토큰인 이상, 해당 네트워크에 종속된다고 보아야 한다. 해당 NFT가 발행된 코인의 거래가 중단된다는 것은 거래 기록을 검증해 줄 채굴자 내지 지분증명 노드가 전부 활동을 중단했다는 뜻인데, 결국 NFT를 양도, 판매하는 등 모든 거래행위가 사실상 불가능하게 될 것이다.

단, 지갑에 접근하는 데에는 별도의 검증과정이 필요한 것은 아니므로, NFT를 감상하는 방법 등으로는 이용할 수 있을 것으로 보인다.

Q55 네트워크 운영자의 책임은 어디까지일까?

NFT가 유통되는 블록체인 네트워크는 탈중앙화된 시스템을 표방하고 있어 네트워크에 참여하는 모든 이용자들이 사실상 운영자로서 참여한다고 볼 수 있다.

한편, 네트워크 이용자들은 통상적인 플랫폼/서비스 제공 사업자들과 같이 일방향적으로 네트워크의 서비스를 제공하는 주체가 아니므로, 해당 네트워크에서 발생한 NFT의 저작권 침해 혹은 계약 불이행 문제 등에 대하여 책임을 부담한다고 보기 어렵다.

이와 유사하게, NFT 거래에 필수적인 코인 및 토큰 등 가상자산을 발행하는 주체, 또는 가상자산 거래소와 같은 사업자들도 NFT 거래 단계에서 NFT를 매매하는 이용자들과 직접적인 계약관계를 형성하고 있지 아니하고, 간접적으로라도 책임을 부담하도록 할 만한 네트워크 운영주체도 아니므로, NFT 거래 과정에서 분쟁이 발생하더라도 어떠한 책임을 부담하지 않는다고 본다.

••• DAO는 어떤 책임을 지는가?

'DAO(Decentralized Autonomous Organization)'는 무엇인가? DAO는 문자 그대로 '탈중앙화된 자율조직'을 의미하는데, 이더리움 네트워크와 함께 스마트 계약을 사용할 수 있게 되면서 최근 DAO에 대한 논의 역시 활발하게 이루어지고 있다. DAO는 스마트 계약(정확히는 Dapp)을 통해, 블록체인 네트워크에 참여하는 다수의 참여자들이 안건을 승인하는 방식으로 별도의 운영자 내지 중앙 조직 없이 집단적인 의사결정을 할 수 있는 구조를 형성할 수 있다.

미국의 경우 와이오밍주가 DAO의 법적 주체성을 인정하는 법안을 통과시키며 '더 아메리칸 크립토페드 다오'를 일종의 유한책임회사(LLC)로 인정한 사례가 있다.

다만, DAO가 구성되어 운영되기 위해서는 가장 먼저 일정한 참여자들의 자금 조달이 필요하고, 참여한 사람들의 공동의 목적을 위한 의사결정 시스템을 구축하여 그 운영이 이루어진다는 점에서 국내법상 유사수신행위에 해당하거나 자본시장법상 집합투자기구(fund)에도 해당할 가능성이 있다. 만약 블록체인 네트워크가 자유로운 참여를 바탕으로 운영되는 것이 아니라 DAO와 같이 애초부터 공동의 목적을 지닌 참여자들의 네트워크가 구성된 경우에는 해당 조직이 규제의 대상이 될 수 있는지, 그리고 그에 따라 어떠한 책임이 부과될 수 있는지에 대한 추가적인 논의들이 필요할 것이다.

권리침해자의 책임

Q56 유사한 홈페이지를 만들면 무엇이 문제일까?

 2021년 3월 '래리블(Rarible)', '오픈씨(OpenSea)', '오디우스(Audius)'와 같은 이름을 사용한 NFT 마켓플레이스 도메인 등록 건수는 전월 대비 약 300% 증가했다고 한다. 심지어 이러한 복제 NFT 마켓플레이스는 기존 NFT 마켓플레이스와 비슷한 레이아웃과 로고를 사용하여 구분이 어려울 정도이다. 이를 통해 이용자의 로그인 정보나 신용카드 정보를 빼돌리는 피싱 등 NFT 스캠(scam)의 위험이 있다는 점은 뒤에서 따로 다루고, 여기서는 복제 NFT 마켓플레이스의 저작권 침해, 부정경쟁행위 해당성에 대해 우선 살펴보기로 한다.

 저작권법상 '편집물'은 저작물이나 부호·문자·음·영상 그 밖의 형태의 자료의 집합물을 말하며, 데이터베이스를 포함한다(저작권법 제2조 제17호). 편집물로서 그 소재의 선택이나 배열 또는 구성에 창작성이 있는 것을 '편집저작물'이라 하고(동법 제2조 제18호), 편집저작물은 독자적인 저작물로서 보호된다(동법 제6조 제1항). 따라서 NFT 마켓플레이스 홈페이지가 편집저작물로 인정되는 경우에는 복제 NFT 마켓플레이스의 저작권 침해가 인정될 것이다. 인터넷 홈페이지도 그 구성 형식, 소재의 선택이나 배열에 있어 창작성이 있는 경우에는 편집저작물로서 보호된다는 것이 판례의 입장(서울중앙지방법원 2003. 8. 19. 선고 2003카합1713판결 참조)이므로, NFT 마켓플레이스 홈페이지의 구성이나 배열이 일반적인 전자상거래 홈페이지와 구별되는 독특한 개성이 있는 경우에는 NFT 마켓플레이스 홈페이지의 저작권이 인정될 것으로 보인다.

한편, 기존 NFT 마켓플레이스를 도용하여 복제 NFT 마켓플레이스를 만드는 것은 부정경쟁방지법상 '부정경쟁행위'에 해당할 가능성도 있다. 먼저, 정당한 권원 없는 자가 국내에 널리 인식된 타인의 성명, 상호, 상표, 그 밖의 표지와 동일하거나 유사한 도메인 이름을 ① 정당한 권원이 있는 자 또는 제3자에게 판매하거나 대여할 목적, ② 정당한 권원이 있는 자의 도메인 이름의 등록 및 사용을 방해할 목적, ③ 그 밖에 상업적 이익을 얻을 목적으로 등록·보유·이전 또는 사용하는 행위(부정경쟁방지법 제2조 제1호 아목)에 해당할 수 있다. 구체적으로 상업적 이익을 얻을 목적으로 국내에 널리 인식된 타인의 상표 등 표지를 자신의 NFT 마켓플레이스 도메인 이름으로 등록하는 경우가 이에 해당한다.

둘째로, 타인의 상당한 투자나 노력으로 만들어진 성과 등을 공정한 상거래 관행이나 경쟁질서에 반하는 방법으로 자신의 영업을 위하여 무단으로 사용함으로써 타인의 경제적 이익을 침해하는 행위(부정경쟁방지법 제2조 제1호 파목)에 해당할 수도 있다. 다만, 판례는 "피고 홈페이지의 인사말이 원고의 것과 유사하고, 메뉴 순서가 모두 세로로 배열되어 있다는 사실만으로는 원고 홈페이지의 전체 디자인 콘셉트 및 색상, 구성, 세부 카테고리, 표현 기법 등이 원고의 '상당한 투자나 노력으로 만들어진 성과'라는 점을 인정하기에 부족하다"고 판단하였고, "업계 대부분이 보편적으로 사용하고 있는 홈페이지 구성을 사용하는 경우 피고가 '공정한 상거래 관행이나 경쟁질서에 반하는 방법'을 사용하였다고 보기 어렵다"는 취지로 판시한 바 있다(대구지방법원 2014. 7. 8. 선고 2013가합11243 판결 참조).

Q57. NFT를 피싱하거나 해킹할 수 있을까?

'해킹'이란 "다른 사람의 컴퓨터 시스템이나 통신망에 권한 없이 접근하여 데이터를 빼내거나 파괴하는 행위"를 의미하는바, 블록체인에 기록된 데이터를 직접 변경하거나 삭제하는 등의 방법으로 NFT를 해킹한 사례는 아직까지 발생하지 않은 것으로 보인다. 이는 보안성이 최고의 장점인 NFT의 특성 때문일 것이다. 다만, NFT 해킹은 주로 '피싱(phishing)'의 형태로 이루어지고 있다. '피싱'이란 Private Data와 Fishing의 합성어로, "이메일, 메신저 등을 통하여 신뢰할 수 있는 사람이나 기업이 보낸 메시지인 것처럼 가장하여, 비밀번호 및 신용정보 등을 부정하게 얻으려는 행위"를 의미한다. 구체적으로 기존 NFT 프로젝트의 SNS 계정을 해킹하거나, NFT 마켓플레이스로 가장하여 보유자에게 피싱 메일을 보내거나, 아예 피싱 페이지를 만들어 보유자들로부터 NFT 또는 가상자산을 탈취하는 식이다.

이 외에도 2022년 4월 해커들은 세계적인 NFT 프로젝트인 '지루한 원숭이들의 요트클럽(Board Ape Yacht Club, 이하 'BAYC'라고 한다)'의 공식 인스타그램을 해킹한 후, 이용자들에게 '새로운 NFT를 발행할 수 있는 링크'라며 링크와 함께 공지를 게시하였다. 이 링크는 이용자의 전자지갑 주소를 열 수 있도록 하는 악성코드였고, 이를 클릭한 이용자들이 보유한 약 37억 4,800만 원 상당의 NFT가 도난당했다. 같은 달, 샤만즈(Shamanz), 뇨키 클럽(Nyoki Club), 두들스(Doodles), 프리키 랩스(Freaky Labs), 카이주킹즈(Kaijukingz)

등 다수의 다른 유명 NFT 프로젝트들도 피싱 공격을 받았다. 대부분의 NFT 프로젝트의 커뮤니티 플랫폼으로 쓰이는 디스코드(Discord)[7] 서버가 해킹된 후 악성 링크가 공유되었고, 그것에 접속한 보유자가 피해를 입은 것이다.

한편, 2022년 4월 필리핀대학교가 운영하는 공식 트위터 계정 @upsystem 이 해킹을 당하기도 했다. 해커는 20만 팔로워를 가진 해당 계정명을 '다카시 무라카미(takashi murakami)'로 변경한 뒤, 피싱 사이트로 연결되는 링크와 함께 "론칭을 기념하기 위해 '무라카미 플라워 시드(Murakami Flower Seeds)'를 에어드롭한다"라는 게시물을 업로드하였다. 일본의 팝 아티스트인 다카시 무라카미는 실제 'Murakami.Flowers Seed'라는 NFT 시리즈를 선보인 적도 있기에, 해당 수법은 매우 교묘했다고 볼 수 있다. 다행히 대학과 이용자의 빠른 대처로 몇 분 후 공격자가 게시한 모든 트윗이 삭제되었다. 해당 피싱 사기의 피해 규모는 알려지지 않았다.

이와 같은 NFT 피싱 사례는 국내에서도 발생하고 있다. 현대자동차는 2022년 5월부터 자동차업계 최초로 NFT를 발행 및 판매하였으나, 그 과정에서 현대자동차 디스코드 계정이 해킹을 당하며 NFT 구매자가 피싱 피해를 입게 된 것이다. 앞서 언급한 BAYC 사례와 비슷하게, 공격자는 운영자의 공지 게시 권한을 탈취하여 악성 링크를 게시하였고, 이를 클릭한 일부 이용자의 전자지갑에 있던 가상자산이 도난당했다. 정확한 피해 규모가 밝혀진 바는 없으나, 현대자동차는 피해자에 대한 배상 계획을 세우는 등 후속 조치를 취한 것으로 알려졌다.

7.
음성, 채팅, 화상통화 등을 지원하는 인스턴트 메신저

세계적 규모의 NFT 마켓플레이스 역시 피싱 공격에서 자유롭지 못했다. 2022년 2월 세계 최대 NFT 마켓플레이스인 '오픈씨(OpenSea)'의 이용자들이 약 20억 원 규모의 NFT를 도난당한 것이다. 공격자는 오픈씨에서 보낸 공식 이메일로 가장하여 이용자에게 가짜 계약을 보내 서명을 유도하였고, 서명을 확보한 이후에는 자산 이동을 승인하는 내용에 그 서명을 사용하여 결과적으로 NFT의 보유권한을 임의로 이전시켰다. 일각에서 오픈씨의 코드베이스 자체가 침해된 것이 아니냐는 논란이 일자, 오픈씨 최고경영자 데빈 핀저는 "이번 사건은 피싱 사건이며 오픈씨 웹사이트에서 시작된 것이 아니라고 결론 내렸다"며 오픈씨의 보안상 문제가 아닌 점을 명확히 하기도 했다.

2021년 8월 뱅크시의 웹사이트에 'Great Redistribution of the Climate Change Disaster(기후변화재앙의 재분배)'라는 광고 페이지가 추가되었고, 해당 페이지에 연결된 NFT가 경매를 통해 약 3억 9,000만 원에 판매되었다. 뱅크시 측은 공식 홈페이지에 경매 관련 페이지를 추가한 적이 없다고 밝혔고, 이에 가짜 NFT 판매자의 해킹 및 사기 행각이 드러나게 되었다. 이후 피해자는 언론에 이 사실을 알리고 온라인에서 가해자의 트위터 계정을 찾아내는 등 적극적으로 대처하였고, 결국 5,000파운드(약 800만 원)의 거래수수료를 제외한 대부분의 돈을 반환받게 되면서 해프닝으로 일단락되었다.

NFT 프로젝트 운영진과 이용자의 신속한 대처로 피싱 페이지로 인한 피해를 막아낸 적도 있다. 2022년 4월경 탈린 NFT 프로젝트사인 메타트는 새벽 1시가 넘은 시각에 유저로부터 오픈씨에 기존의 탈린 NFT 페이지(Taciturn-robot)가 아닌 유사한 스캠 페이지(Talin Star Space)가 있다는 제보를 받았다. 스캠 페이지는 글로벌 탈린 커뮤니티명과 동일한 이름으로 피싱을 진행하였기에 피해 우려가 막심했으나, 늦은 시각임에도 프로젝트사의 발 빠른 대처로 피해 사고 없이 피싱 페이지를 막았다는 평가를 듣고 있다.

위와 같이 NFT 제작, 판매 과정에서 연계된 지갑 서비스, 디지털 자산 저장소 등에 대한 해킹 피해 사례가 다수 발생하고 있다. 이러한 피해를 막기 위해서는 NFT 마켓플레이스 이용자 모두가 주의를 기울여야 할 필요가 있다. 특히, 이용자는 NFT를 에어드롭(airdrop, 가상자산을 무료로 증정하는 것을 의미하는데, 새로운 사용자를 유인하거나 커뮤니티를 확대하기 위한 홍보 전략으로 자주 이용된다) 한다는 메일에 악성코드나 링크가 포함될 수 있다는 점을 유의해야 한다. 피싱 메시지를 막기 위해 아예 디스코드의 다이렉트 메시지의 기능을 꺼두는 것도 하나의 방법이 될 수 있다. 나아가 여러 플랫폼에서 동일한 암호를 사용하는 것을 피하며, 계정의 이중 인증 기능을 활성화하는 것이 좋다. 마지막으로, 어떠한 경우에도 전자지갑 관련 정보를 공유하지 않되, 중요한 자산은 하드웨어 지갑에 보관하는 것이 좋다. NFT 마켓플레이스 역시 모니터링을 강화하여 피싱 공격 발생 시 신속한 대처 방안을 강구할 필요가 있을 것으로 보인다.

Q58 NFT를 이용한 투자 사기는 무엇일까?

'투자사기'란 투자의 명목으로 사람들을 기망하여 재물을 탈취하는 행위를 의미하는데, 개별법상 '투자사기'를 규율하는 구체적인 법률이나 조항은 별도로 존재하지 않는다. 다만, 형법은 "사람을 기망하여 재물의 교부를 받거나 재산상의 이익을 취득한 자는 10년 이하의 징역 또는 2,000만 원 이하의 벌금에 처한다"고 규정하여(형법 제347조 제1항) 사기죄를 처벌하고 있는바, '투자사기'는 형법상 사기죄에 해당될 것이다(한편, 피해 액수에 따라서 특정경제범죄처벌에 관한 특례법이 적용될 수 있다). 그렇다면 NFT를 이용한 투자사기는 어떤 방식으로 이뤄지는 것일까?

우리나라에서 2022년 2월 NFT를 이용하여 투자사기를 벌인 피의자가 체포된 사건이 있었다. 클레이튼 기반 한국형 NFT 프로젝트 캣슬(CatSle)은 2021년 11월부터 2022년 1월까지 자체 제작한 고양이 캐릭터가 그려진 그림을 민팅하여 1만 개의 NFT를 거래소 '오픈씨'에 등록하였고, 이를 구입하면 "가상화폐 교환권"을 주겠다고 홍보하며 투자자를 모집하였다. 이에 9명의 투자자가 약 2억 1,000만 원 상당의 금액을 투자하였는데, 이후 피의자가 2022년 1월 21일 "메인계정 해킹으로 더 이상 프로젝트를 진행할 수 없다"는 내용의 글을 남기고, 홈페이지, 오픈채팅방, SNS 등을 모두 폐쇄하고 잠적하였다. 프리세일 당시 3만 원에서 5만 원 사이에 거래되었던 NFT 가격은 4,000원대로 추락하여 총피해 금액은 상당할 것으로 보인다. 결국 캣슬의 개발자는 형법상 사기 혐의로 체포되었다.

이와 같이 NFT를 이용하여 투자자를 모집하여 재산상 손해를 입히는 사기를 '러그풀(Rug Pull)'이라고 한다. '러그풀'이란 "양탄자(Rug)를 잡아당기면(Pull) 그 위에 있던 사람들이 한순간에 넘어진다"는 표현에서 유래된 용어로, 블록체인업계에서 프로젝트 주체가 투자자를 모집하여 대금을 받은 상태에서 진행하던 프로젝트를 갑자기 중단하여 종적을 감추며 투자자에게 피해를 입히는 사기 수법이다.

앞서 언급한 캣슬 사례 이외에도, 국내에 발생한 러그풀 사례만 해도 다수이다. 진도지(JINDOGE) 코인은 일본 시바견을 마스코트로 내세운 도지(DOGE) 코인이 큰 인기를 끌자 한국 진돗개를 마스코트로 하여 등장한 K-밈(Meme) 토큰이다. 그러나 2021년 5월 진도지 코인 개발자들은 공급 물량을 소각해 가격을 올리고, 전체 물량의 15%를 일괄 매도하여 20억 ~30억의 이익을 챙긴 뒤 홈페이지와 트위터 등을 폐쇄하고 잠적하였다. 이에 진도지코인의 가격은 97% 급락했다.

2021년 10월 출시된 오징어게임(Squid Game) 코인은 넷플릭스 드라마 〈오징어게임〉의 인기에 편승하여 출시된 것으로, 출시 이후 가격이 약 830배 정도 급등했었다. 그러나 개발자들이 단 5분 만에 물량을 매도하고 잠적하여 가격이 폭락하였으며, 피해액만 약 140억 원에 달하는 것으로 알려졌다.

2022년 1월에는 솔라나를 기반으로 하는 솔라이프 NFT도 관련 트위터와 홈페이지를 모두 닫고 사라지기도 했다. 솔라이프는 뽑기로 '베이비카드'라는 NFT를 구해서 P2E 게임을 하는 프로젝트인데, NFT 뽑기 하나당 3.99솔라나(약 56만 원)에 판매되었으나, 러그풀 이후 약 11만 원으로 가치가 폭락하기도 했다.

해외에서 이슈가 되었던 러그풀 사례로는 'Billionaire Dogs Club' NFT가 있다. 이들은 프라이빗, 퍼블릭 세일을 모두 합쳐 약 12억 원 이상의 수익을 얻고 난 뒤 공식 디스코드 채널과 웹사이트를 삭제했다. Laurent Correia라는 프랑스의 리얼리티 TV 쇼 인플루언서가 해당 NFT를 적극 홍보하였기 때문에 그를 신뢰한 많은 피해자들의 공분을 샀다.

> ●●● **NFT 매수인이 유의할 점에는 무엇이 있는가?**
>
> 요즘 가상자산 시장의 신조어는 'DYOR(Do Your Own Research)'이라고 한다. 탈중앙화된 시스템하에서 투자사기 피해를 온전히 짊어져야 하는 투자자 스스로, 투자 대상에 대해 직접 공부하고 분석해야 한다는 것이다. NFT 매수인이 NFT 매매계약을 체결하기 전 검토해 볼 사항은 다음과 같다.
>
> ① **거래소의 약관을 확인**
> ② **판매자가 정당한 권리자인지 확인**
> - 판매자가 게시한 정보(저작권등록증, 등록번호 등)를 통한 확인
> - 개발자의 실명과 사진 등 신원 공개 여부 확인
> - 개발 이력 확인(SNS의 팔로워 수가 많다는 사실로는 부족하다. 이는 조작이 쉽기 때문이다)
> ③ **판매 대상을 확인**
> - NFT 연결된 저작물의 창작자, 창작일 확인
> - Contract 주소, Token ID, 블록체인 네트워크의 종류, 에디션 번호 확인
> - 외부 저장소에 저장되어 있는 저작물의 존재 확인
> ④ **판매 조건의 확인**
> - NFT 구매로 취득하는 권리 또는 이용허락 범위 확인
> - 판매자 게시 내용 및 거래소 약관 확인(이용허락 범위가 명시된 경우 그 내용에 따르고, 판매 조건이 별도로 설정되지 않는 경우 약관에 따르게 된다. 만약 약관에도 아무런 이용 범위가 기재되어 있지 않다면, NFT 매수인은 저작물에 대한 이용허락을 받은 것이 아니므로 해당 원본을 이용할 수 없다)
> - 저작물의 온라인 전시 또는 영리 목적의 복제 이용이 가능한지 확인
> - NFT의 디지털 사본을 교부받은 경우에도 이용허락 범위 확인
> - 매수인의 재판매를 금지하는 약정이 있는지 확인
> ⑤ **재판매 시 유의사항 확인**
> - 재판매가 가능한지 확인
> - 최초판매자가 설정한 저작물 이용 조건이 재구매자에게 이전되는지 확인
> ⑥ **기타 간접정보 확인**
> - NFT 프로젝트의 코드 오픈 여부, 보안 검사, 수시 업데이트 진행 확인
> - 홈페이지 구성이나 내용이 엉성하고, 오탈자가 많거나 어색한 번역문으로 구성되는 등 신뢰하기 어려운 것은 아닌지 확인
> - 개발자가 판매를 유보한 물량 확인
> - 동일 NFT 프로젝트를 구매한 다른 매수인(투자자)들의 정보 확인

••• 유사수신행위로 인한 처벌이 가능한가?

「유사수신행위의 규제에 관한 법률」상 '유사수신행위'란 다른 법령에 따른 인허가를 받지 아니하거나 등록·신고 등을 하지 아니하고 불특정 다수인으로부터 자금을 조달하는 것을 업으로 하는 행위로서(제2조) '장래에 출자금의 전액 또는 이를 초과하는 금액을 지급할 것을 약정하고 출자금을 받는 행위'(제2조 제1호) 등을 의미한다. 누구든지 유사수신행위를 하여서는 아니 되며(제3조), 이를 위반하여 유사수신행위를 한 자는 5년 이하 징역 또는 5,000만 원 이하의 벌금에 처한다(제6조 제1항).

유사수신행위 그 자체에는 기망행위가 포함되어 있지 아니하고 유사수신행위 금지 규정에 위반한 유사수신행위법위반죄와 형법상 사기죄는 그 구성요건을 달리하는 별개의 범죄행위이다(대법원 2018. 10. 4. 선고 2018도11912 판결). 코인 투자사기 등 피해를 당한 경우, 형법상 사기 또는 유사수신행위 금지 규정 위반 혐의 중 어느 것에 해당하는지 검토하여 형사 고소 등을 진행하는 것이 필요하다.

CHAPTER
04

NFT 권리와 보호

NFT의 유형이 매우 다양한 만큼, 활용 방법도 무궁무진할 것으로 예상된다.
NFT 활용 단계에서는 NFT 보유자, 원작자가 지니는 권리가 무엇인지,
NFT를 둘러싼 사고나 범죄가 일어나는 경우 어떻게 대처해야 하는지 등
여러 가지 흥미로운 주제들을 상상해 볼 수 있다.
이 챕터에서는 법률상 인정되는 '권리'를 중심으로
NFT가 활용되는 모습과 사례를 살펴보고,
NFT 관련 세금이나 강제집행 문제 등 법률적인 문제들까지
차근차근 알아보기로 한다.

NFT 보유자의 권리

NFT 보유자는 어떤 권리를 가질까?

Q59

    NFT 작품을 구매하여 보유한 자는 구매 과정에서 자신이 체결한 계약 조건에 따라 NFT 작품을 이용할 수 있다. 특히 NFT 보유자로서는 NFT 작품 이미지를 자신의 프로필에 사용하거나 SNS에 게시하고 싶은 경우가 많을 것인데, 그러기 위해서는 먼저 계약 조건을 확인할 필요가 있다.

    NFT 작품이란 결국 디지털 사본으로서 저작권법상 저작물의 복제물이라고 할 것이다. 그런데 NFT 작품을 구매하여 보유하였다고 할지라도 저작권을 양도받은 것이 아닌 한, 해당 NFT 작품을 스스로 감상하는 것을 넘어 이를 무단으로 복제하거나 제3자에게 전송하는 행위는 저작권자의 권리를 침해할 수 있다.

    한편, NFT 작품과 유사한 일반적인 미술품의 경우, 구매자와 저작권자가 다른 경우가 많다. 저작권법은 이러한 사정을 고려하여 미술품 원본을 구매하여 소유하고 있는 자는 작가와 같은 저작권자의 동의를 받지 않더라도 해당 미술품을 '전시'할 수 있도록 하고 있다(저작권법 제35조 제1항).

> ••• **저작권법**
>
> **제35조(미술저작물 등의 전시 또는 복제)**
> ① 미술저작물 등의 원본의 소유자나 그의 동의를 얻은 자는 그 저작물을 원본에 의하여 전시할 수 있다. 다만, 가로·공원·건축물의 외벽 그 밖에 공중에게 개방된 장소에 항시 전시하는 경우에는 그러하지 아니하다.
> ② 제1항 단서의 규정에 따른 개방된 장소에 항시 전시되어 있는 미술저작물 등은 어떠한 방법으로든지 이를 복제하여 이용할 수 있다. 다만, 다음 각 호의 어느 하나에 해당하는 경우에는 그러하지 아니하다.
> 1. 건축물을 건축물로 복제하는 경우
> 2. 조각 또는 회화를 조각 또는 회화로 복제하는 경우
> 3. 제1항 단서의 규정에 따른 개방된 장소 등에 항시 전시하기 위하여 복제하는 경우
> 4. 판매의 목적으로 복제하는 경우
> ③ 제1항의 규정에 따라 전시를 하는 자 또는 미술저작물 등의 원본을 판매하고자 하는 자는 그 저작물의 해설이나 소개를 목적으로 하는 목록 형태의 책자에 이를 복제하여 배포할 수 있다.

즉, 저작권법 제35조 제1항에 따라 미술품의 원본을 소유한 사람, 그리고 소유자의 동의를 얻은 자는 해당 원본 작품을 전시할 수 있으며, 이 과정에서 작가 혹은 저작권자의 허락을 받지 않더라도 저작권 침해에 해당하지 않는다.

하지만 저작권법의 이와 같은 규정은 미술품을 '전시'하는 경우에 한한다. '전시'의 의미에 대해 저작권법은 따로 정의하고 있지 않으나, 대법원은 "저작물이 화체되어 있는 유형물을 일반인들이 자유롭게 관람할 수 있도록 진열하거나 게시하는 것"이라고 판단한 바 있다(대법원 2010. 3. 11. 선고 2009다4343 판결).

그러므로 NFT 작품과 같이 실물이 아니라 디지털 콘텐츠 형태로 존재하는 작품은 그림과 같이 어떠한 형태를 가진 유형물이라고 보기 어려우므로, 이를

대중들의 관람을 위해 보여주고자 하더라도 저작권법상 전시에 해당한다고 보기는 어렵다. 오히려 대중들이 NFT 작품을 관람할 수 있도록 하는 것은 저작권법상 '공연'에 해당한다고 해석할 여지가 높다(저작권법 제2조 제3호).

> ••• 저작권법
>
> **제2조(정의)**
> 이 법에서 사용하는 용어의 뜻은 다음과 같다.
> 3. "공연"은 저작물 또는 실연·음반·방송을 상연·연주·가창·구연·낭독·상영·재생 그 밖의 방법으로 공중에게 공개하는 것을 말하며, 동일인의 점유에 속하는 연결된 장소 안에서 이루어지는 송신(전송을 제외한다)을 포함한다.

따라서 NFT 작품을 구매한 사람일지라도 이를 대중에게 공개하거나 관람할 수 있도록 제공하기 위해서는 작가 혹은 저작권자에게 공연권에 대한 이용허락을 받아야 하며, 그 허락받은 범위와 조건 내에서 NFT 작품을 활용할 수 있다는 점을 유의하여야 한다.

> ••• 저작권법
>
> **제17조(공연권)**
> 저작자는 그의 저작물을 공연할 권리를 가진다.
>
> **제46조(저작물의 이용허락)**
> ① 저작재산권자는 다른 사람에게 그 저작물의 이용을 허락할 수 있다.
> ② 제1항의 규정에 따라 허락을 받은 자는 허락받은 이용 방법 및 조건의 범위 안에서 그 저작물을 이용할 수 있다.

Q60. NFT를 통해 받는 혜택은 무엇일까?

　NFT는 희소성을 가진 재화이다. 스포츠, 음악, 패션 등 팬덤의 힘이 강한 엔터테인먼트 산업에서 '희소성'(rarity)은 매우 중요한 개념이다. 그 연장선에서 수집과 교환을 목적으로 발매되는 '트레이딩 카드 NFT'는 희소성이 그 가치에 큰 영향을 미치게 된다.

　예를 들어 Dapper Labs가 개발한 'NBA 탑샷(Topshot)'은 대표적인 트레이딩 카드 NFT이다. NBA 탑샷에는 NBA 리그 최고의 하이라이트 영상이 담겨 있다. 팬들은 자신의 컬렉션을 쇼케이스로 만들어 소장할 수 있다. 농구 선수 르브론 제임스가 코비 브라이언트의 '리버스 윈드밀 덩크'를 재현하는 영상이 담긴 디지털카드는 2021년 4월 40만 달러, 한화 4억 6,000만 원에 거래되기도 했다.

　일본 엔터테인먼트사들은 일찌감치 아이돌 포토카드를 NFT로 발행하고 있다. 그중 아이돌 그룹 'SKE48'과 멤버들의 동영상을 넣은 NFT가 최근 가장 주목을 받고 있다.

　한편, FSN이 제작한 K-POP 아티스트 PFP 프로젝트 '선미야'는 2022년 2월 25일 출시 1초 만에 9,300개가 완판되었다. 선미 NFT는 국내 여성 가수로는 최초로 발행된 PFP NFT이며, '선미야 클럽'을 론칭해 보유자들에게 선미 팬사인회 참여권, 미니 콘서트 참여권, 월드투어 VIP 초대권 등의 혜택을 준다는 것으로 관심을 모았다.

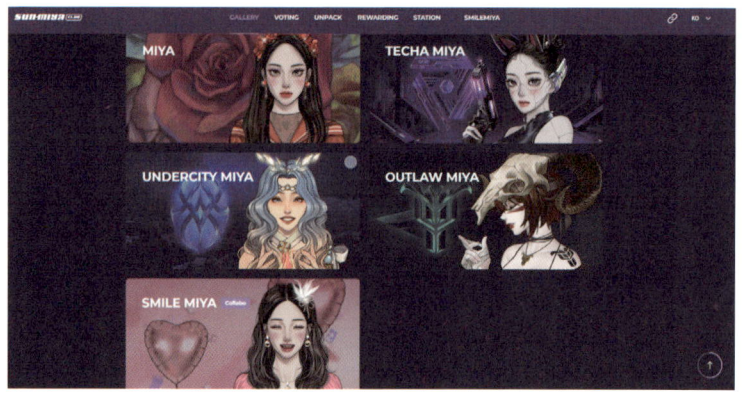

　이와 유사하게, 최근 국내 엔터테인먼트 기업들도 소속 연예인의 초상, 성명, 실연 등을 담은 NFT를 발매하기 위한 개발을 마친 것으로 알려졌다. 이르면 2022년 하반기 국내 연예인 NFT를 만나볼 수 있을 것으로 기대된다.

　이처럼 예술작품 NFT가 심미감이나 예술성을 중요시하는 것과 달리, 스포츠·엔터·게임 분야에서는 '소유욕' 또는 '과시욕'을 충족하는 것이 목적이 되는 경우가 많다. 그런데 NFT를 보유하는 것은 오로지 희소성을 기반으로 한 '소유욕', '과시욕' 등 주관적 만족감 때문일까? NFT를 재판매하지 않고 보유하고 있음으로써 보유자들은 어떤 혜택을 누리게 되는가?

　최근 3D 가상 아이돌 유나(Yuna) NFT 프로젝트가 주목을 받았다. '유나 NFT'는 2021년 4분기 2,850개가 발행된 데 이어, 지금까지 총 1만 개가 발행되어 전부 판매되었다. 한편, 위 프로젝트는 실제 작곡가와 프로듀서가 참여하여 유나를 연예인으로 성장시킨다는 특별한 스토리와 목표를 가지고 있다. 유나는 앞으로 앨범을 발매하고 콘서트를 개최할 예정인데, 유나 NFT 보유자들은 앨범, 콘서트, 광고 수익의 일부를 배당받을 수 있다. 나아가 '희귀 유나 NFT' 보유자들은 음원 작사나 앨범 제작 과정에 참여할 기회도 부여받는다. 또한 위 프로젝트를 진행하는 서울스타즈는 추후 STAR 토큰을 발행할 예정인데, NFT 보유자들은 위 토큰을 공개 가격(Initial Dex Offering, IDO)보다 할인된 가격에 구매할 수 있다. 추후 관련 P2E 게임(리듬 게임, 노래방 게임 등)이 출시 되면 게임 내에서 NFT 및 토큰이 활용될 것으로 예상된다.

이 외에 '더마르스'라는 NFT 프로젝트도 주목할 만하다.

'화성인(The Martians)' PFP NFT 보유자들은 희소한 PFP NFT를 보유함으로써 만족감을 얻는 외에도, 해당 프로젝트에 관련된 '더마르스 메타버스'에 얼리 액세스(Early Access)로 참여할 수 있고, 같은 회사에서 발행하는 다른 NFT 프로젝트에 우선적으로 참여할 수 있도록 NFT 마켓플레이스(brizzi.io)의 화이트리스트 패스권을 얻을 수 있으며, '더마르스 메타버스'의 기축통화인 MRST 토큰 사전청약권을 받게 된다. 나아가 NFT 스테이킹을 통해 토큰을 추가로 받거나, 관련 프로젝트들인 KPCT, 하이퍼스포츠클럽, COB, 원플래닛 등에 우선적으로 참여할 수 있다.

이상의 내용을 종합하여 보면, 최근 NFT 프로젝트들은 해당 프로젝트에서 초기에 발행되는 NFT를 보유하는 경우, 추후 해당 NFT 발행사가 개시하거나 다른 회사와 협력하는 또 다른 NFT·메타버스·현실 프로젝트 혹은 서비스에 대한 우선적인 참여권을 얻을 수 있게 되는 혜택을 주고 있다는 점을 알 수 있다.

다만, 초기에 발행되는 NFT 보유자들에게만 혜택을 부여하면 후발주자들이 박탈감을 느낄 수 있어, 지속적으로 프로젝트 참여 기회를 부여하는 등 운영상 균형이 요구될 것으로 보인다.

한편, 국내 NFT 프로젝트 중 가장 유명하고, 성공적이라고 평가받는 프로젝트로는 메타콩즈(MetaKongs)가 있었다. 메타콩즈는 2021년 12월경 출시되어 클레이튼 네트워크 최대 규모의 NFT 프로젝트로 성장해 왔다.

이 프로젝트를 요약하면, NFT를 2개 이상 보유한 보유자들은 생태계 내 거버넌스 토큰인 메콩 코인(MKC)을 지불하여 '베이비 콩즈'라는 새로운 NFT를 받을 수 있다는 것이다. 이 외에도 메타콩즈는 현대자동차, GS, CGV, 신세계백화점, 넷마블 등의 대기업과 컬래버레이션(Collaboration)을 통해 NFT 보유자들에게 다양한 혜택을 제공해 왔다[8].

지금까지는 주로 추가로 경제적 이득을 얻거나 배타적으로 운영되는 모임에 가입하기 위해 NFT를 장기 보유할 유인이 있지만, 앞으로 DAO와 같이 의결권을 부여하는 방식으로 활용될 가능성도 있는 것으로 보인다.

8.
그런데 해당 NFT들은 최근에는 NFT 수요 감소, 해킹 피해 발생, 운영진의 문제점에 대한 내부 폭로, 경영권 변동, 이더리움 체인으로 이동 등으로 가격이 다소 하락하게 되었다.

마지막으로, NFT 프로젝트가 NFT 보유자들에게 해당 프로젝트에서 발생하는 별도의 수익을 공유하는 경우, 해당 NFT는 증권에 해당할 가능성도 있으므로 발행 및 투자에 주의를 요한다.

> ### ••• NFT에서 말하는 화이트리스트란?
>
> '화이트리스트'란 '블랙리스트'의 반대말로 일반적으로는 '~하는 것이 허용된 목록' 정도로 해석할 수 있다. 그런데 NFT 시장에서 화이트리스트는 '충성도 높은 고객' 또는 'VIP 명단'이라는 취지로 사용되는 경우가 많다.
>
> 흥행에 성공한 NFT 프로젝트들은 민팅 직후 가격이 수십 배 치솟기도 한다. 최근 NFT 프로젝트는 민팅 자체가 치열한 경향이 있다. 이는 부동산 시장에서 분양을 받기 위한 청약 경쟁이 치열한 것과 유사하다.
>
> 이때 다음 NFT 민팅에 우선권을 부여하는 것을 '화이트리스트를 준다/얻는다'라고 표현한다. 즉, 화이트리스트를 얻은(포함된) 자는 보다 손쉽게 민팅에 참여하고, NFT 공개 발행 이후 거래가 가능해지면 높은 수익을 얻을 기회를 얻을 수 있게 된다.
>
> NFT 발행자 입장에서도 프로젝트를 홍보하기 위해 화이트리스트 방식을 이용하는 경우가 많다. 구매 희망자들에게 트위터, 유튜브 등 SNS 채널에서 해당 프로젝트를 홍보하도록 하고, 디스코드 등 커뮤니티 활동을 하는 경우 화이트리스트를 부여하는데, 민팅 우선권을 인센티브로 제공하여 참여를 유도하고 자연스럽게 홍보를 하는 방식이다.

••• 최근 주목할 만한 NFT 프로젝트들

앞서 소개한 NFT 외에도 많은 국내외 기업들이 NFT 시장 진출을 선언하고, 관련 서비스를 도입하려는 시도를 하고 있다.

현대카드는 공연·음반에 NFT를 접목한 데 이어, '콘크릿(KONKRIT)'이라는 상표를 출원하며 지정 상품으로 제38류 '가상세계 관련 디지털 파일 전송업' 등을 기재하여 주목을 받고 있다. 한편, 스타벅스는 기존 리워드 로열티 프로그램에 NFT를 결합한 '스타벅스 오디세이(Starbucks Odyssey)'를 발표하였다. TV 등 가전제품에 NFT 플랫폼을 탑재한 소프트웨어도 등장하였는데, 삼성전자와 LG전자는 올해에도 블록체인 관련 사업을 확장해 갈 것으로 예상된다. 이 외에도 그라운드 X는 과거에 인기를 끌었던 유명 IP를 활용하여 NFT를 발행하였다. 9월경 발표된 로봇 애니메이션 '볼트론(Voltron)' NFT가 대표적이다. 반대로, 완전히 새로운 IP를 개발하여 NFT를 발행하고, 현실 세계로 사업을 확장해 나가려는 기업도 있다.

애니메이션 '헬로카봇' 등을 제작한 스튜디오더블유바바는 '힙덕(HIP DUCK)' NFT를 발행하고, "바리스타와 사업가 힙덕이 만나 카페를 열었다"는 스토리로 실제 도봉구 소재 카페를 개장하여 영업을 준비하는 중이다.

이처럼 NFT와 연관된 다양하고 재미있는 시도들이 세상에 등장하고 있다. 앞으로 가상과 현실, 개별 산업을 넘나드는 새로운 혜택과 부가수익을 창출할 수 있는 NFT들이 더 많아질 것으로 기대된다.

보유자의 NFT 재판매는 가능할까?

Q61

저작권법상 저작자는 저작물의 원본이나 그 복제물을 '배포'할 권리를 가진다(저작권법 제20조). 저작권법상 '배포'란 "저작물 등의 원본 또는 그 복제물을 공중에게 대가를 받거나 받지 아니하고 양도 또는 대여하는 것"을 의미하는데(저작권법 제2조 제23호), 저작권법은 제20조 단서를 통해 저작자에게 배포권을 인정하면서도 그 저작물의 원본이나 사본이 권리자의 허락을 받아 판매 등의 방법으로 거래에 제공된 경우에는 배포권이 더 이상 인정되지 않는다고 하여 배포권을 제한하고 있다.

> ••• **저작권법**
>
> **제20조(배포권)**
> 저작자는 저작물의 원본이나 그 복제물을 배포할 권리를 가진다. 다만, 저작물의 원본이나 그 복제물이 해당 저작재산권자의 허락을 받아 판매 등의 방법으로 거래에 제공된 경우에는 그러하지 아니하다.

이처럼 저작권법 제20조 후단(뒷 부분)이 규정하고 있는 것을 이른바 '최초판매 이론(First Sale Doctrine)' 혹은 '권리소진의 원칙(Exhaustion of Rights)'이라고 일컫는다(이하 '권리소진의 원칙'이라고만 한다).

'권리소진의 원칙'은 저작권자의 권리와 저작물을 이용하고자 하는 이용자의 권리의 균형을 맞추기 위한 제도이다. 저작권법 제1조가 규정하고 있는 바와 같이 저작권법의 목적은 '저작자의 권리와 이에 인접하는 권리를 보호하고 저작물의 공정한 이용을 도모함으로써 문화 및 관련 산업의 향상 발전에 이바지하는 것'을 삼고 있는데, 권리소진의 원칙은 이 목적을 잘 표방하고 있다. 이에 따라 저작권자는 판매 등의 방법으로 자신의 저작물을 거래의 대상으로 제공한 이상, 정당한 대가를 지급하고 저작물을 취득한 이용자가 저작권자의 허락을 받지 않고 저작물을 제3자에게 다시 판매하더라도 배포권의 침해는 주장할 수 없는 것이다.

한편, 권리소진의 원칙은 배포권의 제한을 규정하고 있는 것이기에 저작물의 원본이나 복제물을 유형물의 형태로 거래하는 경우에만 적용된다. 디지털 파일 형태로 제작된 디지털 콘텐츠가 온라인상에서 거래되는 경우에는 파일을 다운로드하는 방식으로 거래가 되며, 이는 저작권법상 배포가 아니라 '전송'에 해당할 뿐이므로 권리소진의 원칙이 적용되지 않는다. 따라서 해당 콘텐츠를 서적, CD 등으로 구입한 사람은 배포권의 제한 없이 자신이 구매한 서적과 CD를 중고 거래 등을 통해 자유롭게 재판매하거나 양도할 수 있는 반면(권리소진의 원칙), PC에서 디지털 파일이나 소프트웨어의 형식으로 구입하여 다운로 받은 사람은 권리자의 허락 없이는 중고 거래(재판매)를 할 수 없다.[9] 디지털 파일과 소프트웨어를 다른 사람에게 '전송'하는 것에는 권리소진의 원칙이 적용되지 않기 때문이다.

이러한 해석은 형식 논리이며, 디지털 콘텐츠를 구매한 경우와 실물을 구매한 경우를 달리 취급할 이유가 없다는 점에서 디지털 콘텐츠의 경우에도 권리

9.
디지털 콘텐츠의 특성상 '중고'라는 개념을 상정하기 어렵지만, 종이책과의 비교를 통한 이해를 돕기 위하여 '중고'라는 표현을 사용하였다.

소진의 원칙이 적용되어야 한다는 주장도 있다. 우리나라의 경우에는 아직 이에 대해 법리적 판단이 이루어진 바가 없다. 유럽의 경우 2012년 Used Soft 판결을 통해 소프트웨어의 경우에는 권리소진의 원칙이 적용된다고 판시하였으나, 2019년에는 중고 전자책 판매 행위가 저작물의 공중 전달에 해당하여 권리소진의 원칙이 적용되지 않는다고 판시하기도 했다(이는 권리자의 허락을 받아야 한다는 의미이다).

이에 대해서는 소프트웨어의 경우 소비자들이 그것을 다운로드받든, CD 형태로 구매해서 이용하든 PC 등에 설치하여 사용한다는 점에서는 동일하지만, 전자책과 일반 종이책은 판매·소비 성질이나 물리적 영속성에 있어서도 차이가 있어 전자책에 대한 권리소진을 저지하기 위해 전자책과 소프트웨어를 구분하였다는 평가가 있다.

이처럼 디지털 콘텐츠 중에서도 소프트웨어와 전자책을 바라보고 있는 시선에 온도차가 있는데, NFT 역시 원작의 디지털 사본으로서 자유롭게 중고 거래 내지 재판매를 할 수 있는지 여부에 대해서는 법리적 판단이 이루어진 바가 없어 위와 같은 사례들을 바탕으로 추론할 수 있을 뿐이다.

결국, 현시점에서는 작품을 NFT로 제작하는 작가들이 NFT 작품을 판매하면서 "구매자가 자유롭게 재판매를 할 수 있으며, 그 과정에서 저작권 침해 주장을 하지 않을 것"을 계약 조건으로 명시한 경우에만 NFT 작품 구매자가 자유롭게 재판매를 할 수 있다고 보는 것이 구매자 입장에서는 안전한 해석이다. 그러므로 NFT를 제작하여 판매하는 사람, NFT 작품을 구매하는 사람, 그리고 이러한 NFT 작품의 거래를 중개하는 마켓플레이스 모두 이러한 사정을 고려하여 안전한 거래 및 각 당사자의 권익 보호에 보다 힘을 쏟아야 할 것이다.

●●● 참고 판례

미국 Capitol Records, LLC v. ReDigi Inc. 사건

음원 파일을 재판매하는 업체가 적법하게 구매한 음원 파일을 일반 이용자에게 재판매하는 것이 레코드사의 복제권 및 배포권을 침해하는지 여부가 문제 된 사안에서, 미 법원은 "음원이 복제됨과 동시에 기존 파일을 삭제한다 하더라도, 음원 파일이 이동하는 과정에서 저작물이 이미 새로운 유체물인 Redigi 서버에 복제가 이루어지게 되므로 복제권 침해에 해당한다"고 판단하면서, 권리소진의 원칙 적용을 부정하였다{Capitol Records, LLC v. ReDigi In., 934 F. Supp. 2d 640(S.D.N.Y. 2013)}.

Q62 NFT 권리침해행위의 중단을 요청할 수 있을까?

어떠한 권리가 침해되었을 때 타인으로 하여금 권리침해행위를 중단하도록 법원에 청구할 수 있는 권리인 '방해배제청구권(또는 금지청구권)'은 소유권(민법 제214조) 또는 소유권과 유사하게 배타적, 독점적으로 보호할 가치가 있는 권리들에 대해 특별히 법적으로 인정되는 권리이다. 따라서 이에 대한 법률 규정이 있는 경우에만 방해배제청구권을 행사할 수 있다. 예를 들어, 특허법 제126조 제1항 및 제2항, 상표법 제107조 제1항 및 제2항, 저작권법 제123조 제1항 및 제2항, 디자인보호법 제113조 제1항 등은 "권리자는 자기의 권리를 침해한 자 또는 침해할 우려가 있는 자에 대하여 그 침해의 금지 또는 예방을 법원에 청구할 수 있다"고 규정하고 있다. 이와 유사하게, 부정경쟁방지법 제4조에서도 "부정경쟁행위 등으로 자신의 영업상 이익이 침해되거나 침해될 우려가 있는 자는 위 침해행위를 하거나 하려는 자에 대하여 법원에 그 행위의 금지 또는 예방을 청구할 수 있다"고 규정하고 있다.

••• 특허법

제126조(권리침해에 대한 금지청구권 등)
① 특허권자 또는 전용실시권자는 자기의 권리를 침해한 자 또는 침해할 우려가 있는 자에 대하여 그 침해의 금지 또는 예방을 청구할 수 있다.
② 특허권자 또는 전용실시권자가 제1항에 따른 청구를 할 때에는 침해행위를 조성한 물건(물건을 생산하는 방법의 발명인 경우에는 침해행위로 생긴 물건을 포함한다)의 폐기, 침해행위에 제공된 설비의 제거, 그 밖에 침해의 예방에 필요한 행위를 청구할 수 있다.

••• 상표법

제107조(권리침해에 대한 금지청구권 등)
① 상표권자 또는 전용사용권자는 자기의 권리를 침해한 자 또는 침해할 우려가 있는 자에 대하여 그 침해의 금지 또는 예방을 청구할 수 있다.
② 상표권자 또는 전용사용권자가 제1항에 따른 청구를 할 경우에는 침해행위를 조성한 물건의 폐기, 침해행위에 제공된 설비의 제거나 그 밖에 필요한 조치를 청구할 수 있다.
③ 제1항에 따른 침해의 금지 또는 예방을 청구하는 소가 제기된 경우 법원은 원고 또는 고소인(이 법에 따른 공소가 제기된 경우만 해당한다)의 신청에 의하여 임시로 침해행위의 금지, 침해행위에 사용된 물건 등의 압류나 그 밖에 필요한 조치를 명할 수 있다. 이 경우 법원은 원고 또는 고소인에게 담보를 제공하게 할 수 있다.

••• 디자인보호법

제113조(권리침해에 대한 금지청구권 등)
① 디자인권자 또는 전용실시권자는 자기의 권리를 침해한 자 또는 침해할 우려가 있는 자에 대하여 그 침해의 금지 또는 예방을 청구할 수 있다.
② (생략)
③ 디자인권자 또는 전용실시권자는 제1항에 따른 청구를 할 때에는 침해행위를 조성한 물품의 폐기, 침해행위에 제공된 설비의 제거, 그 밖에 침해의 예방에 필요한 행위를 청구할 수 있다.

> **• • • 저작권법**
>
> **제123조(침해의 정지 등 청구)**
> ① 저작권 그 밖에 이 법에 따라 보호되는 권리(제25조·제31조·제75조·제76조·제76조의2·제82조·제83조 및 제83조의2의 규정에 따른 보상을 받을 권리를 제외한다. 이하 이 조에서 같다)를 가진 자는 그 권리를 침해하는 자에 대하여 침해의 정지를 청구할 수 있으며, 그 권리를 침해할 우려가 있는 자에 대하여 침해의 예방 또는 손해배상의 담보를 청구할 수 있다.
> ② 저작권 그 밖에 이 법에 따라 보호되는 권리를 가진 자는 제1항의 규정에 따른 청구를 하는 경우에 침해행위에 의하여 만들어진 물건의 폐기나 그 밖의 필요한 조치를 청구할 수 있다.
> ③ 제1항 및 제2항의 경우 또는 이 법에 따른 형사의 기소가 있는 때에는 법원은 원고 또는 고소인의 신청에 따라 담보를 제공하거나 제공하지 아니하게 하고, 임시로 침해행위의 정지 또는 침해행위로 말미암아 만들어진 물건의 압류 그 밖의 필요한 조치를 명할 수 있다.
> ④ 제3항의 경우에 저작권 그 밖에 이 법에 따라 보호되는 권리의 침해가 없다는 뜻의 판결이 확정된 때에는 신청자는 그 신청으로 인하여 발생한 손해를 배상하여야 한다.

NFT는 유체물 또는 관리가능한 동력(민법 제98조)에 해당하지 않으므로, 앞서 살펴본 것처럼 민법상 소유권 규정을 직접 적용할 수 없을 것으로 판단된다. 그리고 NFT 보유자의 권리를 규정한 개별 법률은 아직 존재하지 않는다. 따라서 NFT를 해킹으로 탈취당하거나, 제3자가 NFT를 복제하여 이용하는 등의 방법으로 NFT 보유자의 권리가 침해되더라도 NFT 보유자가 침해자에 대해 NFT 게시를 중단하거나, 회수 및 폐기할 것을 요청할 수 있는 법적 근거는 없는 상태이다. NFT의 원본 작품에 대해 NFT 발행자가 저작권을 보유한 경우에는 저작권에 기하여 금지청구권을 행사하는 것이 가능할 수 있지만, 이때에도 그 권리는 원본 작품에 대한 저작권에 따른 것이지 NFT 보유에 따라 인정되는 것은 아니다(부정경쟁행위에 해당하는 경우도 마찬가지이다).

즉, NFT 보유자는 침해자의 불법행위에 대해 "다른 의사표시가 없으면 손해는 금전으로 배상한다"고 정한 민법상 금전배상원칙(민법 제394조)에 따라 금전적 손해배상을 구할 수 있을 뿐이다.

> ●●● 민법
>
> **제98조(물건의 정의)**
> 본법에서 물건이라 함은 유체물 및 전기 기타 관리할 수 있는 자연력을 말한다.
>
> **제394조(손해배상의 방법)**
> 다른 의사표시가 없으면 손해는 금전으로 배상한다.

또한 NFT 보유자는 권리가 침해된 모습(해킹, 개인정보 유출, 콘텐츠 침해 등)에 따라, 그 사실을 수사기관에 신고하여 형사적인 처벌을 구할 수도 있을 것이다(정보통신망법 제48조 내지 제49조의2 및 제71조 제1항 제9호 및 제72조 제1항 제2호, 개인정보 보호법 제59조 및 제71조 제6호, 콘텐츠산업 진흥법 제37조 및 제40조 등 참조).

••• 정보통신망 이용촉진 및 정보보호 등에 관한 법률

제48조(정보통신망 침해행위 등의 금지)
① 누구든지 정당한 접근권한 없이 또는 허용된 접근권한을 넘어 정보통신망에 침입하여서는 아니 된다.
② 누구든지 정당한 사유 없이 정보통신시스템, 데이터 또는 프로그램 등을 훼손·멸실·변경·위조하거나 그 운용을 방해할 수 있는 프로그램(이하 "악성프로그램"이라 한다)을 전달 또는 유포하여서는 아니 된다.
③ 누구든지 정보통신망의 안정적 운영을 방해할 목적으로 대량의 신호 또는 데이터를 보내거나 부정한 명령을 처리하도록 하는 등의 방법으로 정보통신망에 장애가 발생하게 하여서는 아니 된다.

제49조(비밀 등의 보호)
누구든지 정보통신망에 의하여 처리·보관 또는 전송되는 타인의 정보를 훼손하거나 타인의 비밀을 침해·도용 또는 누설하여서는 아니 된다.

제49조의2(속이는 행위에 의한 정보의 수집금지 등)
① 누구든지 정보통신망을 통하여 속이는 행위로 다른 사람의 정보를 수집하거나 다른 사람이 정보를 제공하도록 유인하여서는 아니 된다.
(이하 생략)

제71조(벌칙)
① 다음 각 호의 어느 하나에 해당하는 자는 5년 이하의 징역 또는 5,000만 원 이하의 벌금에 처한다.
9. 제48조 제1항을 위반하여 정보통신망에 침입한 자
10. 제48조 제3항을 위반하여 정보통신망에 장애가 발생하게 한 자
11. 제49조를 위반하여 타인의 정보를 훼손하거나 타인의 비밀을 침해·도용 또는 누설한 자
② 제1항 제9호의 미수범은 처벌한다.

제72조(벌칙)
다음 각 호의 어느 하나에 해당하는 자는 3년 이하의 징역 또는 3,000만 원 이하의 벌금에 처한다.
2. 제49조의2 제1항을 위반하여 다른 사람의 정보를 수집한 자

••• 개인정보 보호법

제59조(금지행위)
개인정보를 처리하거나 처리하였던 자는 다음 각 호의 어느 하나에 해당하는 행위를 하여서는 아니 된다.
1. 거짓이나 그 밖의 부정한 수단이나 방법으로 개인정보를 취득하거나 처리에 관한 동의를 받는 행위
2. 업무상 알게 된 개인정보를 누설하거나 권한 없이 다른 사람이 이용하도록 제공하는 행위
3. 정당한 권한 없이 또는 허용된 권한을 초과하여 다른 사람의 개인정보를 훼손, 멸실, 변경, 위조 또는 유출하는 행위

제71조(벌칙)
다음 각 호의 어느 하나에 해당하는 자는 5년 이하의 징역 또는 5,000만 원 이하의 벌금에 처한다.
5. 제59조 제2호를 위반하여 업무상 알게 된 개인정보를 누설하거나 권한 없이 다른 사람이 이용하도록 제공한 자 및 그 사정을 알면서도 영리 또는 부정한 목적으로 개인정보를 제공받은 자
6. 제59조 제3호를 위반하여 다른 사람의 개인정보를 훼손, 멸실, 변경, 위조 또는 유출한 자

제72조(벌칙)
다음 각 호의 어느 하나에 해당하는 자는 3년 이하의 징역 또는 3,000만 원 이하의 벌금에 처한다.
2. 제59조 제1호를 위반하여 거짓이나 그 밖의 부정한 수단이나 방법으로 개인정보를 취득하거나 개인정보 처리에 관한 동의를 받는 행위를 한 자 및 그 사정을 알면서도 영리 또는 부정한 목적으로 개인정보를 제공받은 자

> ••• **콘텐츠산업 진흥법**
>
> **제37조(금지행위 등)**
> ① 누구든지 정당한 권한 없이 콘텐츠제작자가 상당한 노력으로 제작하여 대통령령으로 정하는 방법에 따라 콘텐츠 또는 그 포장에 제작 연월일, 제작자명 및 이 법에 따라 보호받는다는 사실을 표시한 콘텐츠의 전부 또는 상당한 부분을 복제·배포·방송 또는 전송함으로써 콘텐츠제작자의 영업에 관한 이익을 침해하여서는 아니 된다. 다만, 콘텐츠를 최초로 제작한 날부터 5년이 지났을 때에는 그러하지 아니하다.
> ② 누구든지 정당한 권한 없이 콘텐츠제작자나 그로부터 허락을 받은 자가 제1항 본문의 침해행위를 효과적으로 방지하기 위하여 콘텐츠에 적용한 기술적보호조치를 회피·제거 또는 변경(이하 "무력화"라 한다)하는 것을 주된 목적으로 하는 기술·서비스·장치 또는 그 주요 부품을 제공·수입·제조·양도·대여 또는 전송하거나 이를 양도·대여하기 위하여 전시하는 행위를 하여서는 아니 된다. 다만, 기술적보호조치의 연구·개발을 위하여 기술적보호조치를 무력화하는 장치 또는 부품을 제조하는 경우에는 그러하지 아니하다.
> (이하 생략)
>
> **제40조(벌칙)**
> ① 다음 각 호의 어느 하나에 해당하는 자는 2년 이하의 징역 또는 2,000만 원 이하의 벌금에 처한다.
> 1. 제37조 제1항 본문을 위반하여 콘텐츠제작자의 영업에 관한 이익을 침해한 자
> 2. 제37조 제2항 본문을 위반하여 정당한 권한 없이 기술적보호조치의 무력화를 목적으로 하는 기술·서비스·장치 또는 그 주요 부품을 제공·수입·제조·양도·대여 또는 전송하거나 이를 양도·대여하기 위하여 전시하는 행위를 한 자
> ② 제1항의 죄는 고소가 있어야 공소를 제기할 수 있다.

결국 NFT는 독점적이고 배타적인 처분, 관리, 이용이 가능한 것처럼 홍보되고 있으나, 정작 NFT의 처분, 관리를 위해 중요한 법적 권리인 '방해배제청구권' 또는 '금지청구권'은 직접적으로는 인정되지 않는 것이다. 이와 같이 일반인들의 인식과 NFT 보유를 통해 발생하는 권리 사이에 차이가 있으므로, NFT 거래 시 주의가 필요하다고 할 것이다.

••• NFT를 대상으로 한 가처분이 가능한가?

'가처분'이란 특정물의 급여를 목적으로 하는 청구권의 집행을 보전하기 위하여, 즉 현상이 바뀌면 당사자가 권리를 실행하지 못하거나 이를 실행하는 것이 매우 곤란하게 되는 경우 일방 당사자가 본안 소송에서 권리관계가 확정될 때까지 물건의 매매, 인도 등을 금지할 것을 법원에 신청할 수 있는 보전처분을 의미한다(민사집행법 제300조 제1항 참조). 가처분을 통해 채권자가 보전하고자 하는 청구권을 '피보전권리'라고 한다. 또한 가처분 등 보전처분을 꼭 해야만 하는 이유를 '보전의 필요성'이라고 한다. 가처분 신청이 인용되기 위하여는 '피보전권리'와 '보전의 필요성'의 요건이 모두 충족되어야 한다.

가처분의 유형 중에서도 부동산, 유체동산, 선박, 자동차, 채권, 허가권, 지식재산권, 광업권, 주식 등에 대한 '처분금지가처분' 또는 부동산, 유체동산, 주권에 대한 '점유이전금지가처분' 등이 실무에서 자주 이용된다. 이 외에도 '양도금지가처분', '명의변경금지가처분', '소유권이전등기절차 이행금지가처분', '추심금지가처분' 등 가처분의 유형은 다양하다.
NFT 보유자가 NFT를 보유할 권리를 침해당한 경우, 본안 소송에서 NFT에 대한 권리관계가 확정될 때까지 처분금지가처분을 통해 미리 NFT의 거래를 중단시켜 둘 수 있다면 분쟁 해결에 유용한 수단이 될 것이다.
그런데 NFT는 물건이 아니므로 민법상 소유권 규정이 적용되지 않아 NFT에 대한 '인도청구권'(민법 제213조)이 인정될 여지가 없다(서울남부지방법원 2020. 9. 3. 선고 2019가합1122183 판결). 따라서 본안 소송에서 NFT에 대한 인도를 구할 권리가 없다면 가처분의 요건 중 '피보전권리'가 존재하지 않는다고 봄이 논리적이다. 다만, NFT 내지 데이터에 대해 물권법을 적용하려는 시도가 계속되고 있는 점, 재산적 가치를 인정할 수 있는 가상자산에 대한 인도청구를 인용한 하급심 판례가 존재하는 점 등에 비추어, **NFT도 종국적으로는 인도청구의 대상이 될 수 있다는 견해**가 유력하다. 만약 이러한 견해에 따르면 NFT를 대상으로 하는 가처분도 일응 가능한 것으로 볼 수 있다.

나아가 법원은 "NFT가 경제적 가치를 가지는 무형의 재산이라는 점을 전제로, NFT의 이전을 위한 전자적 조치를 취할 것을 청구하는 소를 제기할 수도 있을 것"이라고 판시하기도 한바(서울남부지방법원 2020. 9. 3. 선고 2019가합1122183 판결), NFT의 전자적 이전청구권 등을 보전하기 위한 가처분도 가능하다고 볼 여지가 있다.
종합적으로, 아직까지 NFT를 대상으로 한 가처분이 인정된 선례가 없는 것으로 파악되나, 거래계의 실상을 고려할 때 거래안전 및 NFT 보유자의 권리 보호를 위한 법원의 적극적인 해석론이 요구되고 있다. 궁극적으로는 ① NFT의 물건성을 보다 명확히 하거나, ② 가처분에 대한 법적 근거를 명확하게 마련하는 것이 필요할 것이다.
한편, 보전처분 단계에서 '가압류'가 가능한지 여부도 문제 될 수 있는데, 이는 Q77에서 자세히 다루기로 한다.

NFT 매수자는 NFT 원작자의 권리를 대신 행사할 수 있을까?

NFT 보유자가 자신의 NFT와 똑같은 NFT가 마켓플레이스에서 판매되고 있다는 것을 발견하면 어떤 조치를 취해야 하는가? 우선 해당 NFT가 게시된 NFT 마켓플레이스에 신고하고 게재 중단 조치를 요구하는 방법을 떠올릴 수 있다. 하지만 NFT 마켓플레이스가 협조해 주지 않는다면, 결국 법원을 통한 구제 방법을 찾아야 할 것이다.

앞서 살펴본 것처럼 NFT를 물건이나 저작물로 해석하기는 어려우므로, NFT 보유자들이 'NFT 보유권'만으로 제3자에게 침해 중단을 요구할 수 있는 근거는 희박한 것으로 판단된다. 반면, NFT 보유자들이 해당 NFT 기초자산의 권리자이기도 한 경우에는 해당 기초자산에 기반한 법적 권리(예를 들어, 저작권법상 금지청구권 등)를 행사할 수 있음은 물론이다.

그런데 만약 NFT 보유자가 원작에 대한 권리를 보유하고 있지 않은 경우(NFT를 구매하면서 저작권까지 양수하지는 않은 경우)에는 어떻게 대처해야 하는가? 원작의 권리를 보유한 사람, 예컨대 NFT 발행자 또는 원작자이면서 NFT 발행을 허락해 준 사람의 권리를 대신 행사할 수는 없을까?

이때 떠올려볼 수 있는 것이 민법상 채권자대위권(민법 제404조)이다. 채권자대위권 제도는 채권자가 자신의 권리를 행사하지 아니하는 채무자의 권리를 대위 행사하여, 채무자의 책임재산을 보전함으로써 궁극적으로 자신의 채권 만족을 얻기 위한 제도이다. 즉, 채권자가 자신의 채권을 보전하기 위해 행사할 수 있는 권리이므로, 타인(채무자)에 대한 채권자의 권리(피보전권리)가 존재할 것을 요건으로 한다.

그런데 NFT 거래 과정에서는 NFT 매매계약과 동시에 NFT 인도가 이루어지므로, 채무이행이 완결되었다고 판단될 가능성이 높다. 즉, NFT 보유자(매수인)로서는 NFT 발행자(판매자)에게 특별히 이행을 구할 수 있는 것이 없으므로, '피보전권리' 자체가 존재하지 않게 된다. 나아가 NFT 매매계약에 따른 매수인의 권리와 원작의 저작권은 구분되고, 원저작권자가 저작권을 행사하지 않는다고 하여 NFT가 새삼 불완전한 상품으로 되거나 담보책임을 물을 수 있다고 보기는 어려울 것이다. 따라서 원작의 저작권이 침해된 경우 반드시 저작권을 행사하기로 하는 특약 등이 존재하지 않는 한 '피보전권리'가 존재하지 않는다고 할 것이다.

설령 NFT 매수인과 NFT 매도인 간 특별한 약정이 있어 피보전권리가 인정된다 하더라도, 이번엔 '보전의 필요성'이 문제 된다. 채권자대위권은 '특정채권'을 보전하기 위해 인정되는 권리임에 비추어 금전채권에 대한 '보전의 필요성'은 인정되지 않을 가능성이 높다(법원은 채무자가 무자력 상태인 경우 예외적으로 금전채권을 보전하기 위한 필요성이 인정된다고 판시하였으나, 이는 특수한 경우이므로 일반적인 NFT 거래관계에서 적용하기는 어렵다). 종합적으로, NFT 보유자가 채권자대위권을 통해 발행자의 권리를 대신 행사하려면 많은 요건을 충족해야 하는데, 이는 현실적으로 쉽지 않을 것으로 판단된다.

결국 NFT 발행자(판매자)가 NFT 판매에 대한 일종의 '사후관리의무'를 부담한다는 점을 NFT 매매계약 단계에서 규정하고, NFT 매수인은 NFT 발행자에게 위와 같은 사후관리계약의 이행을 청구하는 방법이 보다 현실적인 것으로 보인다. 다만 이 경우에도 NFT 발행자와 NFT 원작의 저작권자가 일치하지 않는다면 NFT 발행자가 사후관리의무를 이행하기 곤란하다는 문제가 남게 된다.

저작권침해금지청구권을 위임받아 행사하는 것도 고려해 볼 수 있겠으나, 다만 소송의 형태로 저작권침해금지를 청구하는 것은 변호사대리의 원칙(민사소송법 제87조) 및 소송 목적의 신탁 금지(신탁법 제6조) 규정에 따라 '임의적 소송신탁'으로서 허용되지 않을 수 있으므로 유의하여야 한다.

Q64 2D로 발행한 NFT, 3D 콘텐츠에 대한 권리증명도 가능할까?

 NFT를 통해 2D게임 아이템과 3D게임 아이템을 서로 교환할 수 있는 세상이 다가오고 있다. 그런데 2D로 구현된 아이템을 일단 NFT로 발행한 후에, 이를 메타버스 공간에서 3D로 구현하더라도 여전히 동일한 작품으로 보아 해당 NFT를 통한 권리증명이 가능하다고 보아야 하는가?

미술저작물 또는 프로그램저작물을 게임NFT로 발행하는 경우

 먼저 2D로 구현된 아이템이 '미술저작물'(저작권법 제4조 제1항 제4호) 또는 '컴퓨터프로그램저작물'(같은 항 제9호) 등 저작물에 해당하는 경우를 살펴본다(이하 '2D 저작물'이라고만 한다). 저작권법 제2조 제22호는 '복제'란 "인쇄, 사진 촬영, 복사, 녹음, 녹화 그 밖의 방법으로 일시적 또는 영구적으로 유형물에 고정하거나 다시 제작하는 것을 말한다"고 규정하면서 그 단서에서 "건축물의 경우에는 그 건축을 위한 모형 또는 설계도서에 따라 이를 시공하는 것을 포함한다"고 정하고 있다. 만약 2D 저작물이 설계도에 해당하고 3D에서 이를 구현한 정도에 불과하거나, 3차원 툴에서 2D 저작물을 로딩한 것에 불과하다면, 이러한 행위는 원본의 표현형식을 동일 또는 유사하게 유지하고 있는 것이므로 3D 저작물은 원저작물인 2D 저작물의 '복제'에 해당할 가능성도 있을 것이다. 이처럼 3D 아이템이 2D 아이템을 '복제'한 것이라면 기존 2D 저작물과 동일한 것으로 보고, 기존 NFT의 권리 범위에 포함된다고 주장하는 것이 가능할 것이다.

그러나 2D 저작물을 3D 아이템화(이하 '3D 저작물'이라고만 한다)하면서 새로운 창작적 표현형식이 부가된다면, 이는 기존 2D 저작물에 대한 2차적저작물(저작권법 제5조 제1항) 작성행위에 해당한다. 즉, 대부분의 3D 저작물은 기존 2D 저작물을 기초로 변형, 각색 등 방법으로 작성한 별개의 저작물이 된다. 따라서 3D 저작물은 기존 2D 저작물 NFT에는 포함되지 않게 된다. 게임 개발사가 2D 저작물인 아이템을 NFT로 발행하였다가 이를 다시 3D 버전의 아이템인 저작물로 작성하는 경우 아래 두 가지 사항을 유의할 필요가 있다.

첫째로, 2D 저작물 NFT 매매계약에서 2D 저작물에 대한 2차적저작물작성권까지 NFT 보유자에게 양도하고 있는지 확인하여야 할 것이다(저작권법 제22조, 제45조 제2항). 이와 관련해서는 2D 아이템이 일반적인 미술저작물인지, 혹은 컴퓨터 프로그램인지 여부에 따라 그 판단이 달라질 수 있다. 저작권법 제45조 제2항은 "저작재산권의 전부를 양도하는 경우에 별도의 특약이 없는 한 2차적저작물을 작성하여 이용할 권리는 포함되지 않는 것으로 추정"하기 때문에 2D 아이템이 미술저작물이라면 NFT 매매계약에서 단순히 '일체의 저작재산권이 양도'된다고 할지라도 2차적저작물작성권은 양도의 대상에서 제외된다고 볼 것이다. 하지만 저작권법 제45조 제2항 단서는 '프로그램의 경우 특약이 없는 한 2차적저작물작성권을 양도'한 것으로 추정하므로, 이러한 특성을 고려하여 해당 NFT 양도 시에 2차적저작물작성권이 포함되는지 여부를 명확하게 표시할 필요가 있다. 만약 이러한 표시가 없어 NFT 보유자(즉, 이용자)가 2차적저작물작성권을 보유하는 것으로 추정된다면, 게임 개발사로서는 3D 저작물을 작성하기 위하여 NFT 보유자로부터 2차적저작물작성에 대한 이용허락을 받아야 한다.

둘째로, 만약 3D 저작물이 2D 저작물의 복제 수준에 이르는 것이 아니라면, 두 저작물은 사실상 별개의 저작물이라고 볼 수 있으므로, 2D 저작물 NFT는 3D 저작물에 대한 권리증명 기능을 하지 못하는 것으로 해석된다. 따라서 2D 저작물의 NFT 발행을 통해 3D로 변형된 결과물에 대한 권리까지 모두 증명하는 것으로 구성하고자 한다면, NFT가 표방하는 권리 범위에 '해당 게임 아이템(2D 저작물)', '게임 개발사 등이 직접 또는 제3자와 협력하여 해당 게임 아이템을 변형, 가공 등 방법으로 새롭게 제작한 결과물(특정 플랫폼에서 사용하는 것을 포함한다)' 정도의 설명 문구를 표시하여 NFT의 권리가 미치는 범위 또는 대상을 명확하게 정해두는 것이 필요할 것으로 보인다. 다만, 구체적인 문구 내용은 개별 사안에 따라 달라질 수 있을 것이다.

캐릭터를 게임NFT로 발행하는 경우

게임 아이템뿐만 아니라 자신의 '캐릭터(=게임 아바타)'를 기초로 하여서도 게임NFT를 발행할 수 있을 것이다. 게임에서 게임 캐릭터가 갖는 외형적 특성이 일률적으로 정해져 있지 아니하고, 이용자가 기호에 맞게 캐릭터의 외형을 변경할 수 있는 기능(소위 '커스터마이징')을 구현하고 있는 경우, 게임 개발사 또는 게임 유통사(이하 '게임사'라고 한다)는 해당 캐릭터 외형의 저작권이 게임사에 있다는 점을 이용약관에 명시하는 경우가 일반적이다. 따라서 캐릭터를 게임NFT로 발행하더라도 이용자들에게 이용자의 커스터마이징 결과물에 대한 권리까지 이전된다고 보기 어려운 경우가 많다.

그리고 캐릭터를 다른 게임 또는 플랫폼으로 이전시키는 경우에는 각 게임 또는 플랫폼 개발사들 간 밸런스나 구현 방식에 대한 협의가 필요하므로, 게임 NFT는 캐릭터의 성능까지 담보하지는 못할 것이다.

원작자의 권리

Q65 원작자에게 어떤 권리의무가 있을까?

'진달래 작가'로 유명한 김정수 작가는 2021년 8월경 전시가 기준 9,000만 원을 호가하는 100호(162×130cm)짜리 대형 작품을 직접 소각하였다. 김 작가는 작품을 소각하는 장면을 담은 영상은 NFT로 발행하여 추후 경매로 판매할 예정이며, 소각된 작품 역시 고화질 이미지 파일 형태로 NFT로 발행하여 판매하였다.

김정수 작가의 사례는 기존 미술작품을 NFT로 제작함에 있어 그 희소성을 더욱 부각시킨 사례라고 볼 수 있는데, 작품의 저작자이자 소유자가 원본을 훼손하거나 소각하는 행위는 특별히 위법하지 아니하다. 그런데 이와 달리 NFT 제작 이후 작가가 원작을 전시하거나, 이용하는 경우에는 어떤 문제가 발생할 수 있는가?

먼저, 작가가 자신의 작품을 NFT로 제작, 판매하더라도 NFT 작품을 취득한 사람은 해당 NFT에 대한 보유 권한만을 가지고 있을 뿐, 저작권은 여전히 작가에게 남아 있다. 따라서 (당사자 간의 계약으로 작가의 저작권을 제한하거나 아예 저작권을 NFT 보유자에게 넘기는 등의 특별한 사정이 없는 한) 저작권을 가지고 있는 작가는 NFT 제작 및 판매 후에도 여전히 자신의 작품을 전시하거나, 자신의 SNS에 이미지 파일 형태로 게재하는 등 자유롭게 저작권자로서 권리를 행사할 수 있을 것이다.

나아가 작가 입장에서는 기존의 NFT 작품에 이어 새로운 NFT, 즉 판화나 사진과 같은 형태로 복수의 NFT 작품들 또한 제작하여 판매할 권리 또한 보유한다고 할 것이다. 이러한 행위들은 저작권 가운데 '복제권'과 관련이 있는데, 작가는 저작권자로서 여전히 복제권을 행사하여 자신의 작품의 사본, 더 나아가 디지털 사본을 제작할 수 있는 적법한 권리를 보유하고 있기 때문이다.

하지만 작가가 저작권자로서 권리를 지니고 있다 할지라도, 경우에 따라서는 그 권리가 제한될 가능성 또한 있다. 예를 들어 작가가 NFT 보유자와 사이에 최초로 NFT로 제작하여 판매했던 작품에 대해 재차 NFT화하는 것을 금지하는 내용의 계약을 맺거나, NFT를 판매하는 마켓플레이스 약관에 그러한 내용이 있다면, 작가가 동일한 작품으로 NFT를 다시 제작하는 행위는 계약 위반에 해당할 수 있다.

나아가 ① 작가가 자신의 저작권을 NFT 작품 구매자 혹은 제3자에게 양도한 후 다시 자신의 작품으로 NFT를 제작하는 것은 저작권 양수인에 대한 저작권 침해행위를 구성할 수 있고, ② 작가가 스스로 해당 작품에 대한 저작권을 행사하지 않을 것을 약정하였는데 그 후 임의로 저작권을 행사하면 계약 위반에 해당할 여지가 있다.

만약 NFT 발행 후에도 원작자가 NFT 발행 권리를 여전히 가지고 있다면 어떨까? 저작권자가 동일한 콘텐츠를 대상으로 추가로 NFT를 발행하는 것을 '더블민팅'이라고 한다. 더블민팅은 NFT의 희소성을 떨어뜨려 가치를 저하시키므로, 원작자는 더블민팅이 계약 위반이 아닌 경우라도 더블민팅을 함에 있어서 경제적 실익을 충분히 고려할 필요가 있을 것이다.

이와 유사하게 원작자가 법적 권리를 보유하였더라도 사회적으로 구설수에 올라 NFT 발행이 사실상 어렵게 된 사례도 있었다. '그림비' 작가는 이미 앨범 영상이나 포스터화되어 실물 상품으로 유통되고 있던 작품을 300개 한정 NFT로 발행하려다가 논란을 겪었다. 특히 기존 작품보다 NFT 작품의 판매 가격이 더 높다는 점이 문제 되었는데, 이에 NFT 발행사는 시장의 반응을 고려하여 발매를 잠정 중단하기로 결정하였다.

이처럼 원작자가 NFT를 발행하는 경우에는 원작이 기존에 판매되거나 상품으로 제작된 것이 있는지 여부를 고려하여, ① NFT 가치를 높이기 위해 실물을 모두 없애고 완전히 디지털화할 것인지, ② 원작과 NFT를 병존하도록 할 것인지, ③ NFT를 한정판으로 둘 것인지, 아니면 추가 발행할 것인지 ④ 차라리 NFT를 발행하지 않을 것인지 등 수익성을 극대화할 구조에 대한 경영상 판단이 필요한 경우가 많은 것으로 보인다.

미술작품을 디지털 이미지로 전시하기 위한 계약상 방법이 있는가?

문화체육관광부는 2022년 2월 18일 〈미술분야표준계약서〉를 제·개정하여, 〈온라인 전시에 관한 부속합의서〉를 새롭게 마련하였다. 미술 작품을 NFT 등 디지털 이미지 형태로 전시하고 관람하는 경우에도 올바른 계약 관계를 정립하는 데 참고가 될 수 있을 것이다.

> [별지 3]
>
> ### 온라인 전시에 관한 부속합의서
>
> 본 부속합의서는 작가 _____(이하 '작가')와 _____[화랑/갤러리](이하 '화랑')이 20○○. ○○. ○○. 체결한 전시 및 판매위탁계약(이하 '본 전시 및 판매위탁계약')에 부속하는 온라인 전시에 관한 합의서이다.
>
> **제1조(목적)** 본 부속합의서는 본 전시 및 판매위탁계약에 따라 화랑이 전시 및 위탁판매하는 미술작품(이하 '작품')의 디지털 이미지를 화랑이 온라인으로 전시함에 있어서 필요한 제반 사항과 당사자의 권리 및 의무를 규율하여 상호 이익과 발전을 도모함에 그 목적이 있다.
>
> **제2조(온라인 전시)** 본 부속합의 대상이 되는 작품 및 전시는 아래와 같다.
> 1. 전시명 : (가칭) _____
> 2. 작품명 : (가칭) _____
> 3. 전시기간 : 20○○. ○○. ○○. ~ 20○○. ○○. ○○.
> 4. 전시공간 : (웹사이트 주소) _____
>
> **제3조(디지털 이미지의 제작 및 이용)** ① 작가가 기존에 보유하던 작품의 디지털 이미지를 화랑에 제공하기로 한 경우 외에는, 작가와 화랑은 상호 협의하여 전시에 사용할 작품의 디지털 이미지를 제작한다.
> ② 디지털 이미지의 파일 형식, 품질(해상도 등)은 작가와 화랑이 상호 협의하여 결정한다. 디지털 이미지의 제작에 따른 비용은 작가와 화랑이 협의하여 부담한다.
> ③ 화랑은 제1항 및 제2항에 따른 디지털 이미지를 활용하여 제2조에 따른 온라인 전시를 진행한다.
> ④ 화랑은 제2조에 따른 온라인 전시 외의 목적으로 제1항 및 제2항에 따른 디지털 이미지를 이용하거나 제3자에게 이용허락을 할 수 없다. 다만, 작가의 사전 서면 동의가 있는 경우에는 그러하지 아니하다.
>
> **제4조(기술적 조치)** 화랑은 온라인 전시 과정에서 작가의 동의 없이 디지털 이미지가 복제(단, 임시적 복제는 제외한다)되지 않도록 적절한 기술적 보호조치를 취하여야 한다.
>
> **제5조(성명 등 표시)** 화랑은 제2조 제4호의 전시공간 중 작품과의 관련성을 인지할 수 있는 위치에 미술계의 관례에 따라 작가의 의사에 반하지 않는 방법으로 작가의 성명, 작품명, 작품의 재료 및 크기 등을 표시하여야 한다.
>
> **제6조(전시기간의 종료)** ① 화랑은 제2조 제3호에 따른 전시기간이 종료되는 즉시 전시공간에 대한 접근을 차단하여야 한다.
> ② 화랑은 제2조 제3호에 따른 전시기간이 종료된 이후에는 제3조 제1항 및 제2항에 따른 디지털 이미지를 폐기하여야 한다. 단, 화랑은 작가와 협의하여 아카이빙의 목적으로 디지털 이미지를 보유할 수 있고, 작가가 디지털 이미지를 양도받기를 원하는 경우에는 이전에 따른 비용 및 방법 등에 관하여 적극 협의하여야 한다. 화랑은 작가와 협의하여 아카이빙 목적으로 작품을 보유할 수 있다.

관련 URL : 보도자료 - 공동창작자 간의 권리 보호 강화하고, 창작자의 전시 참여에 대한 대가 지급 제도화한다 | 문화체육관광부 (mcst.go.kr)

Q66 NFT에 대하여 재판매 수익이 인정될까?

'추급권(Resale Royalty Right/Droit de Suite)'이란 미술작품이 계속적으로 판매될 때마다 그 양도차액의 일정분을 미술 작가가 분배받을 수 있는 권리인데, 현재 우리나라의 저작권법은 작가의 추급권을 인정하고 있지 아니하다.

이러한 '추급권'은 최초의 국제 저작권조약인 베른협약의 개정토의를 위한 1928년 로마 개정회의에서 제기되어 1948년 브뤼셀 개정회의에서 도입한 권리로, 베른협약에서만 규정하고 있다.

베른협약 제14조의3에 의하면 "저작자는 미술작품을 양도한 후에 행하는 자의 매매의 이익에 관여할 수 있는 양도 불능의 권리를 향유한다"고 규정하고 있다. 그러나 미술 작가 입장에서는 안타깝게도 "이 제도는 국내 법령이 인정하는 경우에 한한다"고 규정하여 미술 작가에게 추급권을 인정할 것인지는 개별 국가에 달렸다. 추급권은 현재 독일, 프랑스, 벨기에, 이탈리아 등 일부 국가에서만 인정되고 있다.

결국 일부 국가를 제외하고 우리나라를 포함하여 대부분의 나라에서는 아직 통상적인 작품 거래에서 원작자에게 재판매 수익이 인정된다고 보기 어렵다.

그런데 NFT에 대한 추급권 인정 여부가 법적 쟁점의 하나로 떠오르고 있다. 블록체인 기술의 등장과 함께 작품의 판매 경로를 명확하게 파악할 수 있고, 이를 기반으로 원작자에게 재판매 수익을 지급하는 경우도 있어서, 마치 추급권을 인정한 것과 같은 효과를 낼 수 있기 때문이다.

특히 오픈씨(OpenSea)와 같은 NFT 마켓플레이스의 경우 NFT 제작 시 판매 수익의 최대 10%를 보장받을 수 있는 시스템을 마련하고 있다. 즉, 오픈씨는 NFT를 제작하여 판매하는 이용자로 하여금 'Creators Earning'을 설정하도록 하여, NFT 작품이 판매될 때마다 최대 10%까지 창작자(Creator)에게 수익이 지급될 수 있도록 하고 있다.

```
Creator Earnings
Collect a fee when a user re-sells an item you originally created. This is deducted from the final sale price and paid monthly to a payout address of your choosing.
Learn more about creator earnings.
Percentage fee
10.00
```

관련 URL : How do creator earnings work on OpenSea? - OpenSea

이처럼 창작자는 NFT를 제작하는 과정에서 오픈씨와 같은 마켓플레이스가 제시하는 범위 내에서 NFT 재판매 시에 일종의 로열티가 지급될 수 있도록 설정할 수 있는데, 이는 현행 저작권법상 인정되지 않는 추급권과 사실상 동일한 효과를 누릴 수 있게 되는 것이다.

이때 분배 방식을 살펴보면, 매매대금은 NFT 마켓플레이스가 수취하고, 마켓플레이스는 매매대금 중 마켓플레이스 수수료와 원작자 수수료 일부를 공제한 금액을 판매자에게 지급한다. 즉, 개별 마켓플레이스의 약관 등에 따라 추급권과 유사한 계약이 이행되는 것이다.

이상의 내용은 이미 실현 중이고, 그 효과도 높은 것으로 기대되나 아직까지 마켓플레이스와 같은 플랫폼의 자체적인 계약을 통해 원작자에게 수수료를 지급하는 것에 지나지 않는다는 한계가 있다. 즉, 스마트 계약을 통해 추급권을 기술적으로 구현하려면, ERC-2981과 같은 별도의 추급권 컨트랙트를 연결하여야 한다.

```
ERC-2981: NFT Royalty Standard

interface IERC2981 {
    function royaltyInfo(
        uint256 _tokenId,
        uint256 _salePrice   // 판매가격
    ) external view returns (
        address receiver,         // 추급권자 주소
        uint256 royaltyAmount    // 추급권 수령 금액
    );
}
```

(출처: Tech at Klayth 블로그, https://medium.com/klaytn-kr/klaytn%EC%9D%84-%EC%9D%B 4%EC%9A%A9%ED%95%98%EC%97%AC-nft-%ED%99%9C%EC%9A%A9%ED%95%98%E A%B8%B0-%EB%B0%9C%ED%96%89%EB%B6%80%ED%84%B0-%ED%8C%90%EB%A- 7%A4%EA%B9%8C%EC%A7%80-347a501f0eef)

기술적 설명은 Klaytn Korea가 2021년 12월 15일에 게시한 글에 잘 드러나 있는 것으로 보인다.

그런데 이와 같은 추급권 컨트랙트는 구현에 필요한 에스크로 컨트랙트(Escrow Contract) 등이 NFT 마켓플레이스의 결제 단계에서 함께 작동하여야 효과를 발생할 수 있는데, NFT 마켓플레이스가 자체적으로 추급권 약관 내지 거래에 따른 방침을 도입하여 운영하고 있다면, 위 스마트 계약을 도입하고자 할 유인이 없을 것이다. 또한 새로운 추급권 컨트랙트를 이미 발행된 NFT 프로젝트에 연결하는 것이 곤란할 수 있다는 점도 기술적 한계로 지적된다. 실제로 ERC-2981 표준을 도입한 마켓플레이스를 찾아보기 어렵다.

결국, 추급권을 비롯하여 추급권에서 파생하는 수익배분 등에 대한 법제가 없는 현실, ERC-2981 등 로열티 지급 표준이 전면적으로 도입되지 않은 현실에 비추어볼 때, 아직까지는 전적으로 NFT 마켓플레이스에서의 계약 내용에

따라 추급권을 인정하는 것과 같은 모습이 구현된다고 볼 수 있다. 즉, 오픈씨와 같은 플랫폼의 약관 역시 일종의 계약이라고 볼 수 있으므로, 현재 NFT 시장에서는 당사자들 간 계약을 통해 작가들에게 추급권을 인정해주는 것과 비슷한 효력이 인정되고 있다고 볼 수 있다.

이러한 움직임은 법률과 제도가 기술과 시장의 변화를 따라가지 못하는 과정에서 나타나는 현상이라고 볼 수도 있다. 그러나 원작자에게 그러한 수익배분 권한이 인정되지 않고 NFT 발행업체의 수익만을 인정할 경우에는 많은 NFT 프로젝트들이 표방하고 있는, '원작자에 대한 공정한 수익의 분배'가 보장되지 않은 채 NFT 버전 '구름빵 사건'이 발생할 가능성 역시 배제할 수 없을 것이다.

NFT 마켓플레이스, 그리고 NFT를 제작하여 판매하는 이용자들 사이에서는 이와 같은 거래 조건을 추가함으로써 첫 판매 이후 NFT 작품 가격이 폭등하는 경우에도 작가에게 일정한 비율의 수익이 지급될 수 있도록 하고 있다. 결국 NFT업계는 저작권법과 관련 없이 나름대로 작가의 권익을 보호하는 방향으로 그 생태계를 꾸려가고 있는 것이다.

••• 원작자가 유의해야 할 점은 무엇이 있는가?

원작자는 ① 자신이 양도 또는 이용허락하는 저작권 등의 권리 범위를 명확히 한정할 필요가 있고, ② NFT 발행권 또는 재판매권이 부여되었는지 확인하는 것이 필요하다. ③ 원작자에게 무엇보다 중요한 것은 재판매 수익에 대한 분배 규정이다. 재판매 수익 분배 비율을 확인할 필요가 있다.

한편, 발행자가 높은 재판매 비율을 지급할 것을 약정하고, 실제로 NFT 마켓플레이스에 수수료를 표시하기까지 하였는데, 발행자가 전혀 다른 NFT 마켓플레이스에서 재판매 수수료 없이 동일한 NFT를 발행할 수 있다는 점을 유의하여야 한다. 즉, 대다수의 NFT는 ERC-2981 등 추급권(인세) 컨트랙트를 포함하지 않고 발행되며, 개별 NFT 마켓플레이스와의 약정에 따라 추급권이 인정되는 것과 유사한 채권적 권리를 누릴 수 있을 뿐이다. 이상의 내용을 고려하면, NFT를 발행 및 판매할 수 있는 NFT 마켓플레이스를 한정하기로 약정하는 것이 원작자 입장에서 유리하다.

NFT의 변경 또는 재발행 가능성

Q67. NFT의 내용을 변경할 수 있을까?

　NFT가 일단 발행되고 나면 Contract ID, Token ID와 같은 NFT를 구성하는 요소는 블록체인에 그대로 기록된다. 따라서 일단 블록체인에 기록된 위 NFT의 구성요소는 변경이 불가능한 것으로 볼 수 있다.

　한편, 우리가 NFT의 실질적인 '내용'이라고 파악하는 것은 오프체인에 기록된 디지털 파일이다. NFT에 기록되어 있는 오프체인 링크 주소는 그대로 두면서, 해당 링크가 지시하는 서버 또는 저장장치에 기록된 디지털 파일을 교체하면 어떻게 되는가? NFT 보유자는 링크의 디지털 파일이 교체되었는지 여부를 가늠하기 어려우며, 블록체인 네트워크는 NFT의 실질적인 내용이 변경되었다는 점을 스스로 감지해내지 못할 것이다. 결론적으로, 오프체인에 접근하여 디지털 파일을 수정할 수 있는 권한만 있다면, 오프체인에 저장된 디지털 파일을 변경하는 것은 가능하다. 이러한 변경은 말 그대로 블록체인 밖(Off-chain)에서 이루어지기 때문이다.

그런데 오프체인의 디지털 파일을 NFT 보유자의 동의 없이 임의로 변경하는 행위는 NFT의 전반적인 신뢰도를 심각하게 손상시키게 된다. 블록체인 기술을 활용하여 극복된 줄 알았던 기존 보안성 문제가 사실은 오프체인 방식의 NFT에도 그대로 존재하는 것임을 여실히 보여줄 수 있기 때문이다. 이는 지금까지 온체인에 NFT를 그대로 기록하기 위해 발생하는 비용과 NFT의 판매 등을 통해 얻을 수 있는 경제적 실익이 아직 불균형하기 때문인 점과 네트워크상의 기술적 한계들이 크게 작용하는 것으로 보인다. 따라서 지금까지 NFT 시장은 NFT 데이터 저장용 서버를 제공하고 있는 구글, 아마존 등 기업의 데이터 저장 및 인출 능력에 대한 신뢰 및 IPFS에 대한 보안성 신뢰에 기반하여 성장한 부분이 있는 것으로 평가된다.

언젠가 기술이 원숙하게 되면, NFT가 모두 온체인에 기록되는 날이 도래할 것이다. 그러나 아직까지는 블록체인 네트워크에 기록할 수 있는 데이터 용량이 제한되어 있고, 기록 가능한 용량을 늘리는 경우 네트워크 속도가 현저하게 감소할 것으로 예상되므로 온체인에 많은 데이터를 기록하기 어려운 것이 현실이다. 이에 따라 메인 네트워크에 연결되어 데이터 원장을 공유하며, 네트워크 규모가 작아 메인 네트워크에 비해 속도가 빠르고 거래수수료가 저렴한 별도의 블록체인인 '사이드체인(Side-chain)' 등을 활용하여 데이터를 온체인에 기록할 수 있는 방법이 연구되고 있다.

••• 포크(Fork)란 무엇인가

블록체인에 기록되는 NFT의 구성요소를 변경하는 경우 일종의 '하드 포크(Hard Fork)'가 일어나는 셈이 되어 NFT에 기대되는 '원본 증명(=검증)' 기능을 전혀 달성할 수 없게 된다.

여기서 NFT의 기반이 되는 블록체인의 '비가역성'에 대한 논의가 필요하다. 비가역성이란 '앞의 내용을 나중에 임의로 고칠 수 없다'는 의미이다. 다시 말해, 어떤 블록에 일단 저장된 내용은 변경되지 않는다. 다만, 새로운 블록을 쌓아 이전의 내용을 수정·보완할 수 있을 뿐이다.

블록체인의 비가역적인 특성을 고려하였을 때, 매수자가 자신이 구입한 NFT의 접근권한 등을 상실한 경우에도 '재발행'을 하는 것은 일종의 '포크(Fork)'에 해당한다. '포크'란 블록체인에 하나의 거래가 이뤄짐에도 불구하고 서로 다른 둘 이상의 거래 기록이 생기는 것으로서, 이중지불(Double Spending) 상황이 이에 해당한다고 볼 수 있다. '포크'에는 기존의 규칙에서 부분적 업데이트만을 하는 '소프트 포크(Soft Fork)'와 블록의 규칙을 근본적으로 변경하는 '하드 포크(Hard Fork)'로 나뉘는데, NFT 변경의 경우, 아예 새로운 블록을 형성하는 것이라는 점에서 '하드 포크'에 해당할 가능성이 높다.

이러한 하드 포크의 경우, 포크 이후로는 새로운 블록체인이 형성되어 기존의 것과 영속적으로 분리되므로, 다른 포크에 있는 NFT를 임의로 가져올 수 없고, 해당 포크에서 NFT를 새롭게 발행할 수 있을 뿐이다.

다만, 포크가 일어나더라도 종전에 존재하는 거래 기록은 그대로 유지되고, 이후의 기록만 다르게 기록되는 것이므로, 종전까지 존재하던 NFT를 이용하는 것에 큰 문제는 없을 것으로 보인다. 일례로, 이더리움은 지금까지 9번의 하드포크를 진행하였고 2022년 하반기에는 이더리움 2.0으로 업그레이드하는 것을 목표로 하고 있다고 한다. 그러나 이더리움 네트워크에서 발행한 NFT를 보유한 사람들은 큰 불편 없이 서비스를 이용하고 있다.

NFT의 '뽑기', 리빌(Reveal)은 무엇일까?

Q68

이용자 입장에서 NFT 민팅을 진행하다 보면, '리빌(Reveal)'이라는 용어를 접할 수 있다. 리빌(reveal)이란 '드러내다'라는 뜻의 영단어인데, NFT를 민팅할 때 처음부터 최종 모습을 보여주지 않고, '실루엣', '알' 형태의 이미지를 우선 부여하여 구매자들의 기대심리를 증폭시키고, 민팅이 종료한 후 또는 특정일이 되면 일제히 오프체인 링크를 교체하는 방법 등으로 비로소 자신이 가진 NFT가 무엇인지 알 수 있게 하는 NFT 발행 방식을 말한다. 즉, NFT 민팅도 사실은 무작위로 이루어지는 경우가 대다수이지만, 여기에 더하여 '뽑기'에 대한 기대감을 더욱 극대화한 영업 방식이라고 할 수 있다. 리빌을 전후로 NFT의 가격이 상당히 달라지기 때문에, 리빌 이벤트는 이른바 '긁지 않은 복권'에 비유되기도 한다.

일반 이용자 입장에서는 특정일이 되면 자동적으로 NFT 이미지가 변경되어 있거나, 간단한 버튼 클릭(예를 들어 오픈씨의 Refresh Metadata 버튼)만으로 리빌을 실행할 수 있다. 그런데 NFT 발행자 입장에서 리빌을 진행하기 위해 고려할 사항이 많다. 특히 '리빌은 NFT를 재발행하는 것인가?'라는 문제에 봉착하게 된다.

이론상 '리빌'을 구현하는 기술은 여러 가지가 있을 수 있다.

① 우선, 리빌이 되기 전에는 NFT를 발행하지 않았다가, 리빌과 동시에 처음 발행하는 방법을 고려해 볼 수 있다. 이는 NFT를 1회 발행한다는 점에서 경제

적이나, 엄밀히 말해 최초 NFT 구매자로서는 구매 시점부터 리빌이 이루어지기 전까지는(몇 주에서 몇 달까지 걸리기도 한다) NFT가 블록체인에 탑재되지 않아 원본 증명 기능을 다할 수 없는 디지털 파일만을 제공받게 되는 것으로 볼 수도 있다. 따라서 판매자로서는 이러한 내용을 명확하게 사전에 고지하는 것이 바람직하다.

② 두 번째는 일단 NFT를 여러 개 발행하면서 오프체인 링크를 동일한 이미지 파일로 제공하는 것이다. 즉, '실루엣' 내지 '배아', '알' 등의 이미지가 동일하게 노출되지만, 사실 서로 다른 NFT를 보유하도록 만드는 것이다. 그리고 리빌을 진행하는 시간이 되면 오프체인 링크 파일을 일제히 교체하여 이용자들이 자신의 NFT를 확인하도록 할 수 있다. 이때 NFT 메타데이터 교체가 수반된다(이것이 Refresh Metadata 버튼의 의미이다). 이 방법은 대부분의 NFT 프로젝트에서 취하고 있는 방법으로 보이는데, 다음과 같은 문제가 있다. 메타데이터를 변경하는 것은 NFT의 구성요소를 변경하는 것인데, 매수인에게 종전 NFT 매매계약에서 사후적으로 변경되는 메타데이터 구매 의사가 있었는지 의문이다. 즉, NFT를 매수하였던 시점에서 목적물 자체가 특정되지 않았다는 주장을 할 여지도 있다. 따라서 NFT 발행자는 매매계약 전 메타데이터가 변경된다는 사실을 명확히 고지하고, 리빌 진행 후 확정되는 메타데이터에 대해 매매계약을 체결하는 것임을 밝힐 필요가 있을 것으로 보인다. 그리고 메타데이터를 임의로 변경하는 경우, 공정성 또는 조작 논란에서 자유로울 수 없다. NFT의 소유자는 이미 정해져 있고, NFT 발행자가 임의로 희귀도를 조절할 수 있을 것이기 때문이다. 따라서 NFT 발행자 등은 난수 프로그램 등을 통해 보다 공정성을 기할 수 있는 방법으로 메타데이터 교체를 진행할 필요가 있을 것이다.

③ 세 번째 방법은 NFT를 두 차례에 걸쳐 발행하는 것이다. 즉, 동일한 이미지

파일을 우선 발행하여 분배하고, 해당 NFT 보유자들을 대상으로 다시 NFT를 발행하는 것이다. 이 경우 NFT 마켓플레이스나 NFT 이용 플랫폼에서 리빌 전까지는 종전 NFT를 노출하였다가, 리빌이 진행된 후에는 새로운 NFT를 우선 노출할 수 있도록 하는 추가 기술 조치가 필요할 것이다. 그런데 이 방법의 문제점은 두 번째 발행 비용을 발행자가 부담할 수밖에 없다는 것이다. 앞서 살펴본 것처럼 NFT를 최초 발행하는 데에는 수수료가 발생하는데, 예를 들어 이더리움의 경우 네트워크 상황에 따라 다르지만 1건당 미화 100달러 내외의 가스비가 들고 있다는 점은 상당한 부담으로 작용할 수 있다. 특히 NFT 프로젝트는 최소 수백 개에서 수천 개의 NFT를 발행하게 되므로 수수료 부담은 무시할 수 없는 수준일 것으로 예상된다. 따라서 이중 발행 방식의 리빌을 진행하는 경우에는 폴리곤 등 네트워크 수수료가 저렴한 네트워크에서 NFT를 발행하는 것이 유리할 것이다.

종합적으로, 리빌은 마켓플레이스 등을 통해 NFT 발행자가 일정한 조건 내지 기간이 도래하였을 때 일제히 NFT의 내용을 확인할 수 있도록 하는 발행 방식을 의미한다.

다만, 일반적으로 일종의 발행 이벤트로 인식하는 것과 달리, 리빌은 앞서 살펴본 바와 같은 법적 쟁점들을 내재하고 있으므로, 발행자 입장에서는 세심한 유의를 요한다고 할 것이다.

••• 매매 이후에도 메타데이터 변경이 가능한가?

블록체인에 메타데이터가 기록되었다면, 해당 NFT의 메타데이터는 변경이 불가능한 것으로 이해된다. 이와 달리, 오프체인 방식의 NFT에서 링크된 디지털 저작물을 변경하거나, 메타데이터가 잘못 설정된 경우에는 메타데이터 변경 필요성이 있을 것이다. 앞서 Refresh Metadata 등을 통해 새로운 메타데이터를 불러오는 것이 기술적으로 가능하다는 점은 살펴보았다.

그런데 메타데이터 변경이 가능하다는 의미는, NFT 매수인 또는 보유자가 메타데이터 변경을 원하지 않는 경우에도 NFT 발행자가 사후적으로 메타데이터를 변경하는 것이 가능하다는 것이다. 즉, 당초 NFT 매수인 또는 보유자가 기대했던 것과 NFT의 내용 중 중요한 부분이 자신의 의사와 상관없이 변경될 수 있다는 것을 의미한다.
오픈씨는 개발자가 임의로 Metadata를 변경할 수 없도록 고정하는 옵션을 제공하고, 이를 NFT 상세설명란에 표기하도록 하여 신뢰성을 확보하고 있다.

- Metadata : Centralized(This item's metadata is being hosted on sever, but is not editable by the creator)
- Metadata : Frozen(This item's metadata was permanently locked and stored in decentralized file storage)

매수 후 사고가 발생한 경우

Q69 원본이 훼손될 경우 NFT 매수인은 구제받을 수 있을까?

　NFT의 원본 콘텐츠를 전부 블록체인에 기록할 수 있는 서비스는 블록체인의 용량 제한이나 속도 문제로 상용화되기까지 많은 시간이 걸릴 것으로 예상되며, 현재 대부분의 NFT는 외부 저장소(오프체인)에 기록된다는 점은 앞서 살펴보았다. 그런데 오프체인 저장소의 서버는 블록체인 네트워크만큼의 안전성을 담보할 수 없으므로, 서버 상태에 따라 접속이 불가능하게 되거나, 원본 데이터 파일(이하 '원본'이라고만 한다)이 훼손 또는 멸실되는 경우가 있을 수 있다.

　NFT를 이용하던 중, 갑자기 "호스팅 서버 문제로 파일이 삭제되었다"는 메시지를 접하면 어떻게 대처해야 하는가? 일단 이용 중인 NFT 마켓플레이스에 문의 후 답변을 기다려보는 것이 필요하겠으나, 만약 복구가 불가능하거나 복구가 제대로 이루어지지 않는다면 손해를 배상받기 위하여 법적 조치를 취하는 것을 고려해 볼 수 있을 것이다.

원본이 아닌 NFT 자체만으로는 어떠한 효용가치가 있다고 보기 어려우므로, 대부분의 NFT 매수인은 NFT를 구매하면서 원본 자체 또는 그 이용권까지 포함하여 매수하고자 하는 의도를 가지고 있을 것이다. 따라서 원본이 훼손 또는 멸실되면 NFT 매수인은 당초 목적하던 대로 원본을 이용하지 못하게 되는 손해를 입게 되는 것으로 볼 수 있다. 이러한 경우 NFT 매수인은 원본을 돌려받지 못하더라도 금전적으로나마 손해배상을 받을 수 있을까?

만약 NFT 발행자 또는 오프체인의 저장소 서버 운영사, 데이터 관리자가 고의 또는 과실로 원본을 훼손, 멸실한 것으로 판단될 경우, NFT 매수인은 우선 일반 불법행위법에 따른 구제 방법을 고려해 볼 수 있다. 즉, NFT 매수인은 ① 원본을 훼손, 멸실한 자의 고의 또는 과실, ② NFT 매수인이 입게 된 손해(NFT 매수대금 상당의 손해 또는 원본을 이용하면서 얻게 되는 이익을 얻지 못하게 된 손해), ③ NFT 발행자나 저장소 서버 운영자, 관리자 등의 위법행위(원본을 보관할 주의 의무가 있음에도 이를 소홀히 하여 훼손, 멸실했다는 점), ④ 손해와 위법행위 사이의 인과관계를 입증하여, 그러한 행위자를 상대방으로 한 손해배상을 청구할 수 있다(민법 제750조). 다만, NFT 매수인 입장에서는 오프체인에 존재하는 원본이 훼손, 멸실하게 된 경위를 알기 어려운 경우가 대다수일 것이므로, 이러한 점들을 입증하기는 현실적으로 쉽지 않을 것으로 보인다. 이때는 뉴스기사, NFT 매수인들 사이의 커뮤니티에서 비슷한 서비스 장애가 발생하였는지 여부에 관해 정보를 얻거나, NFT 마켓플레이스에 사실관계 확인을 요청할 필요가 있을 것이다. 나아가 어떤 사람이 고의로 원본을 삭제한 정황이 뚜렷하다면 형법상 전자기록 등 특수매체기록 손괴(형법 제366조) 혐의 또는 정보통신망법 위반(타인 정보훼손, 같은 법 제49조, 제71조 제1항 제11호) 혐의로 신고하여 수사기관의 협조를 받는 방법도 고려해 볼 수 있을 것이다.

다음으로 NFT 매수인은 NFT 발행자 또는 NFT 마켓플레이스를 상대방으로 하여, NFT 매매계약을 완전하게 이행하지 못한 책임을 묻는 방법을 고려해 볼 수 있다. NFT 매매계약에 NFT 발행자 또는 NFT 마켓플레이스가 '원본을 보관, 보존하여야 하는 의무(이하 '원본 보존 의무'라 한다)'가 포함되어 있다면, NFT 매수인은 자신이 입게 된 손해(NFT 매수대금 상당의 금전적 손해 또는 원본을 이용하지 못하게 되어 입게 된 손해)를 증명하기만 하면 계약상 의무 있는 자를 상대방으로 하여 손해배상을 청구할 수 있게 된다(민법 제390조).

이 때 NFT 매매계약상 NFT 발행자 또는 NFT 마켓플레이스에게 원본 보존 의무가 있었는지 여부가 쟁점이 될 수 있다. 다시 말해, 어떤 NFT의 권리 범위에 '원본 이용권'이 당연히 포함된다고 보기는 어려우므로, NFT 매수인이 보호받을 수 있는 권리의 내용은 당해 NFT 매매계약에서 정한 바에 따른다고 보아야 한다. 즉, NFT 매수인 입장에서는 개별 NFT 마켓플레이스의 이용약관 혹은 매매계약의 내용을 먼저 확인해 볼 필요가 있다(NFT를 포함한 전자거래 시에는 안내문을 항상 캡처해 둘 것을 권장한다).

'NFT는 해당 작품에 대한 완전한 권리를 표창한다'거나 'NFT를 구매하면 원본을 이용할 수 있다'는 내용이 계약에 포함되어 있거나, 홈페이지에서 위와 같은 내용이 고지되고 있었다면 NFT 발행자 또는 거래소에 채무불이행 책임이 성립할 가능성이 높다. 반대로 '원본은 아마존웹서비스(AWS)와 같은 클라우드 스토리지(storage)에 보관되고 있다'거나, '발행자나 마켓플레이스가 원본의 삭제에 대한 책임을 지지 않는다'는 점이 계약 또는 홈페이지에 명시되어 있다면 채무불이행 성립 가능성이 낮아질 수 있다.

실제로 많은 NFT 마켓플레이스는 실제 거래 물품의 품질을 보장하지 않는다는 면책 규정을 두고 있으며, 위 면책 규정이 약관법에 따라 무효가 되지 않는

한 원본 멸실 사고에 대한 NFT 마켓플레이스의 주의 의무가 경감될 수 있다(자세한 내용은 Q49 내지 Q53 플랫폼의 책임 참조). 나아가 매수인 입장에서는 NFT 마켓플레이스를 거치지 아니하면 NFT 발행자가 실제로 누구인지 알기조차 어려운 것이 현실이다. NFT 발행자가 누구인지 알고 있는 경우에도, NFT 마켓플레이스에 따라 NFT 매매계약이 성립함과 동시에 NFT 발행자가 원본에 대한 접근권한을 잃어버리도록 구성되어 있는 스마트 계약도 있으므로, NFT 발행자에게 원본 보존 의무가 인정되지 않을 가능성도 상당하다.

한편, NFT 매수인의 입장에서 하나 더 고려해야 할 점은 '해당 NFT의 성질'이다. NFT 발행자가 NFT 매매계약에 원본의 권리를 포함하여 판매하는 경우에도 원본이 훼손, 멸실되는 위험은 투자자인 NFT 매수인이 부담하는 것으로 해석될 여지가 있으므로 주의하여야 한다. 구체적으로, 어떤 목적물의 인도 시기를 기준으로 위험 부담을 지는 주체가 달라질 수 있는데, 만약 매매가 완료된 다음에는 매수인이 멸실에 대한 위험을 부담할 것이고, 반대로 매매 완료 이전에 시스템 결함이나 해킹 등으로 원본이 훼손·멸실되는 경우에는 매도인 등에 책임이 남을 수 있다. 다만, '매매 완료 시기'와 관련하여 관념적으로는 매수인의 전자지갑으로 NFT가 전송되고, 해당 거래 블록이 체인에 연결되어 검증이 가능해지는 때 매매가 완료되었다고 볼 수 있을 것이지만, 객관적 검증이 불가능하더라도 거래 블록이 생성되기만 하면 매매가 완료되었다고 볼 여지도 있어 다툼이 예상된다.

마지막으로, 오프체인 저장소 서버 운영사 등을 상대로 손해배상을 청구하는 방법을 고려해 볼 수 있다. 2015년 3월 제정된 「클라우드컴퓨팅 발전 및 이용자 보호에 관한 법률」(이하 '클라우드컴퓨팅발전법'이라 한다) 제25조는 클라우드컴퓨팅 서비스 제공자는 해킹 등 침해 사고가 발생한 때, 이용자의 정보가 유출된 때, 사전 예고 없는 서비스 장애가 발생한 때 이용자에게 통지하여야 한다는 의무를 규정하는 한편, 이용자는 클라우드컴퓨팅 서비스 제공자가 위 법을 위반하는 경우 손해배상을 청구할 수 있도록 하고 클라우드컴퓨팅 서비스 제공자가 고의 과실이 없음을 입증하지 아니하면 책임을 면할 수 없도록 규정하고 있다(같은 법 제29조). 그런데 ① 위 법에서 데이터 훼손, 멸실 사고는 다루지 않고 있는 점, ② 클라우드컴퓨팅 서비스 제공자가 서비스를 제공하는 상대방은 개별 NFT 매수인이 아니라 NFT 마켓플레이스인 점, ③ 오프체인에 원본을 저장하는 방법은 중앙집중 방식, 클라우드컴퓨팅 방식, IPFS(다음 박스 참조) 등 다양하게 이루어지고 있는 점 등을 고려하면, 클라우드컴퓨팅발전법은 NFT 매수인의 권리구제에 직접 적용되기는 어려울 것으로 판단된다. 다만, NFT 매수인이 NFT 마켓플레이스의 권리를 대위 행사할 요건을 엄격히 갖추었다면, 오프체인 저장소 서버 운영사를 상대로 손해배상을 청구하는 것도 법리상 불가능한 것만은 아닐 것이다.

이상의 내용을 요약하여 보면, NFT 매수인은 원본 이용을 원하여 NFT를 구매하는 경우가 대부분이므로, NFT 원본이 훼손 또는 멸실되면 NFT 가치가 감소될 뿐 아니라 당초 의도대로 NFT를 이용할 수 없게 되는 손해를 입게 될 수 있고, NFT 발행자나 서버 운영사, 데이터 관리자, NFT 마켓플레이스 등에게 불법행위 책임, 채무불이행 책임을 물어 손해배상을 청구할 수 있을 것이다. 다만, NFT 매수인은 별도의 특약에 의해서 원본의 소유권을 넘겨받지 않는 한 원본의 소유자가 아니라 NFT 마켓플레이스나 원본 소유자 사이에 라이선스 계약을 체결하여 원본을 이용할 수 있게 될 뿐이므로, NFT 마켓플레이스의 이용약관 또는 NFT 매매계약의 내용이 우선적으로 적용될 것이다.

••• IPFS는 무엇인가

IPFS(Inter Planetary File System, 탈중앙화 분산형 저장 파일 시스템)란 데이터를 분산하여 저장하는 웹 프로토콜을 의미하는 것으로서, 우리에게 익숙한 중앙 서버 집중 방식인 'HTTP(Hypertext Transfer Protocol, 웹서버-클라이언트(브라우저) 간 전송을 위한 통신규약)'와 대비될 수 있는 개념이다. IPFS는 중앙 서버가 아닌 개인 이용자들이 데이터를 저장하고, P2P 방식으로 개인 이용자 간 문서나 데이터를 교환할 수 있도록 함으로써, 기존 단일 서버 방식에 비하여 해킹 위험, 서버 장애 발생 위험을 줄이고, 파일 전송 속도와 네트워크 신뢰성을 높일 수 있다는 장점이 있는 신기술이다.

특히 IPFS는 NFT의 원본 파일이 용량 문제로 블록체인에 기록되기 어렵다는 점에 비추어, 이에 준하여 안전하게 데이터를 저장할 수 있는 방법으로 각광받고 있다. 다만, IPFS는 아직 기술개발 초기 단계로서 노드들이 데이터를 백업하고 호스팅하게 할 유인이 낮은 상태이며, 아마존과 같은 거대 대기업이 제공하는 클라우드 서비스에 비하여 속도는 빠르지만 저장 공간이 훨씬 작을 것으로 예상되어 활용도가 썩 높지는 않은 상태이다.

한편, 「클라우드컴퓨팅 발전 및 이용자 보호에 관한 법률 시행령」 제2조는 "대량의 정보를 복수의 정보통신자원으로 분산하여 처리하는 기술"(제2호)을 클라우드컴퓨팅으로 규정하고 있는 바, IPFS에도 위 법률이 적용될 여지가 있는 것으로 보인다.

마지막으로, IPFS 방식을 활용하여 NFT를 저장한다 하더라도 '온체인'에 원본이 기록된 것이 아니며, 블록체인만큼 디지털 자산의 안정성을 확보하지 못한다는 것을 염두에 두어야 한다. IPFS 노드 운영자가 이를 폐쇄하면 해당 링크에 액세스할 수 없다는 문제가 여전히 존재하기 때문이다. 많은 IPFS 노드는 NFT 관련 기업이 제공하고 있는 것으로 알려졌는데, IPFS 운영주체에 따라서는 대기업의 클라우드 서비스를 이용하는 것이 안정성이 높을 수 있다.

NFT 매수인 입장에서는 원본 저장 방식이 무엇인지, 신뢰할 수 있는 저장 매체인지 다시 한번 살펴보고 거래에 임할 필요가 있을 것이다.

Q70 특정한 NFT 프로젝트나 생태계가 사라지면 어떻게 될까?

NFT 보유자 입장에서 보면, 크게 ① NFT 마켓플레이스가 거래를 정지하는 경우, ② NFT만 삭제되는 경우, ③ NFT가 발행된 네트워크가 통째로 폐지되는 경우 경악을 금치 못할 것이다.

먼저, NFT 마켓플레이스가 일방적으로 특정한 NFT 거래를 중단시키더라도, 해당 NFT를 거래한 기록은 블록에 기록되어 있고 네트워크에서 열람도 가능하므로, 원본 증명 기능은 계속적으로 수행할 수 있을 것으로 보인다. 그리고 거래소에서 제공하는 지갑이 아닌 다른 디앱을 통해 P2P 거래를 진행하는 것은 여전히 가능할 것이다.

다만, NFT 거래 시 보장되었던 개별 거래소의 이용약관 내지 계약에 따른 권리들은 거래 중단으로 인해 유지되지 않을 수 있다. 예를 들어, NFT 마켓플레이스의 폐쇄로 인해 추가적인 거래가 중단되면 원작자로서는 NFT 재판매 대가(일종의 추급권)를 더 이상 수취하지 못하게 될 것이다. 다만, NFT 마켓플레이스에 환불을 요구하거나 일정한 책임을 물을 수 있는지 여부는 NFT 거래 중단 사유가 무엇인지에 따라 달라질 수 있을 것인데, 이는 Q49 이하에서 자세히 설명한 바 있다.

다음으로 NFT만 삭제되는 경우, NFT 보유자 내지 매수인으로서의 구제 방안에 대한 논의가 필요하다. 기본적으로 NFT 구매 비용을 손해액으로 산정하여, NFT 마켓플레이스 또는 매도인에 대해 손해배상책임을 묻는 구조가 될 것이다.

한편, 특정 NFT 발행 주체가 NFT 발행에 부쳐 다양한 사업 또는 서비스를 연계하여 제공하기도 하는데, 편의상 이를 'NFT 생태계'라고 지칭한다. NFT 보유자들은 NFT 생태계에서 NFT 보유자로서 다양한 혜택을 기대해 볼 수 있다. 이는 마치 '멤버십 회원권'을 가진 것으로 생각하면 이해하기 쉽다. 이러한 NFT 보유자 혜택도 일종의 손해로 주장해 볼 여지가 있을 것이다.

마지막으로, NFT의 발행과 유통, 보관에 사용되는 네트워크가 통째로 폐지되는 경우를 상정해 볼 수 있다. 즉, 네트워크의 모든 노드가 사라지는 경우를 의미하는데, 당연히 NFT 또한 가치를 상실하게 될 것이다.

다만, 디앱을 통한 NFT 감상 기능 등은 유지될 가능성이 있다. 특히 NFT 원본이 외부 저장소에 저장되어 있는 경우, 블록체인의 검증 특성만 사라졌을 뿐이고 디지털 자산을 원래 방식으로 이용하는 것은 일응 가능할 것으로 예상된다. 그런데 만약 NFT가 실물자산과 교환하도록 되어 있었다면(이른바 실물형 NFT), 실물자산을 인도받기 위한 '교환증'을 영원히 잃어버린 셈이 된다. 이러한 경우 NFT의 재산적 가치에도 손실을 입게 된다고 할 수 있다.

나아가 블록체인 네트워크는 소수의 노드만 다시 활동을 재개하더라도 종전 블록체인을 그대로 이용하는 방법으로 복구가 가능하다(단, 이때 중단 및 복구 모습에 따라 하드 포크가 일어날 수 있을 것이다). 따라서 현실적으로는 오프체인의 링크 유실, 디지털 원본 손상 등이 주로 문제 되고, 블록체인 네트워크 기능 자체가 마비될 우려는 높지 않은 편이다.

••• NFT의 유용(流用)은 무엇인가?

아직까지 특정 NFT가 모두 멸실되었거나, 네트워크가 폐쇄된 선례가 없어, NFT의 '끝'을 상상하기는 힘들다. 그런데 오프체인 링크가 모두 유실되거나 디지털 원본이 멸실된 NFT는 완전히 가치를 잃어버리게 되는 것일까?

이 경우 NFT를 구성하는 요소 중 Contract ID와 Token ID는 여전히 존재하고, 심지어 이를 소유한 사람들도 그대로 남아 있다. 그렇다면 NFT의 메타데이터를 새롭게 설정하여 종전 소유관계를 그대로 유지하는 새로운 NFT 프로젝트를 생성할 수도 있을 것이다. 즉, 실제로는 가치가 없고 외관만 남은 NFT를 다시 활용하는 것인데, 이는 법적으로 말소되어야 할 등기사항을 유용하는 약정을 떠오르게 한다.

이와 달리 NFT의 원본 데이터는 그대로 남아 있는데 네트워크가 소멸하면 어떻게 될까? 이 경우 종전 디지털 자산의 저작권 등 법적 문제가 없다면 완전히 새로운 NFT 프로젝트를 진행하는 것도 가능할 것이다.

••• 모듈형 블록체인이 무엇인가?

블록체인 네트워크는 실행(Execution), 보안/컨센서스(Security/Consensus), 데이터 가용성(Data Availability) 등 다양한 단계의 작업을 모두 처리할 수 있어야 하는데 이것이 하나의 레이어에서 이루어지는 블록체인을 모놀리식 블록체인(Monolithic Blockchain)이라고 한다. 그런데 이 경우 노드가 늘어나면 확장성(속도) 문제가 발생하게 되어 현재 거래량이 많은 초기 블록체인들이 속도 저하 문제를 겪고 있다.

이때 블록체인의 여러 기능을 나누어 효율성을 높이는 모듈(Module)로 만들고자 하는 시도를 하게 되는데, 이것이 모듈형 블록체인(Modular Blockchain) 개념이다. 아주 간단히 말하면 '분산원장'을 여러 개로 나누어 기록하겠다는 것이다. 최근 이더리움이 2.0 업데이트를 앞두고 이와 같은 모듈 구성을 취할 것으로 예상된다.

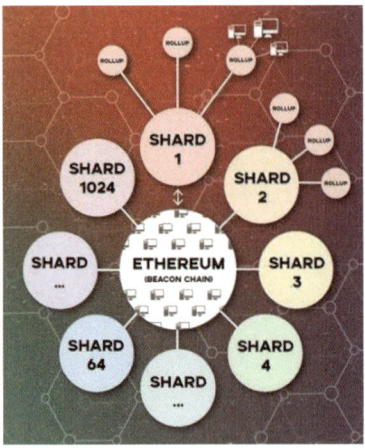

출처 : Bankless, Graphic by Logan Craig

만약 위 그림과 같이 샤드(Shard) 체인이 제대로 구성되어 있다면, 하위 가지에서 사고가 발생하더라도 근간이 되는 메인 체인에는 별다른 영향이 없게 될 것이다.

NFT와 범죄

Q71 **NFT를 통한 자금세탁은 어떻게 규제될까?**

특정금융정보법에 따르면, '자금세탁'이란 범죄 수익, 마약 거래, 조세 포탈 등으로 형성된 불법 자금으로 NFT를 구입 및 재판매하여 불법 자금을 은닉하거나, 귀속관계를 숨기거나, 취득 원인을 가장하여 범죄와 자금의 연관성을 단절시키는 행위를 의미한다(특정금융정보법 제2조 제5항 참조).

블록체인 데이터 분석회사 체이널리시스(Chainalysis)가 2022년 2월 발표한 〈2022 가상자산 범죄 보고서〉에 따르면 2021년 한 해 ERC-721과 ERC-1155 프로토콜을 사용하여 전송된 가상자산 가치(거래 규모)는 약 442억달러(약 54조 2,500억 원)인 것으로 집계되었다. 그리고 그중 자금세탁에 NFT가 활용된 것으로 추정되는 액수는 약 140만 달러(약 17억 원) 정도인 것으로 추산되었다. 2021년 가상자산 자금세탁 규모가 약 86억 달러(약 10조 3,500억 원)로 집계된 것과 비교할 때, NFT를 통한 자금세탁 규모는 매우 작은 편이다.

다만, NFT 자금세탁이 2021년 4분기에 폭발적으로 증가한 점, 위 자료는 미국 OFAC(Office of Foreign Assets Control, 미국 안보 및 외교정책을 지원할 목적으로 테러 및 금융정보를 관리하는 '해외자산 통제국')로부터 제재 대상이 된 가상자산 거래소로부터 유입된 자금만을 집계한 것이므로 음지에서 자금세탁이 일어났을 수도 있는 점 등에 비추어, NFT 자금세탁 규모는 앞으로 더욱 증가할 가능성이 있다.

한편, 우리나라는 특정금융정보법을 중심으로 자금세탁 등 금융 범죄에 대해 규제 대책을 마련하고 있다. 특히 2021년 개정된 특정금융정보법은 가상자산 규제를 골자로 하고 있다. 주요 내용은 가상자산사업자들은 금융정보분석원장에게 신고할 의무가 있고(특정금융정보법 제7조), 불법재산으로 의심되는 거래 또는 고액의 가상자산 거래에 대해 금융정보분석원장에게 보고하여야 한다(동법 제4조, 제4조의23)는 것이다.

특히 2022년 3월 25일부터는 '트래블 룰(Travel Rule, 자금이동 규칙)'이 전면 시행되고 있다. '트래블 룰'이란 본래 자금세탁을 방지하기 위하여 기존 금융권에 구축된 '자금 이동 추적 시스템'을 의미한다. 즉, 은행들이 해외 송금 시에 국제은행간통신협회(SWIFT)가 요구하는 형식에 따라 송금자의 정보 등을 기록하는 시스템과 유사한 체제를 '가상자산 거래'에도 적용하기로 한 것이다. 이른바 '가상자산 금융실명제'라고도 볼 수 있다.

트래블 룰의 전면 시행에 따라 가상자산사업자는 가상자산을 100만 원 이상 전송하는 송수신인의 신원 정보를 기록해야 하며, 해당 기록에서 자금세탁 등이 의심되는 경우에는 금융정보분석원(FIU)에 보고하여야 한다. 마지막으로, 가상자산사업자들은 가상자산 거래 기록을 5년 이상 보관하여야 한다.

특정금융정보법

제5조의4(금융회사 등의 금융거래 등 정보의 보유기간 등)
① 금융회사 등은 제4조, 제4조의2, 제5조의2 및 제5조의3에 따른 의무이행과 관련된 다음 각 호의 자료 및 정보를 금융거래 등의 관계가 종료한 때부터 5년간 보존하여야 한다.

특정 금융거래정보의 보고 및 이용 등에 관한 법률

제13조(보존하여야 하는 관련자료의 종류)
1. 금융거래 등 상대방의 실지명의를 확인할 수 있는 자료 : 금융거래 등 상대방의 실명확인증표 사본 또는 금융회사 등의 직원이 금융거래 등 상대방의 실지명의를 확인한 자료의 사본
2. 보고대상 금융거래 등 자료 : 금융거래 등 신청서, 약정서, 내역표, 전표, 업무용 서신 등 당해 금융거래 등과 관련된 자료
3. 금융회사 등이 의심되는 합당한 근거를 기록한 자료 : 창구 직원 등으로부터 수집한 자료, 보고책임자가 보고대상으로 판단한 이유 등에 관한 검토 자료 또는 제6조의 규정에 의한 보고서식에 기재한 내용 등

케이뱅크로부터 실명계좌를 제공받는 업비트는 자체 솔루션(거래정보 기록 프로그램) 베리파이바스프(VerifyVasp)를 적용하여 트래블 룰을 준수하고 있으며, 빗썸, 코인원, 코빗 등은 합작 법인(COnnect Digital Exchanges, CODE)을 통하여 개발한 R3 코다 기반 솔루션을 적용하고 있다. 그러나 2022년 4월 현재 국내에서 원화 거래를 지원하는 위 4개 거래소의 트래블 룰 시스템이 연동되지는 않아 각 거래소 간 가상자산 거래는 중단된 상태이다.

나아가 NH농협은행과 신한은행으로부터 실명계좌를 제공받는 빗썸, 코인원, 코빗 등은 '화이트리스팅' 제도를 적극적으로 도입하고 있다. '화이트리스팅'이란 특정인 소유의 지갑이라는 것을 사전에 등록한 지갑으로만 송금이 가능하도록 하는 기술적 조치를 의미하는데, 이는 곧 사전에 등록하지 않은 거래

소를 신뢰할 수 없다고 보고, 이처럼 신뢰할 수 없는 가상자산사업자에게는 이용자의 민감 정보를 제공하지 않는 것이다. 그런데 화이트리스팅 제도 도입에 따라 국내 가상자산 거래소가 해외 거래소와의 거래를 제한하게 되는 경우가 많아, 원화로 해외 거래소에 상장된 가상자산을 구매하고자 하는 경우 불편을 겪는 이용자들이 발생하고 있다.

국제자금세탁방지기구(FATF) 권고안을 전 세계에서 최초로 제도화한 것이 바로 우리나라의 특정금융정보법이다. 테러 자금 및 불법 자금의 세탁을 방지하기 위한 조치로서 선제적 규제 도입의 필요성은 인정할 수 있으나, 아직까지 특정금융정보법에 따른 위 조치들(트래블 룰, 화이트리스팅)은 도입 초기 단계에 불과하다. 따라서 아직 자금세탁방지제도 전면 도입의 실익을 분석할 만한 자료도 없고, 관련한 연구도 진행되지 않은 것으로 보인다.

한편, 트래블 룰 도입 이후에도 1건당 신고제한액수인 100만 원 미만으로 가상자산을 '쪼개기 송금'하여 규제를 회피하는 등 실효성이 없을 것으로 우려하는 견해도 있었다. 이는 1일 거래 총량에 대한 규제 등을 신설하여 보완이 가능할 것으로 예상된다.

마지막으로 현재 특정금융정보법은 '가상자산'만 규정하고 있는데, NFT가 가상자산에 해당하는지 여부는 불분명하다는 점은 여러 차례 살펴보았다. 다만, 장기적으로 NFT는 위 법의 규제 대상에 포함될 것으로 예상된다. 따라서 NFT와 관련된 신규 사업을 진행하거나 NFT 시장에 참여하고자 하는 경우, 위 가상자산 규제에 관한 특정금융정보법의 내용을 숙지하고 준수하는 것이 필요할 것이다.

••• 해외의 NFT 규제는 어떻게 진행되고 있는가?

EU는 2022년 3월 31일 익명 가상화폐 지갑 사용 금지와 송·수신인 정보제공 등의 내용을 담은 자금 및 특정 가상화폐 송금에 관한 정보 규정안(Information Accompanying Transfers of Funds and Certain Crypto-assets)을 의결하였다. 여기에는 트래블 룰과 유사한 내용이 포함되어 있다. 즉, 앞으로 EU법이 적용되는 가상자산사업자들은 1,000유로(약 134만 원) 이상의 가상자산을 전송하는 경우, 고객의 이름, 생년월일, 계좌번호, 수신주소를 기록하여야 하고, 익명의 가상자산 지갑은 발행할 수 없게 되었다.

한편, 미국의 증권거래위원회(SEC)는 NFT 규제 연구에 박차를 가하는 한편, 2022년 3월경부터 NFT 크리에이터 및 NFT 마켓플레이스 등을 대상으로 NFT 아트 등의 증권성을 조사하고 있다. SEC는 Howey Test를 통해 금융상품이 증권에 해당하는지 여부를 판단하는데, 만약 NFT가 증권에 해당한다는 결론이 내려질 경우 증권법에 따른 규제가 그대로 적용되어 증권거래위원회의 감시 대상이 될 수 있다.

••• NFT를 통한 자금세탁은 어떻게 이루어지는가?

NFT는 가치가 정해져 있는 가상자산과 달리 개별 NFT의 가치를 측정하기 쉽지 않고, 고가로 거래되기도 하므로, 자금세탁의 손쉬운 방편이 될 수 있다.

NFT를 만들어 자금을 세탁하는 예시를 들어보자. A는 우선 범죄 자금으로 가상자산을 구매하거나, 혹은 범죄로 인해 곧바로 가상자산을 취득하여 A지갑에 보관한다. A는 이후, 아무런 가치가 없는 디지털 자산을 NFT로 발행하여 B지갑에 저장한다. A는 위 가상자산으로 B지갑의 NFT를 고가에 구매한다. 위 사례에서, 제3자는 B지갑이 누구의 소유인지 전혀 알 수 없다. 특히 국제수사에 협력하지 않아 자금추적이 불가능한 국가의 NFT 마켓플레이스를 이용하는 경우에는 자금세탁의 효과가 극대화될 것이다.

> 「특정 금융거래정보의 보고 및 이용 등에 관한 법률」
> 제2조(정의)
> 5. "자금세탁행위"란 다음 각 목의 행위를 말한다.
> 가. 「범죄수익은닉의 규제 및 처벌 등에 관한 법률」 제3조에 따른 범죄행위
> 나. 「마약류 불법거래 방지에 관한 특례법」 제7조에 따른 범죄행위
> 다. 「조세범 처벌법」 제3조, 「관세법」 제270조, 「지방세기본법」 제102조 또는 「특정범죄 가중처벌 등에 관한 법률」 제8조의 죄를 범할 목적 또는 세법에 따라 납부하여야 하는 조세(「지방세기본법」에 따른 지방세를 포함한다. 이하 같다)를 탈루할 목적으로 재산의 취득·처분 또는 발생 원인에 관한 사실을 가장(假裝)하거나 그 재산을 은닉하는 행위

Q72 NFT 자전거래는 범죄일까?

NFT 자전거래란 'NFT 판매자가 스스로 해당 NFT를 구매하여 NFT의 가치를 인위적으로 올리는 수법'을 의미한다. 자전거래는 거래 규모를 부풀려 거래가 활발히 일어나는 것처럼 느껴지도록 하고, 매수인으로 하여금 시장가격이 아닌 거품이 낀 가격으로 NFT를 구매하도록 함으로써 시장을 왜곡하게 된다.

이와 관련하여 NFT 마켓플레이스 중 룩스레어(LooksRare)의 성장 방식이 논란이 되고 있다.

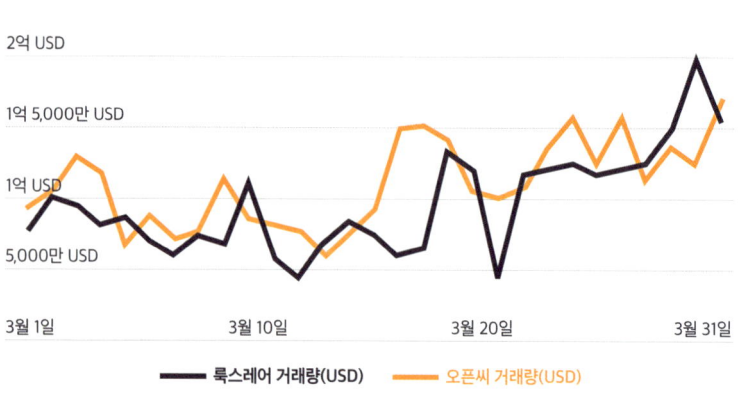

출처 : https://www.blockmedia.co.kr/archives/221472

룩스레어는 후발주자로서 오픈씨의 유저들을 유인하기 위해, 거래 시 발생하는 수수료(0.5%)를 자체 토큰인 룩스(LOOKS)토큰과 랩이더리움(wETH)으로 거래 당사자에게 직접 지급하는 파격적인 정책을 선보였다. 즉, 룩스레어에서 NFT를 거래하는 이용자는 NFT 거래 규모가 클수록 더 많은 토큰을 보상으로 지급받게 된다.

룩스레어는 위와 같은 정책을 통해 2022년 3월 한 달 동안 오픈씨의 거래량을 넘어서기도 했지만, 일일 유저 수는 룩스레어가 약 1,500여 명, 오픈씨가 약 6만여 명 정도로 여전히 큰 차이가 난다.

일일 이용자 수에 비해 거래 규모가 크다는 것은 소수의 이용자가 자전거래를 통해 NFT의 가치를 비정상적으로 부풀리고 있다는 의심을 갖게 한다. 위와 같은 분석을 통해 NFT 매수인으로서는 자전거래가 일어나는 NFT 마켓플레이스의 NFT의 가치가 비정상적일 수 있다는 점을 파악할 수 있으므로, 그러한 NFT 마켓플레이스를 이용하는 것은 신중해야 할 것이다.

그런데 이와 달리 '적정한 시세를 알지 못하는 매수인'이 자전거래를 통해 가격이 높아진 NFT를 구매하게 되는 경우는 어떠한가? 이 경우 형법상 '사기죄'가 적용될 여지가 있을 것이다. 사기죄는 ① 기망행위, ② 처분행위, ③ 기망행위와 처분행위 간 인과관계, ④ 사기의 고의의 구성요건이 충족되면 성립하는 범죄이다. 이 중 적극적으로 속이는 행위(기망행위)가 아니라 응당 거래 상대방에게 알려야 할 것을 알리지 않음으로 인해서 상대방을 속인 것과 같은 효과를 내는, 이른바 '부작위에 의한 기망행위'가 인정되려면 NFT 판매자에게 거래 상대방에게 자전거래가 있었던 사실을 알릴 신의성실의 원칙상 고지 의무가 있는지 여부가 쟁점이 된다.

가상자산 거래소 운영자들이 가상화폐 거래시스템에 동일한 가격으로 매도호가와 매수호가를 대량 제출하여 반복적으로 가공계정 간 다수의 거래체결이 일어나도록 하여 시세를 조종한 사안에서, ① '주문량, 거래량 등을 인위적으로 증가시켜 이용자들을 유인할 목적'이 있고, ② '사전에 이용자들에게 이를 알리지 않은 행위는 거래소의 운영자이자 가장거래의 당사자로서 신의성실의 원칙상 고지 의무가 있는 사실을 묵비함으로써 이용자들을 기망한 것'이며, ③ 이와 같은 기망행위에 속은 이용자들로부터 '예탁금 명목으로 금원을 교부'받은 것은 사기죄에 해당한다고 본 판례가 있다(서울남부지방법원 2019. 1. 17. 선고 2018고합181 판결, 대법원 2020. 8. 27. 선고 2019도11294 판결에서 상고기각으로 확정). 위 판례에 비추어볼 때, NFT 판매자가 자전거래 행위를 묵비하는 경우, 거래 당사자로서의 신의성실의 원칙상 고지 의무를 위반하여 거래 상대방을 기망한 것으로 판단될 가능성이 있다. 만약 편취액 합계가 5억 원 이상이라면, 「특정경제범죄 가중처벌 등에 관한 법률」 제3조 제1항이 적용될 수 있고, 만약 편취액 합계가 50억 원 이상이라면 더욱 가중처벌되어 '무기 또는 5년 이상의 징역'에 처해질 수 있다.

한편, 자본시장법은 '시세조종행위'를 엄격하게 금지하고(법 제176호), 이를 위반한 자를 처벌하고 있다(법 제443호).

> **자본시장과 금융투자업에 관한 법률**
>
> **제176조(시세조종행위 등의 금지)**
> ① 누구든지 상장증권 또는 장내파생상품의 매매에 관하여 그 매매가 성황을 이루고 있는 듯이 잘못 알게 하거나, 그 밖에 타인에게 그릇된 판단을 하게 할 목적으로 다음 각 호의 어느 하나에 해당하는 행위를 하여서는 아니 된다.
> 1. 자기가 매도하는 것과 같은 시기에 그와 같은 가격 또는 약정수치로 타인이 그 증권 또는 장내파생상품을 매수할 것을 사전에 그자와 서로 짠 후 매도하는 행위
> 2. 자기가 매수하는 것과 같은 시기에 그와 같은 가격 또는 약정수치로 타인이 그 증권 또는 장내파생상품을 매도할 것을 사전에 그자와 서로 짠 후 매수하는 행위
> 3. 그 증권 또는 장내파생상품의 매매를 함에 있어서 그 권리의 이전을 목적으로 하지 아니하는 거짓으로 꾸민 매매를 하는 행위
> 4. 제1호부터 제3호까지의 행위를 위탁하거나 수탁하는 행위
> ② 누구든지 상장증권 또는 장내파생상품의 매매를 유인할 목적으로 다음 각 호의 어느 하나에 해당하는 행위를 하여서는 아니 된다.
> 1. 그 증권 또는 장내파생상품의 매매가 성황을 이루고 있는 듯이 잘못 알게 하거나 그 시세를 변동시키는 매매 또는 그 위탁이나 수탁을 하는 행위
> 2. 그 증권 또는 장내파생상품의 시세가 자기 또는 타인의 시장 조작에 의하여 변동한다는 말을 유포하는 행위
> 3. 그 증권 또는 장내파생상품의 매매를 함에 있어서 중요한 사실에 관하여 거짓의 표시 또는 오해를 유발시키는 표시를 하는 행위
>
> **제443조(벌칙)**
> ① 다음 각 호의 어느 하나에 해당하는 자는 1년 이상의 유기징역 또는 그 위반행위로 얻은 이익 또는 회피한 손실액의 3배 이상 5배 이하에 상당하는 벌금에 처한다. 다만, 그 위반행위로 얻은 이익 또는 회피한 손실액이 없거나 산정하기 곤란한 경우 또는 그 위반행위로 얻은 이익 또는 회피한 손실액의 5배에 해당하는 금액이 5억 원 이하인 경우에는 벌금의 상한액을 5억 원으로 한다.
> 4. 제176조 제1항을 위반하여 상장증권 또는 장내파생상품의 매매에 관하여 그 매매가 성황을 이루고 있는 듯이 잘못 알게 하거나, 그 밖에 타인에게 그릇된 판단을 하게 할 목적으로 같은 항 각 호의 어느 하나에 해당하는 행위를 한 자
> 5. 제176조 제2항을 위반하여 상장증권 또는 장내파생상품의 매매를 유인할 목적으로 같은 항 각 호의 어느 하나에 해당하는 행위를 한 자

그러나 NFT 마켓플레이스는 '상장증권' 또는 '장내파생상품'을 매매하는 장소로 보기 어려우므로, 위 규정이 직접 적용될 수는 없을 것이다.

이상의 내용을 종합하여 보면, NFT 자전거래 행위를 범죄로 규정한 법률이 존재하지 아니하는 현 상황에서는 자전거래 자체를 막기는 쉽지 않을 것으로 보인다. 다만 자전거래를 통해 부풀린 가격으로 NFT를 판매하는 경우에는 형법상 사기죄 등으로 처벌할 수는 있을 것이다.

NFT 구매를 위한 해외 송금도 가능할까?

Q73

NFT의 구매를 위하여 해외 송금을 하기 위해서는 ① 국내 가상자산 거래소를 이용하거나, ② 장외거래업체(Over the Counter, 이하 'OTC'라고 한다)를 이용할 수 있다.

먼저, 국내 거래소를 활용하고자 하는 경우에는 ① 일단 국내 가상자산 거래소에 상장된 가상자산을 원화로 구매한 후, ② 이를 해외 거래소에 송금하는 방법이 있다. 다만, 앞서 살펴본 바와 같이 최근 국내 가상자산 거래소들은 특정금융정보법에 따른 규정 준수를 위하여 이른바 '화이트리스팅' 제도를 도입하고 있다. 국내 주요 가상자산 거래소에 실명계좌를 제공하기로 제휴한 시중은행들 중 일부는 특정금융정보법 제5조의2 및 시행령 제10조의2에 따라 가상자산사업자 신고를 위한 실명계정확인서를 발급하면서 고객확인의무제도로 알려진 KYC 의무(Know Your Customer) 내지 '트래블 룰(Travel Rule)' 준수를 위하여 '화이트리스팅'의 시행을 강력히 요구하고 있는 것으로 알려져 있다.

특히, 현재 국내 주요 가상자산 거래소에 실명계좌를 제공하는 각 시중은행은 고객확인의무제도에 따라 개인 실명계좌를 통한 원화 입출금만을 하도록 권장하고 있다. 따라서 자신의 계좌가 아닌 다른 사람의 계좌(차명계좌)를 통해 이용하는 경우에도 문제가 될 수 있다. 실제로 「금융실명거래 및 비밀보장에 관한 법률」(이하 '금융실명법'이라 한다) 제3조 제3항은 "불법재산의 은닉, 자금세탁행위 또는 공중협박자금조달행위의 면탈, 그 밖의 탈법행위 목적으로 타인의 실명으로 금융거래행위를 해서는 아니 된다"고 규정하고 있다. 이와 관련하여 법원은 "'그 밖의 탈법행위'는 불법재산의 은닉, 자금세탁행위, 공중협박자금조달행위 및 강제집행의 면탈 등에 비견될 만큼 위법성이 중하고 사회적 비난 가능성이 높은 행위인 것으로 그 적용 범위를 한정하여야 한다. (중략) 정부의 암호화폐 규제 회피는 위법성이 중하고 사회적 비난 가능성이 높은 행위라고 단정하기 어렵다"고 하여 정부의 암호화폐 규제 회피를 위해 차명계좌를 통해 거래한 것이 금융실명법 위반에 해당하지 않는다고 판시한 바 있다(서울중앙지방법원 2021. 7. 22. 선고 2020노3387 판결).

반면, "금융기관 등 정상적인 외국환 업무 담당기관을 거치지 아니하고 원화를 외국 통화로 환전하고자 하는 거래는, 이른바 '환치기'라는 불법 송금 방식에 가상화폐가 중간매개체로 추가된 것일 뿐, 대한민국과 외국 간의 불법 송금이라는 점에서 '환치기'와 실질은 동일하다. 무등록 외국환 업무는 외국환 거래 질서를 어지럽히고 외환 거래의 투명성을 훼손할 뿐만 아니라, 해외 불법도박, 범죄 수익 은닉이나 세금 포탈 등 여러 탈법 수단으로 악용되고 있어 그로 인한 사회적 비용이 적다고 할 수 없는 사정 등을 고려할 때, '그 밖의 탈법행위'에 해당한다"고 판시하여, 이른바 '환치기'에 관련한 차명계좌 제공에 대하여는 유죄를 인정한 사례 또한 존재한다(서울중앙지방법원 2020. 3. 10. 선고 2019고단6178 판결).

그렇다면 결국 차명계좌를 통한 해외 송금은 처벌 가능성이 있으며, 최근의 가상자산 관련 규제에도 부합하지 않는 면이 있다. 다만, 국내 주요 가상자산 거래소들이 화이트리스팅을 시행하는 상황에서는 등록되지 않은 외부 지갑으로의 송금 자체가 허용되지 않으며, 트래블 룰에 따라 개인 지갑 내지 해외 거래소로의 송금 역시 차단될 가능성을 배제할 수는 없다.

이러한 사정에 따라 해외 OTC업체를 통해 가상자산으로 환전한 다음 NFT를 구매하는 두 번째 방법 역시 검토될 수 있다. OTC를 이용한 방법은 기존에 기관투자자 등 고액 투자자들이 한 번에 대량으로 가상자산을 매수·매도하기 위해 선호했던 방식인데, OTC업체들은 일종의 중개업자로서 투자자들을 대리하여 실제 투자를 진행하는 서비스를 제공하고 있다. 그러므로 NFT 구매에 필요한 가상자산으로의 환전을 위해 OTC업체에 송금하는 방법 역시 고려해 볼 수 있다.

다만, 이러한 행위는 해외 송금에 해당하므로 외국환거래법상 신고 사항에 해당한다. 외국환거래법은 자본거래 행위에 대하여 신고를 할 것을 의무화하고 있으며(외국환거래법 제18조), OTC업체에 송금하는 행위는 대한민국 거주자가 비거주자에게 송금을 하는 것으로서 외국환거래법이 규정하고 있는 대표적인 '자본거래' 행위에 해당한다.

따라서 이와 같은 경우에는 외국환거래법 규정에 따라 신고를 해야 할 것이나, 신고 수리 대상 기관인 한국은행이 아직 이를 수리하고 있지 않는 것으로 보인다. 가상자산 관련 자본거래 신고에 대해서는 관련 절차가 마련되어 있지 않다는 이유이다.

> 답변일 : 2021-04-02 17:00:25
>
> 외환심사(외환심사)
>
> 첨부파일 등록된 첨부파일이 없습니다.
>
> 한국은행 홈페이지 외환거래 심사업무를 방문하여 주셔서 감사합니다.
>
> 문의주신 사항에 대해 답변드리겠습니다.
>
> 최근 국내 가상화폐를 취급하는 가상자산 사업자 등에 대한 법적규율에도 불구하고 가상자산의 법적 성격에 대해 아직 확정된 바가 없습니다.
> 이에 따라 가상화폐와 관련한 거주자와 비거주자간 거래에 대하여는 관련 절차가 아직 마련되어 있지 않음을 양해해주시기 바랍니다.

이에 따라 실무적으로는 한국은행에 대해 신고하더라도 신고의 접수 내지 수리가 이루어지지 않는 점에 비추어, '가상자산 거래는 신고 대상이 아니'라는 취지로 이해하고, 별다른 신고 없이 송금을 하고 있는 것이 거래상 현실로 파악된다.

물론, 향후에는 거주자가 비거주자인 해외 OTC업체에 송금하는 행위가 외국환거래법상 자본거래 신고 대상으로 인정될 가능성을 배제할 수 없으므로, 한국은행 등 관련 당국의 입장 변화에 유의해야 할 것이다.

한편, NFT 구매를 위해 해외 OTC업체에 송금하는 것은 외국환거래법상 무등록외국환업무, 이른바 '가상자산 환치기'로서 시세 차익, 조세 내지 자금추적 회피 목적이 있는 것으로 비칠 가능성 또한 존재한다. 아울러, 2021년 10월경에는 시세 차익을 노린 다수의 가상자산 환치기 행위 적발 사례에 대한 보도가 이루어지기도 하였다. 그러나 송금 행위가 오직 NFT 구매를 위한 가상자산의 취득을 목적으로 하고 있어 조세 내지 자금추적 회피 목적이 없다면 이러한 송금 행위가 일률적으로 무등록외국환업무로 해석될 가능성은 높지 않을 것이다.

Q74 정치인 후원 목적으로 NFT를 판매해도 될까?

NFT를 정치후원금 모금에 활용하려는 정치계의 시도도 있었다. 이는 정치자금펀드 참여증서로서 후원자에게 NFT를 제공하는 방식인데, NFT를 비롯한 블록체인 등 신기술을 수용하는 모습을 보여주고, 젊은 층을 지지자로 유인하고자 할 목적에서 시도한 것으로 보인다. 제20대 대통령선거에서 더불어민주당 이재명 후보는 2022년 2월 정치자금 후원자에게 이재명 후보와 정책의 비전을 알리는 일러스트 작품들을 활용한 NFT를 제공하는 '이재명 펀드'를 만들었고, 모금액 675억 원을 달성하기도 하였다. 펀드를 통해 조성된 선거자금은 국고에서 선거비용을 보전받아 원금에 약정 이자를 더해 투자자에게 상환된다. 이재명 후보의 선거대책위원회는 중앙선거관리위원회로부터 "NFT를 제작해 채권자의 디지털 자산 지갑에 송부하는 것을 제한하는 '정치자금법' 규정은 없다. NFT로 제작된 차용증서에 후보자의 사진이나 공약을 게재하는 것은 '공직선거법'에 위반되지 아니할 것"이라는 답변을 얻었다고 밝히기도 했다.

그렇다면 펀드의 형식이 아닌, 정치인이 후원금을 목적으로 직접 NFT를 발행하여 판매하는 것도 정치자금법에 저촉되지 않을까? 윤석열 대통령 역시 대선후보 시절 코리아스타트업포럼이 주최한 '스타트업 정책토크'에 참석하며 작성한 방명록을 NFT로 제작하였다. 하지만 이를 판매하지는 않았다. NFT를 판매할 경우, 대부분 그 대가를 가상화폐로 받게 되어 있는데, 가상화폐로 정치후원금을 받을 경우 정치자금법에 저촉될 우려가 있기 때문이다. 정치자금법상 후원금은 "정치자금법에 의해 후원회에 기부하는 금전이나 유가증권 그 밖의 물건"을 말한다(정치자금법 제3조 제4호). 앞서 살펴본 바와 같이 가상화폐를 재산상 이익으로 보는 견해와 물건으로 보는 견해가 나뉘고, 물건으로 본다면 후원금의 대상이 되긴 한다. 다만, 금액 한도를 준수할 수 있는가의 문제가 남는다. 후원인이 후원회에 기부할 수 있는 후원금은 연간 2,000만 원을 초과할 수 없고(동법 제11조 제1항), 대통령후보자 등 대통령선거경선후보자의 후원회에는 각각 1,000만 원을, 이외의 후원회에는 각 500만 원을 초과할 수 없다(동법 동조 제2항). 그런데 가상화폐의 가격변동성으로 인하여 평가 시점에 따라 후원금 액수가 달라질 수 있고, 결국 후원금의 회계보고 기준이 모호해져 정치자금법 위반의 가능성이 존재하게 된다.

이와 관련하여, 더불어민주당 이광재 의원은 2022년 1월 11일 암호화폐 정치후원금 모금 사이트를 열었으나, 가상화폐의 가격변동성으로 인한 문제에 직면하였고, 이에 중앙선거관리위원회는 "후원회가 가상자산을 받은 뒤 즉시 현금화해서 후원회 은행 계좌에 넣어야 한다"는 취지의 유권해석을 내놓은 바 있다.

한편, 미국 연방선거관리위원회(Federal Election Commission, FEC)의 경우, 후원금을 받는 시점의 가상화폐의 가치를 기준으로 후원금액을 평가하되, 현금화하기까지 지갑에 비트코인을 보유할 수 있도록 하여, 가상화폐를 활용한 정치후원금 모금의 기준을 명확히 해둔바, 이를 참고할 만하다.

NFT와 세금

Q75 NFT를 거래하면 세금을 내야 할까?

　세금은 거래 내용, 명의, 형식 등 외형이 아닌 경제적 실질에 따라서 부과된다. 이를 '실질과세의 원칙'이라고 한다.

　보다 구체적으로 살펴보면, '실질과세의 원칙'이란 "납세의무자가 소득이나 수익, 재산, 거래 등의 과세요건 사실에 관하여 실질과 괴리되는 비합리적인 형식이나 외관을 취한 경우 형식이나 외관에 불구하고 뒤에 숨어 있는 실질에 따라 과세요건이 되는 소득이나 수익, 재산, 거래 등의 발생, 귀속과 내용 등을 파악하여 과세하여야 한다는 조세부과의 원칙"을 말한다(대법원 2015. 9. 10. 선고 2010두1385 판결 등 참조).

　NFT에 대한 일률적인 과세 정책은 아직 도입되지 아니하였다. 따라서 NFT에 대한 세금은 위의 원칙으로 돌아가 다양한 거래 형태의 실질에 따라 부과될 것이다. 이하에서는 우선 NFT가 가상자산에 해당하는 경우의 과세 정책을 확인하고, 가상자산에 해당하지 아니하는 경우를 이어 살펴보기로 한다.

가상자산에 포함되는 NFT의 경우

　가상자산에 대한 과세 정책은 소득세법 개정을 통해 마련되어 있으나, 그 시행을 유예하여 2023년 1월 1일부터 시행될 예정이다.

　NFT를 양도하거나 대여하여 얻은 소득은 2023년 1월 1일 이후 소득세법상 '기타소득'에 해당한다(소득세법 제21조 제1항 제27호). NFT 매매 등을 통해 얻은 '총수입금액'에서 취득가액 및 필요경비를 공제한 금액을 양도차익으로 보고, 여기에서 다시 기본공제액을 뺀 금액이 과세표준액이 된다.

　① 취득가액은 2022년 12월 31일 기준시가와 실제 취득가액 중 큰 금액으로 보는데, 이는 2023년 1월 1일 전까지 취득한 가상자산에 대해서는 세금을 최대한 적게 부과하겠다는 취지이다. ② 필요경비에는 NFT 발행을 위한 민팅비, 거래 시 발생하는 가스비 등이 포함될 여지가 있으므로, 이를 공제하여야 한다고 주장할 수 있을 것이다. ③ 기본공제액은 250만 원으로 예정되어 있으나, 새로운 정부는 가상자산 기본공제액을 5,000만 원까지 상향하는 것을 공약으로 하고 있어 추이를 지켜볼 필요가 있다. ④ 세율은 22%(지방세 포함)이다.

••• 소득세법

제21조(기타소득)
① 기타소득은 이자소득·배당소득·사업소득·근로소득·연금소득·퇴직소득·금융투자소득 및 양도소득 외의 소득으로서 다음 각 호에서 규정하는 것으로 한다.
27. 「특정 금융거래정보의 보고 및 이용 등에 관한 법률」 제2조 제3호에 따른 가상자산을 양도하거나 대여함으로써 발생하는 소득

제37조(기타소득의 필요경비 계산)
① 기타소득금액을 계산할 때 필요경비에 산입할 금액은 다음 각 호에 따른다.
3. 제21조 제1항 제27호의 가상자산 소득에 대해서는 그 양도되는 가상자산의 실제 취득가액과 부대비용을 필요경비로 한다.
⑤ 제1항 제3호의 필요경비를 계산할 때 2023년 1월 1일 전에 이미 보유하고 있던 가상자산의 취득가액은 2022년 12월 31일 당시의 시가와 그 가상자산의 취득가액 중에서 큰 금액으로 한다.

제64조의3(분리과세기타소득에 대한 세액 계산의 특례)
② 제21조 제1항 제27호의 소득에 대한 결정세액은 해당 기타소득금액에서 250만 원을 뺀 금액에 100분의 20을 곱하여 계산한 금액으로 한다.

제84조(기타소득의 과세최저한)으로 하고 기타소득이 다음 각 호의 어느 하나에 해당하면 그 소득에 대한 소득세를 과세하지 아니한다.
3. 해당 과세기간의 가상자산 소득금액이 250만 원 이하인 경우

> **••• 소득세법 시행령**
>
> **제88조(가상자산에 대한 기타소득금액의 계산 등)**
> ① 법 제37조에 따라 법 제21조 제1항 제27호에 따른 가상자산을 양도함으로써 발생하는 소득에 대한 기타소득금액을 산출하는 경우에는 「특정 금융거래정보의 보고 및 이용 등에 관한 법률 시행령」 제10조의10 제2호 나목의 가상자산 주소별로 다음 각 호의 구분에 따른 평가방법을 적용하여 계산한다.
> 1. 「특정 금융거래정보의 보고 및 이용 등에 관한 법률」 제7조에 따라 신고가 수리된 가상자산사업자를 통해 거래되는 가상자산의 경우: 제92조 제2항 제5호의 이동평균법
> 2. 제1호 외의 경우: 제92조 제2항 제2호의 선입선출법
> ② 법 제37조 제5항에 따른 "2022년 12월 31일 당시의 시가"는 다음 각 호의 구분에 따른 금액으로 한다.
> 1. 신고수리가상자산사업자 중 국세청장이 고시하는 사업자가 취급하는 가상자산의 경우: 각 시가고시가상자산사업자의 사업장에서 2023년 1월 1일 0시 현재 가상자산별로 공시한 가상자산 가격의 평균
> 2. 제1호 외의 경우: 시가고시가상자산사업자 외의 신고수리가상자산사업자의 사업장에서 2023년 1월 1일 0시 현재 가상자산별로 공시한 가상자산 가격

가상자산 소득은 기본적으로 분리과세되므로, 세액 계산이 비교적 간단한 편이다.

가상자산이 아닌 NFT의 경우

NFT가 가상자산에 해당하지 않는 경우에는 디지털 파일 원본에 대한 거래가 있었던 것으로 보고, 이에 과세가 이루어질 것으로 예상된다. 예를 들어 미술저작물 디지털 파일을 거래하는 경우에는 미술품 거래로 보아 미술품에 준하여 과세하는 식이다.

그러나 NFT로 발행할 수 있는 원본의 종류는 매우 다양(부동산, 미술품, 골프회원권, 광업권, 지식재산권 등)하고, 여러 가지 원본을 혼합하여 하나의 NFT로 발행 및 판매하는 것도 가능하므로, 혼합NFT의 경우 과세의 근거를 정

하는데 상당한 어려움이 있을 것으로 보인다.

NFT 아트의 경우

현재 NFT 마켓플레이스에서 거래가 가장 활발한 것은 NFT 아트이다. NFT 아트는 크게 ① 예술 창작품과 ② 제너레이티브 아트(Generative Art)로 구분할 수 있다. 전자는 일반적인 미술품으로서 '창작자가 직접 창작성을 발휘하여 작성한 예술품'을 의미하는 반면, 후자는 '컴퓨터의 알고리즘을 바탕으로 자체적으로 생성되는' 작품을 의미한다. NFT 아트 중 가장 많은 비율을 차지하는 PFP(Profile Picture, 프로필 사진) NFT 프로젝트는 대부분 제너레이티브 아트 방식으로 제작되고 있다.

현재는 NFT 아트를 위 구분에 상관없이 일종의 미술품으로 보고 과세하여야 한다는 견해가 유력하다. 소득세법상 미술품 거래로 인한 양도차익은 '일시적 소득'에 해당하는 것으로 보고 '기타소득'으로 분리과세한다. 이때 계속적·반복적인 거래의 경우에도 기타소득으로 구분된다(소득세법 제21조 제2항, 2020년 12월 29일 신설).

NFT 아트에 대한 과세 정책에서 가장 먼저 확인할 사항은 해당 작품이 국내 생존 작가의 작품인지 여부, 양도가액이 6,000만 원 미만인지 여부이다. 이 경우에는 과세대상이 아니다(소득세법 시행령 제41조 제14항). 다만, NFT 마켓플레이스에서 거래를 하는 경우에는 작가 정보를 확인하기 어려운 경우가 대부분인바, 양도 시 국내 생존 작가라는 점이 확실하다면 양도세 면제 대상이므로(소득세법 시행령 제41조 제14항) 이를 증빙할 자료를 확보해 둘 필요가 있을 것이다.

> ●●● **소득세법 시행령**
>
> **제41조(기타소득의 범위 등)**
> ⑭ 법 제21조 제2항에서 "대통령령으로 정하는 서화(書畵)·골동품"이란 다음 각 호의 어느 하나에 해당하는 것으로서 개당·점당 또는 조(2개 이상이 함께 사용되는 물품으로서 통상 짝을 이루어 거래되는 것을 말한다)당 양도가액이 6,000만 원 이상인 것을 말한다. 다만, 양도일 현재 생존해 있는 국내 원작자의 작품은 제외한다.
> 1. 서화 · 골동품 중 다음 각 목의 어느 하나에 해당하는 것
> 가. 회화, 데생, 파스텔(손으로 그린 것에 한정하며, 도안과 장식한 가공품은 제외한다) 및 콜라주와 이와 유사한 장식판
> 나. 오리지널 판화·인쇄화 및 석판화
> 다. 골동품(제작 후 100년을 넘은 것에 한정한다)
> 2. 제1호의 서화·골동품 외에 역사상·예술상 가치가 있는 서화·골동품으로서 기획재정부장관이 문화체육관광부장관과 협의하여 기획재정부령으로 정하는 것

위의 경우에 해당하지 않을 때에는, 양도가액에서 필요경비를 공제한 금액에 대해 세금이 부과된다(소득세법 제21조 제3항). 구체적으로, 양도가액이 1억 원 이하이거나 보유기간이 10년 이상인 경우에 필요경비는 양도가액의 90%까지 인정되고, 그렇지 않은 경우에도 양도가액의 80%까지 필요경비로 인정된다. 즉, 기타소득금액은 양도가액의 10~20% 정도로 산정된다고 볼 수 있다.

> **••• 소득세법 시행령**
>
> **제87조(기타소득의 필요경비 계산)**
> 2. 법 제21조 제2항의 기타소득에 대해서는 다음 각 목의 구분에 따라 계산한 금액을 필요경비로 한다. 다만, 실제 소요된 필요경비가 다음 각 목의 구분에 따라 계산한 금액을 초과하면 그 초과하는 금액도 필요경비에 산입한다.
> 가. 거주자가 받은 금액이 1억 원 이하인 경우: 받은 금액의 100분의 90
> 나. 거주자가 받은 금액이 1억 원을 초과하는 경우: 9,000만 원 + 거주자가 받은 금액에서 1억 원을 뺀 금액의 100분의 80(서화·골동품의 보유기간이 10년 이상인 경우에는 100분의 90)

그리고 산출된 기타소득금액에 대해 일괄적으로 22%(지방세 포함)의 세율이 적용된다. 이처럼 NFT 아트를 미술품으로 과세하는 경우, 과세표준 1억 원 초과 시 최고 세율이 45%에 달하는 사업소득에 비해 세금 부담이 적을 것으로 예상된다.

참고로, 제너레이티브 아트를 '미술품' 거래로 보기 어렵다는 견해도 존재한다. 특히 예술 창작품을 모방하여 대량으로 복사 제작하는 경우에는 '예술 창작품'에 해당하지 아니하여 예술 창작품의 경우와 달리 부가가치세가 면제되지 아니할 수 있다는 점(국세청 유권해석 부가22601-1592, 부가46015-804)에서 구분의 실익이 있다. 다만 부가가치세 과세대상을 '컴퓨터 창작물'인 제너레이티브 아트에까지 확장할 수 있는지 여부는 불분명하다. 앞으로 법원의 판단, 또는 국세청의 유권해석이 필요한 지점으로 보인다.

NFT 아트를 전문적으로 거래하는 NFT 마켓플레이스의 경우

미술품을 계속적, 반복적으로 거래하는 NFT 마켓플레이스에 대해 종전 '화랑' 또는 '갤러리'와 같은 지위에서 과세가 이루어질 여지가 있다.

> **••• 소득세법 시행령**
>
> **제41조(기타소득의 범위 등)**
> ⑱ 법 제21조 제2항에서 "사업장을 갖추는 등 대통령령으로 정하는 경우"란 다음 각 호의 어느 하나에 해당하는 경우를 말한다.
> 1. 서화·골동품의 거래를 위하여 사업장 등 물적시설(인터넷 등 정보통신망을 이용하여 서화·골동품을 거래할 수 있도록 설정된 가상의 사업장을 포함한다)을 갖춘 경우
> 2. 서화·골동품을 거래하기 위한 목적으로 사업자등록을 한 경우

NFT 마켓플레이스가 '사업장'으로 판단되는 경우, NFT 아트 거래는 사업소득으로 판단되며, 이때는 합산과세가 이루어지고 필요경비 공제도 실제 경비에 대해서만 이루어지며, 법인세율은 각 사업 연도 과세표준액에 따라 11 내지 27.5%(지방세 포함)가 부과될 것으로 예상된다. 한편, NFT 마켓플레이스가 국내 개인사업자에 의해 운영되고 있었다면 소득세율은 6.6% 내지 49.5%가 부과될 수 있다. 즉, 미술품 거래에 관한 '사업장'에 해당하는 것으로 판단되면, 각 거래가 기타소득으로 과세될 때에 비해 세금 부담이 매우 높아지게 된다.

다만, 많은 NFT 마켓플레이스들은 판매자와 구매자 간 거래를 중개해 주는 역할만 하고 있을 뿐 직접 NFT를 취득하지 않는 사업 모델을 추진하고 있다.

NFT 판매자의 세금

전업 작가가 NFT를 판매하는 경우 1차 판매 수익 및 재판매 수익은 모두 '종합소득세'로 합산하여 과세될 가능성이 있다. 재판매 수익은 아직까지 그 법적 성질이 명확하지 아니한 면은 있으나, 저작자의 권리를 통해 얻은 수익으로 봄이 상당하므로, 이 또한 사업소득에 포함될 가능성이 있다.

고가의 NFT에 대한 신고 의무

만약 NFT 판매로 얻은 가상자산의 총합계액이 5억 원을 넘는다면, 국제조세조정에 관한 법률 제54조에 따라 2023년 6월까지 해외금융계좌 신고 의무가 발생할 수 있다(어느 하루라도 5억 원을 초과한 계좌를 보유하고 있다면 신고 대상이 된다). 위 규정은 가상자산에 대한 소득세가 유예된 것과 달리 현재에도 시행되고 있으므로 특별히 주의를 요한다.

> ●●● **국제조세조정에 관한 법률**
>
> **제53조(해외금융계좌의 신고)**
> ① 해외금융계좌를 보유한 거주자 및 내국법인 중에서 해당 연도의 매월 말일 중 어느 하루의 해외금융계좌 잔액이 대통령령으로 정하는 금액을 초과하는 자는 해외금융계좌정보를 다음 연도 6월 1일부터 30일까지 납세지 관할 세무서장에게 신고하여야 한다.

> ●●● **국제조세조정에 관한 법률 시행령**
>
> **제92조(해외금융계좌의 신고 등)**
> ③ 법 제53조 제1항에서 "대통령령으로 정하는 금액"이란 5억 원을 말한다.

> ●●● **조세범 처벌법**
>
> **제16조(해외금융계좌 신고 의무 불이행)**
> ① 「국제조세조정에 관한 법률」 제53조 제1항에 따른 계좌신고 의무자로서 신고기한 내에 신고하지 아니한 금액이나 과소 신고한 금액이 50억 원을 초과하는 경우에는 2년 이하의 징역 또는 신고 의무 위반금액의 100분의 13 이상 100분의 20 이하에 상당하는 벌금에 처한다. 다만, 정당한 사유가 있는 경우에는 그러하지 아니하다.
> ② 제1항의 죄를 범한 자에 대해서는 정상에 따라 징역형과 벌금형을 병과할 수 있다.

Q76 세금 문제 없는 NFT 거래 방법이 무엇일까?

특정금융정보법 시행 이후 가상자산사업자들에게 원화 입출금 시 실명거래계좌 등록 및 가상자산 거래정보에 대한 보관 및 신고 의무가 발생하였다. 그러나 위 법은 국내 가상자산사업자에게만 적용되는 법이고, 해외에는 위와 같은 규제가 적용되고 있지 아니하므로, 해외 가상자산 거래소를 경유하여 NFT 매매가 이루어지는 경우 거래를 추적하기 어려운 것이 현실이다. 또한 블록체인 네트워크상에는 전자지갑의 주소만 공개되어 있을 뿐, 해당 전자지갑이 누구의 소유인지 알 수 있는 방법은 존재하지 않는다.

최근 일부 NFT 마켓플레이스(앱)는 NFT 매매대금을 코인이나 토큰으로 받지 않고, 원화 결제 또는 신용카드 결제, 인앱 결제 등으로 직접 거래하는 방식을 도입하기도 하였다. 이 경우에는 NFT의 실소유자가 누구인지 쉽게 추적이 가능할 것이다. 그러나 아직까지 대부분의 NFT 마켓플레이스는 NFT 매매대금을 코인 또는 토큰으로 결제하고 있으므로, 익명성에 기초한 탈세 위험은 아직 남아 있다.

NFT를 통한 탈세가 이루어지는 또 한 가지 이유는 NFT의 원본인 디지털 자산에 대한 가치평가가 주관적으로 이루어지며, 판매자가 임의의 가격을 산정하는 것을 막을 수도 없는 것이다(이를 '가격 통제가 용이하다'라고 표현하기도 한다). NFT에 대한 과세제도가 마련되면서 어느 정도 NFT의 가치를 평가하는 방법 등이 마련되었다고 볼 수 있으나, 임의로 가치변동을 일으키는 것을 막을

고가의 NFT에 대한 신고 의무

만약 NFT 판매로 얻은 가상자산의 총합계액이 5억 원을 넘는다면, 국제조세조정에 관한 법률 제54조에 따라 2023년 6월까지 해외금융계좌 신고 의무가 발생할 수 있다(어느 하루라도 5억 원을 초과한 계좌를 보유하고 있다면 신고 대상이 된다). 위 규정은 가상자산에 대한 소득세가 유예된 것과 달리 현재에도 시행되고 있으므로 특별히 주의를 요한다.

••• 국제조세조정에 관한 법률

제53조(해외금융계좌의 신고)
① 해외금융계좌를 보유한 거주자 및 내국법인 중에서 해당 연도의 매월 말일 중 어느 하루의 해외금융계좌 잔액이 대통령령으로 정하는 금액을 초과하는 자는 해외금융계좌정보를 다음 연도 6월 1일부터 30일까지 납세지 관할 세무서장에게 신고하여야 한다.

••• 국제조세조정에 관한 법률 시행령

제92조(해외금융계좌의 신고 등)
③ 법 제53조 제1항에서 "대통령령으로 정하는 금액"이란 5억 원을 말한다.

••• 조세범 처벌법

제16조(해외금융계좌 신고 의무 불이행)
① 「국제조세조정에 관한 법률」 제53조 제1항에 따른 계좌신고 의무자로서 신고기한 내에 신고하지 아니한 금액이나 과소 신고한 금액이 50억 원을 초과하는 경우에는 2년 이하의 징역 또는 신고 의무 위반금액의 100분의 13 이상 100분의 20 이하에 상당하는 벌금에 처한다. 다만, 정당한 사유가 있는 경우에는 그러하지 아니하다.
② 제1항의 죄를 범한 자에 대해서는 정상에 따라 징역형과 벌금형을 병과할 수 있다.

Q76 세금 문제 없는 NFT 거래 방법이 무엇일까?

특정금융정보법 시행 이후 가상자산사업자들에게 원화 입출금 시 실명거래계좌 등록 및 가상자산 거래정보에 대한 보관 및 신고 의무가 발생하였다. 그러나 위 법은 국내 가상자산사업자에게만 적용되는 법이고, 해외에는 위와 같은 규제가 적용되고 있지 아니하므로, 해외 가상자산 거래소를 경유하여 NFT 매매가 이루어지는 경우 거래를 추적하기 어려운 것이 현실이다. 또한 블록체인 네트워크상에는 전자지갑의 주소만 공개되어 있을 뿐, 해당 전자지갑이 누구의 소유인지 알 수 있는 방법은 존재하지 않는다.

최근 일부 NFT 마켓플레이스(앱)는 NFT 매매대금을 코인이나 토큰으로 받지 않고, 원화 결제 또는 신용카드 결제, 인앱 결제 등으로 직접 거래하는 방식을 도입하기도 하였다. 이 경우에는 NFT의 실소유자가 누구인지 쉽게 추적이 가능할 것이다. 그러나 아직까지 대부분의 NFT 마켓플레이스는 NFT 매매대금을 코인 또는 토큰으로 결제하고 있으므로, 익명성에 기초한 탈세 위험은 아직 남아 있다.

NFT를 통한 탈세가 이루어지는 또 한 가지 이유는 NFT의 원본인 디지털 자산에 대한 가치평가가 주관적으로 이루어지며, 판매자가 임의의 가격을 산정하는 것을 막을 수도 없는 것이다(이를 '가격 통제가 용이하다'라고 표현하기도 한다). NFT에 대한 과세제도가 마련되면서 어느 정도 NFT의 가치를 평가하는 방법 등이 마련되었다고 볼 수 있으나, 임의로 가치변동을 일으키는 것을 막을 수 있는 제도적 장치는 존재하지 않는 상황으로 보인다.

NFT를 이용하여 '상속 및 증여'를 하는 경우 탈세 문제가 발생한다는 견해도 있다. 부모가 자녀에게 일시 증여를 하는 경우 5,000만 원까지는 세금 부담이 없으나, 이를 초과하는 금액은 과세대상이다. 그런데 부모가 자녀에게 재산을 상속하거나 증여할 때 NFT를 구매하여 이전하는 경우, 해당 NFT 가치를 정확하게 평가하기 어려우므로 마치 미술품을 통해 상속 및 증여를 하는 것과 유사한 문제가 발생할 수 있다. 다만, 증여는 완전포괄주의 과세원칙을 취하고 있어 NFT 증여 시에도 과세대상이 될 가능성이 있으며, 자금 출처를 소명하지 못하면 사후적으로도 증여세가 부과될 수 있다.

> ••• **상속세 및 증여세법**
>
> **제53조(증여재산 공제)**
> 거주자가 다음 각 호의 어느 하나에 해당하는 사람으로부터 증여를 받은 경우에는 다음 각 호의 구분에 따른 금액을 증여세 과세가액에서 공제한다. 이 경우 수증자를 기준으로 그 증여를 받기 전 10년 이내에 공제받은 금액과 해당 증여가액에서 공제받을 금액을 합친 금액이 다음 각 호의 구분에 따른 금액을 초과하는 경우에는 그 초과하는 부분은 공제하지 아니한다
> 2. 직계존속(수증자의 직계존속과 혼인(사실혼은 제외한다) 중인 배우자를 포함한다)으로부터 증여를 받은 경우: 5,000만 원. 다만, 미성년자가 직계존속으로부터 증여를 받은 경우에는 2,000만 원으로 한다.

그런데 자녀가 발행하거나 보유하는 NFT를 부모가 매수하는 방법을 사용하는 경우 '증여'에 해당하는지 여부는 아직 다툼이 있다.

이처럼 NFT는 거래의 익명성이 높은 수준으로 보장되고, 거래가 용이하며, 자전거래를 통해 거래 사례를 조작하기도 쉬운 편이어서 탈세에 이용될 가능성이 크므로, 앞으로 적정한 과세정책 실현을 위하여 세법의 정비가 필요할 것으

로 보인다.

  마지막으로, NFT를 매매하는 거래자의 입장에서도 의도치 않은 탈세가 일어날 수 있다는 점은 유의하여야 한다. 이에 취득가액 등 세액공제에 필요한 증빙자료를 미리 확보해 둘 필요가 있다. 그리고 양도차익 또는 증여세를 신고하여야 하는지 애매한 경우에는 미리 밝혀 신고하는 것이 오히려 세금을 줄이는 길일 수 있다. 신고를 하지 않을 때 가산세가 부과될 위험이 있는 반면, 세금을 더 낸 경우에는 경정청구 등을 통해 돌려받을 방법이 마련되어 있기 때문이다.

민사상 강제집행 대상 해당 여부

Q77 NFT를 강제집행할 수 있을까?

NFT에 대한 민사상 강제집행 가능성은 그 법적 근거부터 논란이 있다. 민사상 금전채권에 기초한 강제집행의 대상은 부동산, 동산, 채권과 그 밖의 재산권(유가증권, 유체물의 권리이전이나 인도를 목적으로 한 채권)이다. 그러나 NFT는 부동산, 동산, 채권과 그 밖의 재산권 중 어느 하나에 해당한다고 보기 어려워, 아직 강제집행의 대상으로 볼 수 없다는 것이 일반적인 견해이다. 이와 달리 NFT가 민사집행법상 '그 밖의 재산권'에 해당한다고 보는 소수의 견해도 있다.

그러나 사법정책연구원이 2022년 8월에 발표한 〈가상자산에 대한 민사집행 연구〉는 가상자산을 '그 밖의 재산권'으로 포섭할 수 있다는 논거를 제시하였다. 우선 가상자산을 유체동산으로 보기 어렵다는 근거는 첫째, 무체물인 데이터를 물건으로 취급하는 것은 형사법 영역에서 재물과 재산상 이익에 대한 구분 개념이 흔들릴 우려가 있고, 둘째, 물리적 실체가 없는 가상자산을 민사집행

법 제189조 제2항에 따른 유체물로 포섭할 수 없으며, 유체동산 압류집행 방법을 고려할 때 압류가 되었다는 점을 표시할 기술이 구현 불가능하다는 것이다. 나아가 사법정책연구원은 국세징수법 등에서 가상자산 관련 규정을 '그 밖의 재산권'에 신설하고 있고, 민사집행법 제251조의 취지를 고려하더라도 새로운 형태의 가치인 가상자산을 '그 밖의 재산권'으로 보는 것이 바람직하다는 의견을 피력하였다.

앞서 사법정책연구원이 지적하고 있는 바와 같이, 채무자의 협조가 없다면, 제3자가 전자지갑에 보관된 가상자산을 임의로 처분할 수 있을지 의문이다. 기술적으로 채무자가 보관하는 개인키(private key)가 없다면 제3자가 특정 지갑에 접근하는 것조차 어렵기 때문이다. 이에 가상자산의 이전을 금지하여 두고, 거래가 일어나는지 여부를 감시하는 방법이 강제집행 방법으로 제안된 바 있다(특정금융정보법 시행 이후 거래소를 통한 가상자산 거래는 모니터링이 가능해진 것으로 평가된다). 그러나 여전히 '환가' 방법에 대해서는 명확한 해답이 없는 것으로 보인다.

강제집행의 실익은 국가의 공권력이 개입하여 채무이행을 만족하는 상태로 만들어줄 수 있다는데 있다. 그러나, 가상자산은 애초부터 '중앙의 개입을 배제하기 위한' 목적으로 설계된 바, 개인이 보관하는 개별 가상자산에 대해서는 집행 가능성이 현저히 낮을 것으로 예상된다.

이에 법원은, '거래소에 대한 출급청구채권을 가압류 대상으로 인정할 수 있다'거나(울산지방법원 2018. 1. 5.자 2017카합10471 결정), '가상자산의 전송, 매각 등 이행청구권은 가압류 대상이 된다'거나(서울중앙지방법원 2018. 2. 1.자 2017카단817381 결정), 또는 '가상자산 반환청구채권이 가압류대상이 된다'거나(서울중앙지방법원 2018. 3. 19.자 2018카단802743 결정), '구매대행업자에 대한 가상자산 지급청구권은 가압류 대상이 된다'고 판시하면서(서울중앙지방법원 2018. 4. 12.자 2018카단802516 결정), 가상자산 자체가 아닌 가상자산 또는 그 거래로 인한 재화의 출급청구권, 이행청구권, 반환청구채권, 지급청구권 등에 대해 채권 가압류의 형태로 가압류를 인정한 바 있다. 이 경우에 가압류 대상은 가상자산 자체는 아니고, 거래소에 대한 채권이라는 점에서 한계가 있었다.

그리고 하급심 판례 중 '피고는 원고에게 암호화폐(비트코인)를 인도하라'고 판시한 판례를 참고할 만하다(부산지방법원 서부지원 2018. 10. 23. 선고 2017가단11429 판결). 위 판결에서 법원은, '암호화폐에 대한 강제집행이 불능일 때는 위 시가로 환산한 돈을 지급하라'면서 원고의 대상청구를 인용하였다(법원은 대상청구의 전제로, 비트코인의 국내 시가가 '공지의 사실'이라고 파악하고 있다). 즉, 법원은 가상자산 자체에 대한 강제집행이 '법적으로 불가능한 것은 아니'라고 보면서도, '현실적으로는 집행 가능성이 없는 것(=강제집행 불능)'으로 보아 대상청구까지 인용한 것으로 해석된다.

이상의 내용을 요약하면, ① NFT를 민사집행의 대상이 되는 '그 밖의 재산권'으로 포섭할 수 있다는 견해에 따를 때는 법적 보호대상으로서 재산적 가치가 있는 NFT에 대한 강제집행이 일응 가능하다고 볼 것이며, 이를 인용한 판례도 존재한다. 그러나 현실적으로는 강제집행 실현이 어려워 이를 제도적으로 보완할 필요가 있다는 점, NFT의 법적 성질이 규명되어야 할 필요가 있다는 점을 고려하여 ② 새로운 입법을 통해 강제집행의 근거를 마련하지 않는 이상 현재 로서는 NFT자체에 대한 강제집행을 실시하기는 어려울 것으로 판단된다. 가상자산에 대한 실질적인 소비와 이용, 그리고 이를 둘러싸고 있는 많은 사업 및 산업의 발전이 기대되고 있는 만큼, 향후 가상자산 내지 NFT 등을 대상으로도 강제집행의 실효성을 기할 수 있는 현명한 입법을 기대해 본다.

●●● 가상자산 강제징수를 위한 세법상 압류 근거규정 마련

국회는 2021년 12월 21일 국세징수법을 일부개정하여 다음과 같은 조항을 신설하였다.

제35조(수색)
② 세무공무원은 다음 각 호의 어느 하나에 해당하는 경우 제3자의 주거 등을 수색할 수 있고, 해당 주거 등의 폐쇄된 문·금고 또는 기구를 열게 하거나 직접 열 수 있다.
2. 체납자의 재산을 점유·보관하는 제3자가 재산의 인도(引渡) 또는 이전을 거부하는 경우

제55조(그 밖의 재산권의 압류 절차 등)
③ 관할 세무서장은 제2항에 따라 가상자산을 압류하려는 경우 체납자에게 대통령령으로 정하는 바에 따라 해당 가상자산의 이전을 문서로 요구할 수 있고, 요구받은 체납자 또는 그 제3자는 이에 따라야 한다.

제66조(공매)
① 관할 세무서장은 압류한 부동산 등, 동산, 유가증권, 그 밖의 재산권과 제52조 제2항에 따라 체납자를 대위하여 받은 물건(금전은 제외한다)을 대통령령으로 정하는 바에 따라 공매한다.
② 제1항에도 불구하고 관할 세무서장은 다음 각 호의 어느 하나에 해당하는 압류재산의 경우에는 각 호의 구분에 따라 직접 매각할 수 있다.
2. 가상자산사업자를 통해 거래되는 가상자산: 가상자산사업자를 통한 매각

그리고 국세징수법 시행령에도 2022년 2월 15일 자 개정에 따라 아래 조항이 추가되었다.

제43조의2(가상자산의 압류)
① 관할 세무서장은 법 제55조 제3항에 따라 가상자산의 이전을 문서로 요구하는 경우에는 다음 각 호의 구분에 따라 이전하도록 요구해야 한다.
1. 체납자나 제3자가 체납자의 가상자산을 보관하고 있는 경우(제2호의 경우는 제외한다): 체납자 또는 제3자에게 해당 가상자산을 관할 세무서장이 지정하는 가상자산 주소로 이전하도록 요구
2. 가상자산사업자가 체납자의 가상자산을 보관하고 있는 경우: 가상자산사업자에게 해당 가상자산을 체납자의 계정에서 관할 세무서장이 지정하는 계정으로 이전하도록 요구
② 법 제55조 제3항에 따라 가상자산의 이전을 요구하는 문서에는 다음 각 호의 사항이 포함되어야 한다.

1. 체납자의 성명 또는 명칭과 주소
2. 체납자의 가상자산을 보관하고 있는 자의 성명 또는 명칭과 주소(제3자가 체납자의 가상자산을 보관하고 있는 경우로 한정한다)
3. 이전하여야 할 가상자산 및 그 규모
4. 이전 기한
5. 제1항에 따라 관할 세무서장이 지정한 가상자산 주소 또는 계정
6. 그 밖에 가상자산의 이전에 필요한 사항
③ 관할 세무서장은 체납자의 가상자산이 두 종류 이상인 경우에는 매각의 용이성 및 가상자산의 종류별 규모 등을 고려하여 특정 가상자산을 우선하여 이전하도록 요구할 수 있다.

이상의 내용에 따르면 가상자산은 '그 밖의 재산권'으로 압류가 가능하고, 세무공무원 및 세무서장에게 문서요구권, 인도 거부 시 수색권, 가상자산사업자를 통한 직접매각권 등 실효성이 높은 권한이 다수 부여되었다.

이와 마찬가지로 지방세징수법도 2022년 1월 28일 일부개정되었는데, 국세징수법의 개정 내용과 동일한 취지이다.

Q78 NFT를 몰수할 수 있을까?

형법상 '몰수'는 범죄행위에 제공한 물건이나 범죄행위의 결과로 얻은 물건을 국가가 강제로 빼앗는 것을 의미한다. 대법원은 "몰수 또는 추징은 범인 또는 그 정을 아는 제3자가 취득한 재물 또는 재산상 이익을 그들로부터 박탈하여 부정한 이익을 보유하지 못하게 하는 것에 목적이 있다"라는 취지로 판시하였다(대법원 2006. 12. 8. 선고 2006도6410 판결). 몰수는 징역·금고 등 형벌에 부가하여 선고할 수도 있다. 즉, 몰수는 범죄자가 신체 자유에 대한 형벌을 받으면서(소위 '몸으로 때우면서') 재산상 이익을 취하지 못하도록 하는 데 유용한 규정이다.

구체적으로, 형법 제48조 제1항에 따르면, 범인 외의 자의 소유에 속하지 아니하거나(즉, 범인 소유이거나), 범죄 후 범인이 아닌 자가 그러한 사정을 알면서 취득한 물건은 전부 또는 일부를 '몰수'할 수 있다. 그리고 당해 물건을 몰수할 수 없으면 그 물건의 가치 상당액을 '추징'하고(같은 조 제2항), 문서나 전자기록 등이 몰수의 대상이 되는 경우에는 해당 부분을 '폐기'(같은 조 제3항)하도록 하고 있다.

형법에서는 뇌물 범죄, 마약 범죄, 배임수증재죄의 경우에 몰수를 규정하고 있다. 형법에 따른 몰수, 추징, 폐기는 일단 대상이 '물건'임을 전제로 하고 있다. 이와 달리, 「공무원범죄에 관한 몰수특례법」 제3조, 「마약류불법거래 방지에 관한 특례법」 제13조, 「범죄수익은닉의 규제 및 처벌 등에 관한 법률」 제8

조, 「특정경제범죄 가중처벌 등에 관한 법률」 제10조, 「불법정치자금 등의 몰수에 관한 특례법」 제3조, 「부패재산의 몰수 및 회복에 관한 특례법」 제3조 등은 물건을 포함하여 '재산'까지도 몰수의 대상으로 삼고 있다. 다만, 형법상 몰수가 가능한 범죄는 위 각 특별법에서도 다시 몰수 대상으로 삼고 있는바, 결국 현행법상 몰수는 물건과 재산을 가리지 않고 가능하다고 본다.

아직까지 'NFT'가 몰수된 사례는 발견할 수 없고, 다만 비트코인의 경우 몰수된 사례가 있다. 대법원은 "비트코인은 재산적 가치가 있는 무형재산으로서 몰수 대상이 된다"고 판시하였다(대법원 2018. 5. 30. 선고 2018도3619 판결). 구체적으로, 위 사안은 음란 사이트 운영자가 미국에 음란물 서버를 두고 회원 121만 명을 모아 그들로부터 광고 수익으로 받은 비트코인 약 2억 7,000여만 원을 몰수한 것이었다. 그런데 검찰은 몰수한 비트코인을 환금할 절차가 없어 보관만 하던 중, 2021년 4월 특정금융정보법 개정안이 시행되어 환가 근거가 마련되자 이를 환가하였는데 그 가액이 약 122억 원이었다. 이 사례에서는 약 45배 가치 상승을 통해 이른바 '국고 재테크'가 성공하였다. 그런데 형사소송법 및 검찰사건사무규칙 등에는 몰수물의 처분 시점에 대한 명확한 규정이 없어서 가치가 계속 변동하는 가상자산을 공매하는 시기를 언제로 보아야 할 것인지는 검사의 재량에 달려 있는 것으로 보인다. 또한 정당한 권리자에 의한 몰수물의 교부 청구가 있는 때(형사소송법 제484조 제1항 및 제2항) 특정 가상자산을 교부 당시 가액으로 다시 산정할 수 있는지 여부 등도 보완이 필요해 보인다.

나아가 인천세관은 2022년 2월경 동남아발 신종마약 JWH-018(합성대마)을 밀수해 판매한 후 가상자산으로 은닉한 피의자의 이익금을 국내 최초로 몰수보전하였다고 발표하였다. 또한 법원은 검사의 신청에 의해 '몰수보전명령'(검찰사건사무규칙 제267조)등을 통해 기소 전이라도 피의자가 가상자산을 처분하는 것을 금지할 수도 있을 것이다.

앞서 살펴본 가상자산 사례와 마찬가지로, NFT 또한 '사회통념상 경제적 가치가 인정되는 일반 이익인 재산'에 해당되어서 몰수의 대상이 될 수 있을 것으로 보인다. 단, 법원 입장에서 구체적인 몰수 품목이 무엇이 되어야 할지 고민해 볼 필요가 있다. NFT는 실체가 없는 디지털 파일이고, NFT를 이루는 코드보다는 NFT가 표방하는 관념 내지 원본 디지털 파일에 재산상 가치가 있으므로, 교환 가능한 상태의 온전한 NFT를 몰수하여야 몰수의 목적을 달성할 수 있을 것이다.

마지막으로, 기술적으로 볼 때 몰수 대상 재산을 보유한 자가 NFT에 접근할 수 있는 개인키(Private Key)를 제공하지 않으면 제3자인 국가는 직접 몰수를 실현할 수 없게 될 것으로 보인다. 따라서 효과적인 몰수를 위해서는 수사 단계에서 압수수색 등을 통해 국가가 위 개인키를 확보하여야 할 것인데, 이를 확보하지 못했다면 피의자·피고인으로부터 임의제출을 받을 수 있도록 노력해야 할 것이다. 만약 피의자가 임의제출에 협조하지 않는 경우, 몰수보전 절차를 활용할 수 있는지 고려해 볼 수 있을 것이다. 이때 앞서 살펴본 국세징수법상 강제집행 절차와 같이, 'NFT 마켓플레이스'에 대해 이전금지조치를 명하는 것이 가능할 것인지에 대해서도 추가 연구가 필요해 보인다.

CHAPTER
05

NFT의 남은 과제

지금까지 살펴본 것처럼 NFT의 법적 성질을 일률적으로 규명하기는 어렵다 하더라도, 정부나 행정기관 등이 입법과 제도가 미비한 부분들을 적극적으로 살펴보고, NFT업계가 발전할 수 있는 입법과 제도를 마련해 주는 것이 필요함은 분명하다. 이 챕터는 이 책에서 지적하였던 입법적 문제들을 일부 돌이켜보고, 장차 논의되어야 하는 주제가 무엇인지 소개한다.

입법론적 과제

Q79 NFT에도 권리소진의 원칙을 적용할 수 있을까?

저작권법 제20조는 "저작자는 저작물의 원본이나 그 복제물을 배포할 권리를 가진다"고 규정하여, '배포권'을 규정하고 있으며, '배포'는 "저작물 등의 원본 또는 그 복제물을 공중에게 대가를 받거나 받지 아니하고 양도 또는 대여하는 것"으로 규정하고 있다(저작권법 제2조 제23호).

한편, '권리소진의 원칙(혹은 최초판매의 원칙)'은 저작물이 그 원본이나 복제물로서 판매 등의 방법으로 거래에 제공된 이후에는 저작자의 배포권이 더 이상 적용되지 않는다는 원칙을 의미한다. 이는 적법하게 저작물 혹은 그 복제물을 구매한 자에 대해서도 저작권자의 배포권이 계속 미치도록 한다면, 해당 저작물의 구매자가 이를 제3자에게 판매 등의 방법으로 처분하는 경우 저작권자의 배포권을 침해할 수 있는 상황이 초래하는 것을 방지하기 위한 것이다.

즉, 저작권법은 저작권자와 저작물을 구매한 소유권자와의 권리 사이에서 그

균형을 맞추기 위하여 저작권법 제20조 후단에 "저작물의 원본이나 그 복제물이 해당 저작재산권자의 허락을 받아 판매 등의 방법으로 거래에 제공된 경우에는 그러하지 아니하다"라고 규정하여, 저작권자의 배포권은 최초로 해당 저작물 혹은 복제물이 판매됨으로써 소멸한다는 권리소진의 원칙을 도입하였다. 이처럼 권리소진의 원칙에 따라 책이나 미술품과 같은 저작물을 구매한 사람들은 자유롭게 중고 거래로써 해당 저작물을 저작권(배포권) 침해 문제 없이 매매할 수 있는 것이다.

이러한 권리소진의 원칙은 당초 저작물이 디지털 형태로 존재하지 않았던 20세기 초에 등장한 이론이다. 그에 따라 저작물을 유형물의 형태로 유통하는 모습에 한하여 권리소진의 원칙은 적용이 되고 있었는데, 최근 많은 저작물이 온라인을 통해 전송되거나, 디지털 형태로 유통되는 상황에서도 권리소진의 원칙이 적용될 수 있는지 여부가 문제 되고 있다.

우리나라에서는 이른바 '소리바다 사건'에서 대법원은 "배포란 저작물의 원작품 또는 그 복제물을 유형물의 형태로 일반 공중에게 양도 또는 대여하는 것을 말하는 것이므로 컴퓨터 하드디스크에 저장된 MP3 파일을 다른 P2P 프로그램 이용자들이 손쉽게 다운로드받을 수 있도록 자신의 컴퓨터 내의 공유 폴더에 담아둔 행위는 저작권법상 배포에 해당하지 않는다"고 판시한 바 있다(대법원 2007. 12. 4. 선고 2005도872 판결). 즉, 법원은 온라인상에서 디지털 파일의 형태로 저작물이 거래에 제공되는 행위는 저작권법상 '배포'에 해당하지 않아, 권리소진의 원칙이 적용되지 않는다고 본 것이며, 이러한 입장은 현재까지도 유효하다.

그러나 온라인상 거래가 활성화되고, 저작물을 디지털 콘텐츠의 형태로 향유하는 것이 일반화되면서, 디지털 저작물의 거래에 대해서도 권리소진의 원칙이 적용되어야 한다는 논의 역시 지속적으로 이루어지고 있다. 유럽의 경우 2012년 'UsedSoft 판결'에서는 사법재판소가 온라인 전송을 통한 다운로드 방식의 컴퓨터 소프트웨어의 경우에도 오프라인에서 소프트웨어가 판매되는 경우와 마찬가지로 권리소진의 원칙이 적용된다고 판시하였으나(JUDGMENT OF THE COURT(Grand Chamber) of 3 July 2012, UsedSoft, C-128/11, EU:C:2012:407), 중고 전자책의 재판매 행위가 저작권 침해에 해당하는지 여부가 문제 되었던 사건에서는 권리소진의 원칙이 적용되지 않는다고 판시한 바 있다(JUDGMENT OF THE COURT of 19 December 2019, Tom Kabinet, C-263/18, ECLI:EU:C:2019:1111). 미국에서도 디지털 저작물에 대하여 권리소진의 원칙이 적용되는지 여부가 문제 되었던 사건이 있었는데, MP3 파일을 구매한 뒤 재판매하는 행위는 권리소진의 원칙이 적용되지 않는다는 것이 법원의 입장이었다(Capitol Records, LLC v. ReDigi Inc., 910 F.3d 649(2d Cir. 2018)).

이처럼, 현재 많은 나라들 역시 저작물이 디지털 형태로 거래되는 양상에 따라 권리소진의 원칙 적용 여부에 대한 판단이 달라지고 있는 상황에서, 저작물을 NFT로 제작하여 판매하는 행위 역시 권리소진의 원칙이 적용되는지 여부에 대한 논의가 이루어져야 할 시점이다.

물론, NFT에는 통상 저작물의 사본이 존재하는 것이 아니라 메타데이터만 수록되어 있다는 점을 고려한다면 저작물을 NFT로 제작하여 거래하는 과정이 곧 전통적인 저작물의 배포에 해당하는지 여부부터가 문제 될 수 있다. 그럼에도 불구하고 자신의 저작물(혹은 제3자의 저작물)을 NFT로 제작하여 판매하는 자는 거래 조건을 설정할 수 있으며, NFT 플랫폼 내지 마켓플레이스 역시 추급권과 유사한 이익 분배 규정을 도입함에 따라 저작물을 디지털 콘텐츠 형태로 제작하여 거래하는 과정에서의 권리소진의 원칙 도입에 대한 논의는 더욱 활발해질 수밖에 없을 것이다.

특히, 저작물을 NFT로 제작하여 판매하는 것의 목적을 고려한다면, 계약의 방법으로 권리소진의 원칙을 도입하는 것 역시 크게 무리가 되지 않을 수 있다. NFT는 그 정의에서부터 알 수 있듯이, 해당 토큰이 표방하고 있는 특정 콘텐츠의 소유권을 나타내는 증표의 기능을 수행함에 그 목적이 있다. 또한 이렇게 제작된 NFT는 단순히 이를 보유하고 보관하는 것에 그치지 않고, 재판매 등을 통한 유통에도 그 목적이 있는 경우가 대부분이라는 점에서 유형물 형태로 존재하는 저작물과 유사한 성질이 있다. 그렇다면 NFT를 제작하고 거래하는 사람들의 인식 등을 감안하여 적어도 NFT를 통해 제작된 저작물의 디지털 콘텐츠는 그 특성상 원본과 같이 제작되어 자유롭게 유통되는 것이 예정되어 있음을 고려하였을 때, 권리소진의 원칙이 적용된다고 볼 여지가 상당할 수 있다.

다만, 전자책이나 스트리밍 방식으로 제공되는 음악저작물 등의 경우에 대해서는 일반적으로 권리소진의 원칙이 적용되지 않는다(즉, 저작권자에게 여전히 배포권이 남아 있다)는 법원의 기존 입장을 고려하였을 때, 가급적이면 입법적인 해결을 통해 NFT를 포함한 디지털 콘텐츠의 유통에 대해서도 권리자의 권리행사 가능 범위가 어디까지인지를 규정하여, 산업의 활성화를 도모함과 동시에 콘텐츠 이용자들에 대한 보호 역시 추구할 필요가 있을 것이다.

Q80 추급권 도입이 가능할까?

'추급권(Resale Royalty Right)'이란 "저작물의 원저작자가 원저작물을 최초 양도한 이후에도 계속되는 재판매로부터의 수익을 일정 비율 분배받을 권리"를 의미한다(한국저작권위원회, 〈저작권기술 관련 법률용어〉). 이러한 추급권은 1920년 프랑스가 최초로 그 권리를 'Droit de Suite'로 규정하였는데, 해당 권리는 일정한 보상을 청구할 수 있는 재산적 권리지만, 저작자의 사망 후에도 저작자의 상속인들에게만 귀속되며 양도할 수 없고, 사전에 포기할 수 없다는 내용을 담고 있다.

'추급권'은 주로 미술저작물을 중심으로 그 논의가 이루어졌었는데, 이는 음악이나 출판저작물과 미술저작물이 다른 특징이 있다는 점에 근거하고 있다. 음악, 출판, 영상저작물의 경우 저작자의 명성이 높아질수록 작품의 판매 등에 따라 분배받는 저작권료가 상승하는 효과가 있으며, 대체로 출판 계약 등을 통해서 이러한 수익분배(예를 들어 '인세') 내용을 규정하고 있는 경우가 많다. 또한 작품을 향유하는 소비자들 역시 반드시 저작물 원본이 아닐지라도 사본의 구입 및 감상을 통해 원본과 크게 다르지 않은 범위 내에서 저작물의 효용을 느낄 수 있는 특징이 있다. 하지만 미술저작물은 작가의 유명세가 높아진다고 할지라도 사본의 가치가 상응하는 경우가 드물며, 소비자들 역시 원본과 사본에 대한 효용의 차이를 크게 느낀다는 점에서 사본이 원본의 가치를 대체하기 어렵다. 게다가 저작자 입장에서는 원작의 재판매가 이루어지더라도 그 수익이 저작자에게 지급되는 일이 사실상 전무하다.

이에 따라 프랑스가 1920년 추급권 규정을 도입한 이후 EU 역시 2001년 〈미술 원작품 저작자의 이익을 위한 추급권에 관한 유럽의회 및 이사회의 지침〉 (2001/84/EC)을 채택함으로써, 유럽 일부 국가들은 저작자인 작가 혹은 작가로부터 저작권을 상속받은 유족들이 미술저작물의 가치 상승분 중 일부를 지급받을 권리를 인정하고 있다. 위 지침은 추급권의 대상을 시각 및 조형미술 원작품으로 제한하여 미술저작물의 저작자가 어문저작물 및 음악저작물 창작자들과의 관계에서 형평성을 회복할 수 있도록 하였으며, 유럽 내 미술시장에서 불공정거래나 시장의 왜곡이 없도록 하는 것을 그 목적으로 삼고 있다. 위 지침에 따라 규정된 추급권은 시각 또는 조형미술 원작품의 저작자가 그 작품의 연속적인 판매에 대하여 경제적 이익을 향유하는, 양도할 수 없는 권리를 의미하고 있다. 이러한 EU 지침을 통해 유럽 국가들 역시 추급권을 인정하고 있는 가운데, 현재 전 세계 82개국에서 추급권에 관한 내용을 마련하고 있다.

한편, 우리나라는 2007년 한-EU FTA 논의를 하면서부터 추급권 도입에 대한 논의가 이루어졌으나, 아직까지 저작권법상 추급권을 인정하고 있지 않다. 이와 같은 상황에서 저작물 등 콘텐츠를 NFT로 제작하여 판매하는 상황들이 이루어지면서 비록 저작권법에 규정이 없더라도 NFT 거래 계약의 조건을 설정함으로써, 추급권을 인정한 것과 같은 효과를 낼 수 있다는 기대가 있다. 즉, NFT 매매계약을 통해 NFT가 거래될 때마다 거래 발생에 따른 수익의 일부를 창작자에게 지급하는 것으로 정할 수 있기 때문이다.

앞서 살펴보았던 바와 같이(Q65 내지 Q66 원저작자의 권리 참조), 오픈씨(OpenSea)와 같은 NFT 거래 플랫폼, 마켓플레이스는 NFT 제작 시 NFT의 판매에 따른 수익의 최대 10%를 보장받을 수 있는 시스템을 마련하고 있으며, 이러한 기능을 바탕으로 기존 미술시장에서는 제공되지 않았던 추급권에 대한 논의가 다시 활기를 띠고 있다.

추급권은 아직까지 국내에 명시적으로 도입된 바가 없으나, NFT 시장의 활성화와 함께 관련 업계에서는 추급권과 유사한 효력을 도입하여 인정하는 모습을 보이고 있다. NFT 시장에서 실무 사례들이 점차 누적되는 경우, NFT와 블록체인 네트워크를 통한 거래뿐만 아니라 디지털 저작물, 미술품의 거래에서 추급권을 도입하자는 논의가 지속될 수 있을 것이다.

한편, 도종환 의원 등 16인의 국회의원은 2021년 7월 14일 미술진흥법안 제정을 상정하였는데, 위 법안에는 '미술품 재판매에 대한 작가보상금' 조항이 포함되어 있다. 위 제정안은 현재 국회에 계류 중이다.

••• 미술진흥법(안)

제25조(미술품재 판매에 대한 작가보상금)
① 작가는 문화체육관광부장관이 지정·고시하는 미술품의 소유권이 작가로부터 최초로 이전된 이후에 대통령령으로 정하는 미술 관련 서비스업자가 매도인, 매수인 또는 중개인으로 개입하여 해당 미술품이 재판매되는 경우에는 해당 매도인에게 대통령령으로 정하는 요율에 따른 금액을 청구할 권리(이하 "재판매보상청구권"이라 한다)를 가진다. 다만, 다음 각 호의 경우에는 그러하지 아니하다.
1. 재판매가가 500만 원 미만인 경우
2. 「저작권법」 제9조에 따른 업무상저작물에 해당하는 미술품이 재판매되는 경우
3. 매도인이 원작자로부터 작품을 직접 취득한 후 3년 이내에 재판매하는 경우로서 재판매가가 2,000만 원 미만인 경우
② 제1항에 따른 재판매보상청구권은 양도될 수 없으며, 작가가 생존하는 동안과 사망한 후 30년간 존속한다. 다만, 재판매 당시 작가가 사망한 경우에는 작가의 법정상속인이 재판매보상청구권을 행사할 수 있다.

제26조(재판매보상금의 징수 및 분배)
① 재판매보상청구권은 제28조에 따라 설립된 국립미술진흥원 또는 다음 각 호의 요건을 갖춘 단체로서 문화체육관광부장관이 지정하는 기관 또는 단체를 통하여 행사되어야 한다. 다만, 그 단체로 지정받으려면 대통령령으로 정하는 바에 따라 업무규정을 문화체육관광부장관에게 제출하여야 한다.
1. 대한민국 내에서 제25조 제1항에 따른 재판매보상청구권을 가진 자로 구성된 단체
2. 영리를 목적으로 하지 아니할 것
3. 보상금의 징수 및 분배 등의 업무를 수행하기에 충분한 능력이 있을 것
② 제1항에 따라 지정받은 기관 또는 단체는 재판매보상청구권자로부터 그 권리행사 신청이 있을 때에는 정당한 사유가 없는 한, 그자를 위하여 그 권리행사를 거부할 수 없다. 이 경우 그 기관 또는 단체는 자기의 명의로 그 권리에 관한 재판상 또는 재판 외의 행위를 할 권한을 가진다.
③ 문화체육관광부장관은 제1항에 따라 지정받은 기관 또는 단체 또는 그 소속 직원이 다음 각 호의 어느 하나에 해당하는 경우에는 그 지정을 취소할 수 있다.
1. 제1항에 따른 요건을 갖추지 못한 때
2. 문화체육관광부장관으로부터 지정받을 때 제출한 업무규정의 중대한 부분을 위배한 때
3. 기관 또는 단체가 업무를 상당한 기간 휴지하여 재판매보상청구권자의 이익을 해할 우려가 있을 때
④ 제1항에 따라 지정받은 기관 또는 단체는 재판매보상금의 징수 및 분배 업무에 관하여 수수료를 받을 수 있다. 이 경우 수수료의 요율 또는 금액은 해당 기관 또는 단체가 문화체육관광부장관의 승인을 받아 이를 정한다.
⑤ 제1항에 따라 지정받은 기관 또는 단체가 재판매보상금을 분배하려면 대통령령으로 정하는 바에 따라 보상금 분배에 관한 사항을 공고하여야 한다. 이 경우 보상금 분배 공고를 한 날부터 5년이 경과할 때까지 분배하지 못한 보상금(이하 "미분배 보상금"이라 한다)이 발생하면 그 미분배 보상금에 대하여 문화체육관광부장관의 승인을 받아 미술 진흥을 위한 공익 목적을 위하여 사용할 수 있다.
⑥ 제1항부터 제5항까지의 규정에 따른 기관 또는 단체의 지정 및 취소, 재판매보상금 징수·분배 절차 등과 관련한 업무규정, 수수료 징수, 재판매보상금의 공익 목적 사용 등에 관하여 필요한 사항은 대통령령으로 정한다.

제27조(정보제공청구권)
① 제26조 제1항에 따라 지정받은 기관 또는 단체는 재판매보상금의 지급을 위하여 필요한 정보를 대통령령으로 정하는 미술품 유통업자에게 요청할 수 있다. 이 경우 정보를 제공받은 기관 또는 단체는 해당 정보를 업무상 필요한 경우 이외에는 다른 사람에게 누설하여서는 아니 된다.
② 제1항에 따라 필요한 정보의 범위, 청구 절차 및 방법 등에 관한 사항은 대통령령으로 정한다.

NFT에 저작권 인증제도가 필요할까?

저작권법은 "저작자는 저작물의 원본이나 그 복제물에 또는 그 저작물의 공표 매체에 그의 실명 또는 이명을 표시할 권리를 가진다"고 규정하여 저작인접권으로서 저작자의 '성명표시권'을 인정하고 있다(저작권법 제12조 제1항). 이에 따라 저작자가 따로 존재하는 저작물을 NFT화하는 경우, NFT 발행인은 저작자의 성명표시권에 따른 저작자 표시에 유의하여야 함은 앞서 살펴본 바 있다. 더불어, 우리나라는 '저작권 인증제도'를 두고 있다. '저작권 인증제도'란 '인증기관이 저작물에 대한 권리관계를 확인하고 인증서를 발급해 주는 제도'로서, 해외 콘텐츠 시장에서 우리 저작물의 안전한 거래 및 경쟁력 강화에 도움이 되고자 저작권법에 따라 2006년부터 도입, 운영되고 있다(저작권법 제2조 제33호 및 제56조, 시행령 제36조 및 제37조 참조). '저작권 인증제도'는 저작물에 대한 권리자임을 확인하는 '권리 인증'과 저작물 권리자로부터 이용허락을 받았음을 확인하는 '이용허락 인증'으로 나뉘어 있으며, 문화체육관광부로부터 인증기관으로 지정된 '한국저작권위원회'가 저작권 인증 업무를 수행하고 있다(한국저작권위원회 홈페이지(copyright.or.kr)). 대한민국 국민이 창작한 저작물이 그 신청 대상으로서, 이는 단순한 구제 조치, 계약 체결 인증뿐 아니라, 기관 제출 또는 홍보 활용 등의 목적으로도 이용되고 있다.

한편, 이와 같은 '저작권 인증제도'를 NFT에도 적용하는 것을 고려해 볼 수 있다. NFT 마켓플레이스에 NFT의 기술적 안정성이나 거래내역 등의 관리를 모두 맡기는 것이 아니라, 법적·제도적 인증 절차를 거치도록 하는 것이다. 특히 미술저작물 NFT의 경우, '이용허락 인증제도'와 같이 일정한 인증이 있을 경우에만 마켓플레이스에서 거래될 수 있도록 한다면, 저작권 침해 여부를 보다 즉각적으로 판단하고, 이에 따른 마켓플레이스나 구매자의 피해를 최소화할 수 있을 것이다. 다만, 이러한 저작권 인증 절차는 NFT 민팅 외에 추가적 비용과 시간이 필요하여 NFT 거래를 위축시킬 가능성이 있다는 점, 외국 저작물은 현실적 제약으로 저작권 인증 신청 대상에서 제외되고 있다는 점에서, 국외 마켓플레이스에서 활발한 거래가 이뤄지고 있는 NFT에 대하여도 이러한 인증제도를 법제화할 수 있는지에 대하여는 보다 심도 있는 논의가 필요할 것이다.

Q82. 앞으로 남은 입법적 과제는 무엇일까?

앞서 이 책에서는 ① 데이터 소유권과 NFT 소유권 등 물권법리의 적용 가능성, ② NFT 인도청구의 근거 마련, ③ NFT 강제집행의 근거 마련, ④ NFT 마켓플레이스에 대한 책임 근거 마련, ⑤ 메타데이터 변경 시 권리관리정보 이력 추적제도 도입, ⑥ 가상자산 이전명령의 집행방안 및 거부 시 강제방안 마련 등 입법이 필요한 부분에 대한 언급을 한 바 있다.

그런데 현재 국회에서 논의 중인 NFT 관련 입법안은 어떤 것들이 있을까? 아쉽게도, 아직까지 NFT를 직접적인 적용 대상으로 규율하고 있는 법안은 존재하지 않는 것으로 보인다. 다만 제21대 국회에는 다수의 가상자산 관련 법안이 발의되어 있는데 2022년 9월 기준으로 국회 의안정보시스템에서 검색되는 법안의 내용은 아래 표와 같다.

의안명	발의자	제안일	의안 번호
가상자산업법안	이용우 의원 등 20인	2021년 5월 7일	2109935
가상자산업 발전 및 이용자보호에 관한 법률안	김병욱 의원 등 11인	2021년 5월 18일	2110190
가상자산 거래에 관한 법률안	양경숙 의원 등 10인	2021년 5월 21일	2110312
가상자산 거래 및 이용자보호 등에 관한 법률안	권은희 의원 등 10인	2021년 7월 9일	2111459
가상자산산업기본법안	윤창현 의원 등 11인	2021년 10월 28일	2113016
가상자산산업 발전 및 이용자보호에 대한 기본법안	김은혜 의원 등 13인	2021년 11월 8일	2113168

위 각 법안의 내용은 대체로 대동소이한 것으로 판단된다. 개별 법안을 구분하지 아니하고 지금까지 발의된 내용을 모두 합하여 열거하면 다음과 같다.

> **••• 국회에서 논의 중인 가상자산관련 법안의 주요 내용**
> (아래 각 의무는 '가상자산사업자'에게 적용되는 의무를 의미함)
>
> ① 금융위원회에 신고·인가·등록의무, ② 약관 및 백서 공시의무, ③ 거래구조·영업방식·경영현황 공시의무, ④ 가상자산 정보 공시의무, ⑤ 설명의무, ⑥ 업무상 기록생성 및 보관의무, ⑦ 이용자를 위한 보험가입 의무, ⑧ 직접 보상의무, ⑨ 예치금(또는 가상자산) 보관의무, ⑩ 고유재산과 예치재산 구분 의무, ⑪ 이해상충행위금지 및 명의대여금지, ⑫ 손해배상의무, ⑬ 자금세탁방지 및 본인확인의무, ⑭ 보고의무, ⑮ 거래질서를 해하는 행위 또는 광고 금지, ⑯ 미공개정보이용 및 시세조종 및 불공정거래행위 금지, ⑰ 벌칙규정, ⑱ 몰수 및 가액 추징, ⑲ 가상자산사업자협회 설립

한편, 법안 중 주목할 만한 것은 권은희 의원이 대표 발의한 「가상자산 거래 및 이용자보호 등에 관한 법률(안)」(이하 '권은희 의원안'이라 한다)이다. 권은희 의원안은 가상자산을 "컴퓨터 기술이나 생산 노력에 의하여 창조하거나 획득할 수 있는 교환의 매개수단 또는 디지털 가치 저장 방식으로 사용되는 모든 종류의 디지털 단위로서, 분산된 비중앙집중식 저장소 및 관리자 방식의 컴퓨터 암호학 기술에 기반을 둔 전자적 증표"라고 정의하였다(제2조). 나아가 '검찰총장, 경찰청장, 국세청장 또는 금융감독원장은 금융위원장에게 범죄에 이용된 가상자산의 거래중지를 요청할 수 있도록 하는 규정'(제15조), '가상자산거래업자가 자의적으로 이용자의 입금 및 출금 이용을 제한하거나 지연하여 승인할 수 없도록 하는 규정'(제16조)과 같이 가상자산사업자를 상대로 한 거래중지제도, 이른바 '동결' 규정을 도입하고자 한 점이 눈에 띈다.

실무적으로는 가상자산 관련 범죄 발생 시 신속하게 온라인 압수·수색·검

증 절차를 진행할 수 있는 근거를 마련하고, 가상자산 거래 기록을 추적할 수 있도록 하는 시스템이 법률적으로 도입되어야 한다는 견해가 있다.

결국, 아직까지는 가상자산을 자유롭게 활용하도록 장려하는 취지의 법령보다는 가상자산을 둘러싼 문제의 확산을 방지하기 위한, 규제적 차원의 접근이 주된 내용들을 이루고 있는 것으로 보인다. 앞으로 가상자산뿐 아니라 NFT의 특성을 고려하여, 관련 산업의 발전을 장려할 수 있는 내용의 입법도 활발히 이루어지기를 기대해 본다.

변호사들이 알려주는
NFT 법률 가이드

2022년 10월 20일 1쇄 발행

지은이	법무법인(유한) 신원 김진욱, 백경태, 우홍균
발행인	유근석
펴낸곳	한국경제매거진

제작 총괄	이선정
편집	정혜영
디자인	김시호
판매 유통	정갑철·선상헌
인쇄	도담프린팅

등록   제2006-000008호

주소   서울시 중구 청파로 463 한국경제신문
구입 문의   02-360-4859
홈페이지   www.hankyung.com

값 18,000원
ISBN 979-11-92522-25-8(93320)

● 잘못 만들어진 책은 구입하신 곳에서 교환해드립니다.
● 이 책은 저작권법에 따라 보호받는 저작물이므로 무단 전재와 복제를 금합니다.